시베리아 횡단철도

내 마음의 실크로드

시베리아 횡단철도

내 마음의 실크로드

최연혜 지음

RHK
알에이치코리아

지구상에 남아 있는
마지막 모험

철도 교통 전문가로서 나는 그동안 여러 나라의 철길을 경험했다. 편리하고 고급스런 유럽의 철도, 파리에서 로마까지 하룻밤에 질주하는 TGV 호텔열차, 뉴델리와 타지마할궁이 있는 아그라 사이의 외국인 전용열차, 트란스 라피드라 불리는 독일의 자기부상열차와 일본의 최첨단 경전철 시스템에 이르기까지 모든 철도여행에는 특별함이 있다.

철도의 모습에는 200여 년 전 인류의 역사를 새로 쓴 산업혁명의 숨결과 미래의 첨단기술이 공존하고 있어 경이롭다. 또 정해진 두 개의 길을 절대로 벗어나지 못하는 철도의 규율은 숙명의 무게를 깨우쳐 준다. 철길을 달리다 보면 소시민의 일상적 삶을 만날 수 있고, 나아가 인류의 문화와 문명, 또는 갈등과 전쟁의 역사를 만날 수 있다.

세상의 모든 철도 여행 중에 나는 시베리아 횡단철도여행을 가장 특별한 것으로 꼽는다. 여기에는 몇 가지 이유가 있다. 우선 가도 가도 끝이 보이지 않는 광활함을 체험할 수 있기 때문이다. 미국과 중국을 합한 것보다도 크고, 남북한을 합한 넓이의 100배가 넘는다는 세계에서 가장 큰 나라, 2개의 대륙에 걸친 러시아를 온몸으로 헤쳐 나가다 보면 공간의 광활함이 뼈에 사무쳐온다. 이틀을 꼬박 달려도 어쩌다 하나둘 오막살이를 마주칠 뿐인 대륙의 막막함을 느끼게 된다.

시베리아에는 원시의 체취가 남아 있다. 겨울에는 섭씨 영하 60도까지 넘나들다가 여름에는 영상 40도를 넘어서는 극한의 기후가 그렇다.

시베리아 횡단철도에서는 시간이 돈으로 환산되는 세상과는 다른 시간의 원칙이 지배한다. 시속 500킬로미터의 자기부상열차가 상용화를 앞둔 이 시대에 시속 80~90킬로미터로 쉼 없이 달려가는 시베리아 횡단열차는 서두르지도, 게으름을 피우지도 않는다. 지나치는 풍광을 고즈넉이 바라볼 수 있는 속도이며, 자신을 돌아보고, 세상을 관조하며, 내면의 대화를 나눌 수 있는 그런 속도다.

시베리아 횡단철도에 오르는 것은 익숙한 세상과의 단절이다. 편리함과는 거리가 먼 좁은 공간에서 낯선 사람들과 낯선 음식 그리고 열차의 규칙적인 움직임만큼이나 단조롭기만 한 그 많은 시간들과 맞닥뜨리다 보면 재미없는 것들의 재미, 소확행의 묘미를 만나게 된다.

또 한 가지 시베리아 횡단철도 여행이 특별한 이유는 열차가 지나가는 이 길에서 지난 100년의 과거와 현재 그리고 다가올 미래를 체험할 수 있기 때문이다. 25년에 걸친 건설공사와 지난 세월 고통받은 사람들의 역사 그리고 러시아 마지막 황제의 비운의 역사가 있다. 세상을 바꾸려던 혁명가들이 이 열차로 망명길에 올랐고, 수많은 사람들이 유형지로 끌려갔다.

그런가 하면 지금 열차가 달리고 있는 이 길은 우리의 머나 먼 선조들이 마침내 한반도에 정착하기까지 남하했던 길일 수 있으며, 또다른 선조들이 북방을 정복하기 위해 달려 나갔던 길이기도 하다. 그리고 일제강점기에 망국의 한을 가슴에 품은 민초들과 독립운동가들이 정처 없이 헤맸던 길이고, 열차 화물칸에 실려 중앙아시아로 강제 이주되던 수많은 카레이스키들이 여독으로 죽음을 맞았던 길이기도 하다.

이처럼 시베리아 횡단철도 여행은 반세기가 넘는 냉전과 단절의 굴레를 벗어 던지고 러시아에 이르는 길을 발견하는 여행이며, 또한 그만큼의 세월 동안 러시아 땅에 묻혀 있던 우리 민족이 간직해온 대륙의 길을 되찾기 위한 여행이기도 하다.

시간은 곧바로 돈으로 환산되고 지리적 거리는 의미를 상실했다고 주장하는 디지털시대에 비행기를 타면 10여 시간 만에 도착할 수 있는 서울에서 모스크바를 일주일에 걸쳐 열차로 천천히 다가가는 것의 의미는 어디에 있는가?

끝없이 이어진 광활한 대륙을 여행한 사람은 공간은 결코 소멸될 수 없다는 것을, 빨리빨리만이 능사가 아니라는 느림의 미학을 성찰하게 된다. 세상이 제아무리 첨단화되더라도 철도 여행은 대지의 일부로서 인간의 존재, 시간과 공간의 구체성 그리고 만남과 정을 상징하는 아날로그적 코드로서 우리의 향수를 자극할 것이다.

누군가가 말했듯이 현대인에게 있어 대륙 횡단철도 여행은 '지구상에 남아 있는 마지막 모험'이다. 틀에 박힌 일상을 벗어나 익숙한 것으로부터의 일탈을 꿈꾸는 자는 일생에 한 번쯤 반드시 시베리아 횡단열차에 몸을 실어보라고 권하고 싶다.

이번 개정판이 나오기 까지 원고를 읽고 조언을 아끼지 않은 김철현, 전지선 그리고 민지와 현지에게 감사드리고, 알에이치코리아 출판사 관계자들께도 감사드린다.

2019년 4월

최연혜

차례

차례

Trans Siberian Railway

1장

디지털 시대의 아날로그 체험 :
시베리아 횡단철도 여행

낯선 이웃과 친구 되기

　러시아는 우리에게 여전히 이국적이고 조금은 낯선 나라인 것 같다. 러시아 하면 떠오르는 생각들도 단편적이고 대조적인 경우가 많다. 어떤 이는 〈호두까기 인형〉이나 볼쇼이 발레단, 톨스토이와 도스토옙스키 같은 문학과 예술 작품을, 어떤 이는 스탈린과 철의 장막, KGB같이 어두운 정치사를 떠올릴 것이다. 인적 없는 광활한 시베리아 설원과 극한의 기후, 동화 속 그림처럼 알록달록한 양파 모양 첨탑의 러시아 교회들, 뚜껑을 열면 안에서 계속 작은 인형이 튀어나오는 마트료시카 인형 같은 러시아의 단상들도 우리에게 친근감보다는 막연한 동경심이나 왠지 모를 불안감을 불러일으키기 일쑤다.

물론 두 개의 대륙에 걸친 광대한 국토와 100개가 넘는 다민족으로 구성되어 있는 러시아를 제대로 아는 것은 마치 장님이 코끼리를 더듬는 것처럼 어려운 일임에 틀림없다. 더구나 반세기가 넘는 냉전기 동안 러시아(정확하게는 옛 소련)와 철저히 단절되었던 우리로서는 러시아에 대한 정보 자체가 부족했고, 그것마저도 왜곡과 의도적 폄하로 얼룩졌던 것도 사실이다.

　그러나 조금만 시간을 거슬러 올라가면 러시아는, 구한말 우리나라가 미국에 이어 두 번째(1884년)로 국교를 맺은 나라였을 만큼 우리 근대사에 일찍이 등장한 외국이다. 1896년 고종과 왕세자가 궁

러시아의 대표 민속공예품 마트료시카.

궐을 벗어나 러시아 공사관으로 옮겨간 아관파천 사건에서 볼 수 있듯이, 개국 당시 러시아는 우리나라 정치에 상당히 깊이 개입한 흔적이 남아 있다.

1990년대 초 공식 외교관계를 개설하는 등 한·러 간에 교류가 재개되었지만, 러시아에 선뜻 다가가기까지는 시간이 걸리는 것 같다. 냉전시대를 거치면서 현대사에 점철되었던 '나쁜 경험'들을 잊고 친해지기까지 '새로운 친구관계'를 체화하는 데 시간이 걸리는 건 어쩌면 당연한 일이다. 옛 소련 해체 이후 새로 출범한 러시아가 1990년대 말 'IMF 위기'를 겪을 만큼 경제적 어려움을 겪은 것도 한·러 관계가 본궤도에 올라서는 데 걸림돌이 됐음에 틀림없다. 2000년 푸틴 대통령 집권 이후 러시아가 안정화되면서 양국관계는 여러 측면에서 큰 진전을 이루어왔다.

한편 한국과 러시아의 문화적 차이도 서로에게 쉽게 다가가기 어렵게 만드는 요소인 것 같다. 러시아의 주류 문화는 모스크바와 상트페테르부르크 등 유럽 문화권이라서 동양문화권에 속하는 우리나라와는 상당히 이질적이다. 무엇보다 영어와 비슷한 듯하면서도 생소하기 짝이 없는 키릴문자와 복잡한 언어, 가톨릭도 기독교도 아닌 러시아정교회 등 러시아문화는 우리에게 익숙해진 서구문화와도 완전히 달라서 우리나라와 러시아 간에 자연스럽게 정서적 친밀감이 조성되기도 어려운 실정이다.

그러나 지도를 보면 알 수 있듯이 북한과 국경을 맞대고 있는 가장 가까운 나라라는 점 하나만으로도 우리나라와 러시아 간의 선린 관계 구축은 매우 중요하다. 개인이든 국가든 좋은 관계를 맺기 위해서는 우선 서로를 알고 이해해야 한다. 특히 오랜 선입견과 오해를 털어버리려면 상대방의 모습을 다양한 측면에서 두루 정확하게 파악하는 것이 중요하다. 그런 의미에서 러시아를 동서로 관통하는 시베리아 횡단철도 여행이야말로 러시아 전체를 한눈에 보기에 가장 좋은 방법이라고 생각한다.

남북 단절로 인해 섬 아닌 섬으로 살아가는 우리 국민들은 대륙철도 하면 머나 먼 미래의 일로 생각하기 쉽다. 하지만 시베리아 횡단열차 여행을 하다 보면, 대륙철도 시대는 미래가 아니라 현실임을 확인하게 된다. 지금 이 시각에도 국제열차들이 런던에서 베를린과 모스크바를 거쳐 시베리아 초원을 달리고 있으며, 카자흐스탄, 몽골, 또는 만주대륙을 질주하듯 누비고 있다. 유럽의 대도시와 모스크바, 울란바토르와 북경, 또는 블라디보스토크를 운행하는 국제열차는 항상 만원이다. 특히 방학 기간이나 날씨가 좋은 여름에는 적어도 3개월 전에 예약을 해야 좌석을 확보할 수 있다. 핀란드, 스웨덴 등 북유럽의 고등학생들은 이 열차를 타고 단체로 수학여행을 다닌다.

실크로드가 단순한 무역의 길만이 아니라, 사람과 사람의 만남을 가져오고 문명과 문화의 교류를 가져오며 친구를 만들었듯이 '철의 실크로드' 역시 교류와 평화를 만드는 장소임을 확인하게 된다. 같은 열차를 타고 며칠씩 함께 여행하다 보면 사람들은 피부색이나 나이, 언어와 상관없이 금방 친구가 된다.

오래전 시베리아 횡단열차에서 만났던, 빈에서부터 북경까지 혼자서 여행하던 팔순의 오스트리아 할머니, 바이칼 호수를 찍기 위해 우리 일행과 '셔터 경쟁'을 벌이다 열차를 놓치는 해프닝을 벌였던 독일 청년, 친목계로 북경에 간다던 핀란드의 단체 여행객들과 식당차에 앉아 이야기를 나누던 일이며, 차 안이 그리 덥지도 않은데 러닝셔츠 바람으로 돌아다녀 사람들을 민망하게 했던 몽골 남자 등이 지금도 기억에 선명하다. 시베리아 횡단열차에 몸을 싣고 있노라면 이렇게 대륙과 사람을 이어주는 열차가 달리는 한, 서로가 서로에게 한 걸음 더 가까이 다가갈 수 있을 거라는 믿음이 생긴다.

미래를 위해, 평화를 위해

    우리나라의 미래와 국익 차원에서도 러시아는 우리에게 매우 중요한 의미를 가진 나라다. 우선 러시아는 누가 뭐래도 정치적·군사적 강대국이다. 1991년 옛 소련의 해체로 미국과 맞장 뜨던 시절의 지배력은 일부 상실했지만, 옛 소련의 정신과 국토의 대부분을 이어받은 러시아가 여전히 막강한 정치적·군사적 파워를 가지고 있음은 의심할 여지가 없다.

    특히 남북한 문제와 관련하여 러시아는 미국과 더불어 막대한 영향력을 가지고 있다. 2018년 6월 12일 싱가포르에서 개최된 북미정상회담 직후에도 김정은 북한 국무위원장이 러시아와 긴밀한 관계를 과시했듯이, 러시아는 중국과 함께 북한이 공식 외교관계를 맺고 있는 몇 안 되는 나라일 뿐 아니라 북한과 전통적으로 우호관계를 유지해온 나라다. 중국, 일본, 미국 등 강대국의 이해관계가 충돌되고 있는 동북아에서 대북관계를 풀어나가고 우리나라의 위상을 정립하는 데 러시아는 지렛대 역할을 할 수 있다.

군사·안보적 관점에서 러시아는 동북아 지역의 세력 균형과 평화 정착을 위해 핵심적 역할을 할 수 있다. 러시아는 자신들의 국익 차원에서도 동북아 지역의 헤게모니 균형에 지대한 관심을 가지고 있으며, 근대사 이후 러시아의 대한 정책 기조는 전통적으로 우리나라의 독립성을 인정하는 것이었다는 점에도 주목할 필요가 있다. 2차 세계대전 이후 유지돼왔던 한·미·일 대 북·중·러의 대결구도가 흔들리고 있는 이때, 우리나라가 러시아라는 카드를 충분히 활용하기 위해서는 양국 간에 선린관계 구축이 중요함은 두말할 나위가 없다.

경제적 측면에서도 러시아의 중요성은 매우 크다. 러시아는 광대한 국토와 1억 4,000만 명의 인구에 매년 큰 폭의 경제성장을 이루고 있다는 점에서 상품시장으로서의 가치가 높다. 우리나라 입장에서는 여전히 잠재력이 큰 새로운 시장에 가까울 뿐 아니라, 러시아 시장이 열리면 옛 소련권 국가들의 문도 함께 열린다는 점에서 엄청난 확장성이 있다. 러시아의 젊은이들을 만나 보면, 한국어와 한류문화를 배우고 싶어 하고, 삼성이나 LG 같은 대기업에 취업을 원하는 학생들이 많다. 이처럼 한·러 간의 경제협력을 통한 상생관계야말로 정치·문화·사회 전반에 걸친 양국관계 발전의 매개체가 될 수 있을

이르쿠츠크 앙가라 강변의 '다차(별장)'촌.

것이다. 또한 항공 우주, 미사일 등 첨단과학기술 분야에서 세계 최고의 기술력을 보유하고 있는 러시아와의 교류 협력은 우리나라 과학기술 발전에도 큰 시너지를 가져올 수 있다.

부존자원이 전무하다시피한 우리나라 입장에서 러시아가 자원의 보고라는 점은 가장 매력적인 포인트다. 세계 3대 석유, 천연가스, 석탄 생산국이며, 특히 시베리아에는 전 세계 지하자원의 40퍼센트가량이 매장되어 있다. 일찍이 케네디 전 대통령이 시베리아를 가리켜 '러시아가 미래와 우주를 정복할 비밀무기'라고 말한 것도 바로 이 때문이다. 우리나라의 자본력과 기술력, 우수한 인력자원을 앞세워 시베리아의 자원 개발에 참여한다면 심각한 자원 부족을 겪고 있는 우리나라로서는 새로운 성장 기회가 마련될 것이다. 2000년 노보시비르스크를 방문했을 때, 우리나라는 러시아 진출 자체도 적은 데다 주로 수도인 모스크바에 집중하고 있는 반면, 일본의 연구소와 기업들은 발 빠르게 시베리아의 주요 도시에 촘촘히 진지를 구축한 것을 보고 매우 놀랐다.

21세기 우리나라의 지속적 성장과 평화적 발전을 위해서는 러시아가 가지고 있는 지정학적 의미에도 주목해야 한다. 우리 입장에서 러시아는 유럽으로의 관문 역할을 할 수 있기 때문이다. 러시아의 입장에서도 한·러 경제협력은 동북아의 교두보 확보와 시베리아 지역 개발 등 현실적 이해와 직결되어 있다. 흔히 경제협력 하면 제조업만을 떠올리기 쉬운데, 시베리아의 무궁무진한 벌판을 지나다 보면, 농·축산·임업 분야에서도 우리나라의 앞선 노하우와 근면 성실한 성품이 큰 위력을 발휘할 수 있다는 생각이 든다. 오래전 일이지만 블라디보스토크에서 중국 훈춘으로 가는 길에 연 1,500만 원에 임차하여 매년 수십억 원의 수익을 올린다는 남양 알로에의 650만 평 농장과 끝이 보이지 않을 정도로 펼쳐진 2억 평에 달하는 대순진리교의 경작지를 보고 무릎을 치며 감탄했던 적이 있다.

블라디보스토크에서 만난 러시아인들의 말을 들어보면, 지금 극동 지역에서 즐겨 먹는 각종 채소들과 수산물 대부분이 1900년대 초반 이 지역에 살던 고려인들이 '개발'한 것이라고 한다. 대부분 서유럽 쪽에서 이주해온 백러시아 사람들은 농사를 지어본 적도 없고, 숲에서 무얼 채취해서 먹을 줄도 몰랐다고 한다. 부지런하고 솜씨 좋은 고려인들이 자기들은 거들떠보지도 않았던 재료들로 맛있는 먹거리를 만드는 것을 보고 따라서 먹기 시작했다는 것이다. 러시아인들은 지금도 자급자족에 가까운 작은 감자밭을 일구는 게 고작이어서, 시베리아는 여전히 광막한 벌판으로 남아 있다. 물론 긴 겨울에다 1년에 절반 이상 얼어붙어 있는 땅을 개간하는 일은 쉽지 않지만, 한국인의 뛰어난 두뇌와 타고난 '농경민 DNA'라면 길을 찾을 수 있을 것이다.

또 한 가지 한·러 우호관계의 초석이 될 것으로 기대를 모으는 분야가 바로 철도 분야다. 푸틴 대통령 역시 집권 초기부터 한결같이 TKR(남북 종단철도)-TSR(시베리아 횡단철도) 연결 사업에 초미의 관심을 보여왔다. 러시아가 시베리아 횡단철도의 경제성을 높이기 위해서는 한국과 일본의 물동량을 유치하는 외에 다른 방법이 없는 게 가장 큰 이유일 것이다. 만주대륙에서 북한 나진을 통해 태평양으로 나가는 직통로를 확보하려는 중국에 대한 견제 심리도 작용할 것이다. 어쨌든 냉전시대에 갈등의 접점이었던 한국, 북한, 중국, 러시아, 일본 등 동북아 국가들이 철도 협력을 통해 이 지역의 실질적인 이해관계자가 된다면 동북아의 지속 발전과 평화 유지를 위해 노력하게 될 것이라는 점에서 모두에게 큰 기회가 될 것이다.

이 밖에도 연해주에는 고려인 후손들이 많이 살고 있다. 연해주 고려인 문제는 러시아 정부가 매우 민감하게 생각하는 정치·외교적 문제이기 때문에 섣불리 접근하기는 어렵겠지만, 한·러 간 경제 교류가 활성화됨으로써 그 경제 발전의 과실을 연해주의 우리 민족이 함께 나눌 수 있다면 인도주의적 관점에서도 매우 의미 있는 일일 것이다.

2장

러시아와 시베리아 횡단철도

광활한 국토를 이어주는
시베리아 횡단열차

러시아를 이해하기 위한 첫걸음은 상상을 초월하는 광활한 영토에서 시작해야 할 것이다. 모스크바 또는 블라디보스토크 등 어느 한곳만 보고서는 러시아를 정의할 수 없다. 실제로 러시아에는 '러시아는 광활하며, 황제는 먼 곳에 있다'는 말이 있다. 즉 국토가 워낙 넓어 황제의 입김이 구석구석 미치기 어렵다는 말이다. 이는 지역마다 황제가 거처하는 모스크바와는 다른 개성이 있다는 것을 의미하기도 한다. 이런 관점에서 보더라도 러시아 대륙을 가로지르며 러시아의 다양한 모습을 접할 수 있는 시베리아 횡단철도 여행이야말로 러시아를 이해하는 가장 좋은 방법이 될 수 있다.

러시아연방의 면적은 옛 소련 영토의 76퍼센트를 승계하여

1,710만 평방킬로미터에 달한다. 이것이 얼마만 한 크기인지는 다음과 같이 말하면 더 쉽게 피부에 와닿을 것이다. 이는 지구 육지면적의 6분의 1을 차지하는 면적으로 남한의 약 157배에 해당하며, 미국의 1.8배 또는 중국과 미국의 영토를 합한 것보다도 더 큰 면적이다. 우랄에서 태평양 연안까지 펼쳐진 '잠자는 미인' 시베리아의 면적은 러시아연방 전체의 3분의 2를 차지하는 1,380만 평방킬로미터. 이 면적만 해도 미국과 유럽대륙을 합친 크기와 맞먹는다. 이처럼 광대한 국토에 살고 있는 인구는 약 1억 4,400만 명, 그나마 해마다 조금씩 감소하는 추세다.

러시아의 가장 서쪽에 위치한 칼리닌그라드에서 동쪽 끝의 캄차카반도에 이르려면, 거의 지구의 반을 횡단해야 한다. 러시아에는 11개의 시간대가 있다. 시베리아 횡단열차를 타고 모스크바에서 블라디보스토크까지 가려면 쉬지 않고 6박 7일을 달려야 한다. 모스크바에서 블라디보스토크는 비행기로 직행해도 9시간 반이 걸린다. 러시아는 지리적으로나 정서적으로 유럽과 아시아라는 두 개의 대륙을 품고 있다. 19세기의 형편없었던 통신 및 교통 상황을 떠올려보면, 시베리아 횡단철도가 단순한 이동수단을 넘어서서 광대한 영토를 통합하는 데 결정적 역할을 했다는 것은 쉽게 상상할 수 있다.

시베리아 횡단철도는 아직 완공도 되지 않은 1900년, 파리엑스포를 통해 '유럽과 극동을 연결하는 교두보'라는 광고 카피와 함께 화려하게 세상에 공개되었다. 러시아를 대표하는 공예품인 마트료시카

1900년 파리엑스포에 처음 소개된 시베리아 횡단철도(위)와 경복궁 근정전을 본따
건축된 한국관(아래).

인형도 이 박람회에서 처음 선보였다고 한다. 러시아어와 영어로 쓰인 시베리아 횡단철도 여행안내책자도 발간되었다. 당시로서는 매우 파격적인 이런 '마케팅 작전'이 주효했는지 시베리아 횡단철도는 단순 이동 목적의 러시아 사람들뿐만 아니라, 서유럽을 비롯한 상류층에서 상당한 인기를 누렸다고 한다. 1910년대의 여행책자에도 시베리아 횡단열차를 타려면 '예약은 필수'라는 주의사항이 적혀 있을 정도다.

여기서 잠깐 샛길로 빠져보자면 1900년 파리엑스포는 역사적으로 우리나라와도 아주 깊은 인연이 있다. 파리엑스포에는 사상 최초로 한국관이 건축되어 전 세계에 우리나라가 소개되었으며, 고종 황제가 대규모의 대표단도 파견했다. 한국관은 시베리아횡단철도 모형이 전시된 러시아관으로부터 그리 멀지 않은 곳에 위치했던 것으로 알려졌다. 경복궁 근정전을 본딴 한국관에는 악기, 자개 공예품, 그림, 도자기, 자수 등의 전통 공예품이 출품되었으며, 특히《직지심체요절》이 전시되어 관람객들의 큰 관심을 끌었다고 한다. '직지'는 세계 최초의 금속활자 인쇄본으로 여겨지던 구텐베르크의《42행 성서》보다 78년이나 앞선 1377년에 인쇄된 것이다. 1972년 유네스코 주최 '세계 도서의 해'에 출품되어 세계 최초의 금속활자본으로 공인되었다.

다시 시베리아 횡단철도로 돌아가서, 1차 세계대전, 10월 혁명, 조국전쟁 등 이후 러시아에서 연이어 벌어진 여러 사건들은 '즐거운

1910년 벨기에 잡지에 게재된 파리-도쿄 간
횡단열차 여행 광고.

여행'과는 거리가 먼 것들이었다. 2차 세계대전 후 냉전기에는 외국인들의 시베리아 횡단여행이 아예 금지된 적도 있었다. 더구나 어쩔 수 없이 시베리아 횡단열차를 이용할 수밖에 없었던 사람들은 다시는 기차를 타고 싶지 않을 만큼 지독하게 고생하기 일쑤였다. 이때 얻은 악명 탓에 소위 '철의 장막'이 열리면서 시베리아 여행이 가능해졌을 때에도 선뜻 이 기차를 타려는 사람이 거의 없었다. 당시만 해도 시베리아 열차여행 자체가 아주 예외적인 일이었다.

고르바초프의 글라스노스트와 페레스트로이카로 옛 소련이 해체되고 신생 러시아가 탄생한 후 모스크바는 다시 외국인 관광객을 유치하고, 시베리아 횡단철도 여행을 활성화시키려고 안간힘을 썼다. 하지만 동서 냉전과 철의 장막 그리고 스탈린 독재 등 러시아 역사의 어두운 그림자는 쉽사리 걷히지 않았다. 특히 러시아 경제가 극도로 어려웠던 1990년대에 선로 연변에 화적 떼가 출몰하는 등 열차 안팎에서 벌어진 각종 범죄 뉴스들이 전 세계 언론을 장식하면서 다시 한 번 시베리아 횡단철도 여행에 찬물을 끼얹었다.

그러나 2000년 들어 러시아와 중국의 정치가 안정되고 경제가 호전되면서 단일 철도 노선으로는 세계 최장인 시베리아 횡단철도에 대한 관심이 높아지고 있다. 시베리아 횡단철도는 본래 화물 위주이긴 하지만, 최근에는 여행객들의 관심도 커지고 있다. 우선 유럽인들 사이에서 마니아 계층이 생겨나더니, 이제 시베리아 횡단철도는 대중적인 여행상품으로 자리 잡았다. 러시아철도공사의 '차르 골드' 같은 관광상품은 1인당 1,000만 원이 넘는데도 나오기가 무섭게 티켓이 매진된다고 한다.

철도여행 애호가들은 물론이려니와 계절을 막론하고 정규 열차의 2인실 특실은 최소한 2~3개월 전에 예약을 해야 할 만큼 항상 손님이 북적댄다. 졸업여행을 떠나는 스웨덴 등 북유럽의 고등학생들부터 유럽 각국의 주요 역에서 모스크바로 와서 횡단열차로 환승하는 손님들까지 여행객들도 남녀노소 없이 다양하다. 러시아철도공사가 주변 20여 개국과 국제열차를 운행하다 보니, 여행 코스도 다양하게 구성되어 있다. 시베리아 횡단 노선의 전 구간인, 모스크바에서 블라디보스토크를 완주하는 노선뿐 아니라, 외국인 관광객들에게는 모스크바에서 출발해서 바이칼 호수를 경유하여 남쪽으로 몽골을 거쳐 베이징에 이르는 국제철도 노선이 가장 인기가 많다. 최근에는 치타에서 남쪽으로 만주대륙을 횡단해서 하얼빈과 여순·대련에 이르는 과거 동청철도와 남만주철도 노선에도 여행객들의 관심이 늘고 있다. 이 노선은 일제강점기 우리나라 철도와 직결되어 있었다.

우리나라에서도 시베리아 횡단열차 여행에 대한 관심이 높아지고 있다. 시베리아 횡단철도 행사를 주관하면서 참가자를 모집하면 보통 수십 대 일의 경쟁률을 기록해서 그 열기에 놀라곤 한다. 북한 때문에 단절되어 있지만 우리나라와 지리적으로 가장 가까운 중국이나 러시아를 관통하여 유럽 대륙의 끝까지 연결해주는 '철의 실크로드'라는 점도 관심 대상일 것이다. 그에 더해 해외여행이 일상화된 요즘, '평범한 여행'을 섭렵한 우리 국민들에게 세상에 몇 남지 않은, 때 묻지 않은 오지의 체취와 끝없는 지평선을 간직한 대륙의 풍모를 체험할 수 있는 여행지라는 점이 각광받는 이유일 것이다.

러시아의 삶과 문화가 어린
시베리아 횡단철도

러시아에서 철도는 단순한 교통수단에 그치지 않는다. 우선 철도 연장 면에서 8만 5,500킬로미터를 보유한 러시아는 미국과 중국에 이어 세계 3위의 철도 대국이다. 참고로 미국은 33만 8,000킬로미터, 중국 9만 7,840킬로미터, 독일 3만 4,000킬로미터, 우리나라는 3,460킬로미터다. 철도 연장만 놓고 보면 세계 3위지만, 평균 화물 수송거리나 화물 운송 밀도 등을 감안하면, 러시아 철도는 특히 화물 운송에서 사실상 글로벌 최강자라 해도 틀린 말이 아니다.

철도는 광활한 국토를 통합하는 중요한 수단이다. 전국 85개 지방 중 79개 지방이 철도로 연결되어 있고, 대부분의 주요 도시들도 철도망에 접속되어 있다. 100여 개가 넘는 소수민족으로 구성된 러시아에 시베리아 횡단철도가 없었더라면, 러시아는 국가를 통치할 수도, 오늘날과 같은 강대한 국가도 될 수 없었을 것이다. 옛 소련이 해체된 지금도 철도는 소련 시절 한 나라였던 독립국가들을 하나로 묶어주는 강력한 수단이다. 지금은 각기 다른 길을 가고 있지만, 이 나라들에게 세계 패권을 다투던 소련 시절의 영광을 되살리며 이들을 단결시키는 것은 러시아어와 1,520밀리미터 광궤 두 가지뿐이기 때문이다.

자산규모와 직원 수 기준으로 러시아 최대 공기업인 러시아철도공사(RZD)는 2016년도 당기 순이익이 2조 1,100억 원에 이르고 83만 6,000명의 직원을 거느린 알짜 기업이며, 러시아 젊은이들이 선망하는 최고의 직장이다.

철도가 인기 직장이다 보니, 모스크바·상트페테르부르크 등 전국 주요 도시에 8개의 국립교통(철도)대학교가 있다. 하나같이 엘리트들만이 입학할 수 있는 명문대학들로 입시경쟁도 매우 치열하다. 우리나라의 과학고등학교와 비슷한 철도영재학교가 있어, 이 학교를 졸업한 청소년들에게는 우선적으로 입학 허가가 주어진다. 철도대학 학생들에게 주어지는 군면제 혜택도 철도대학의 인기를 높여주는 요인이다. 참고로 러시아의 모든 청년들은 대졸자 1년, 고졸자 1년 6개월의 병역 의무를 이수해야 한다.

대학별로 약간의 차이는 있지만, 보통 석·박사과정을 포함하여 학생 1만 명, 교직원 1,000명의 규모를 자랑한다. 교육설비도 뛰어난 데다 기숙사 시설이나 공연장을 비롯한 동아리실 등 학생복지시설이 어디에 내놓아도 손색없는 수준이다. 지난 2001년부터 한국철도대학(현 국립한국교통대학교)과 협력관계를 맺고 있는 노보시비르스크 소재 국립시베리아교통대학교(STU)를 예로 보면 교내에 대형 실내수영장도 있고, 학생과 교직원을 위한 병원과 물리치료실까지 갖추고 있다.

러시아에선 철도공사를 통하면 안 되는 일이 없다고 할 만큼 사회적 위상이 높다. 노보시비르스크에 있는 시베리아은행의 CEO 이고르 킴이라는 고려인 3세를 만난 적이 있는데, 그의 성공비결은 서시베리아철도공사와 주거래 은행 계약을 맺은 것이었다. 10만 명이 넘는 직원들의 월급이 이 은행을 통해 이체되는 것은 물론, 철도 유관기업들까지 거래선이 확보되기 때문이다. 2000년대 초만 해도 러시아에서는 자기 계좌에 이체된 봉급을 인출할 때도 은행에 사전 인출 신청을 하고, 일정 기한이 지난 후에야 돈을 찾을 수 있었기 때문에 철도공사의 주거래 은행이 되면 사업 성공은 따놓은 당상이었다.

물론 과거 소련을 비롯한 공산주의 국가들이 수송 효율성이 높은 철도 중심의 교통정책을 선호한 때문이기도 하지만 러시아, 특히 시베리아의 기후 조건은 철도 외의 다른 교통수단이 경쟁하기 어려운 조건이다. 오후 4시면 깊은 어둠이 내리고, 수 미터의 폭설에 뒤덮인 시베리아의 겨울이든, 갑작스런 모래 돌풍이 불어오는 여름이든 어떤 악천후가 몰려오더라도 열차는 꿋꿋한 바람막이가 되어 묵묵히 달려간다.

비행기는 여름에는 그나마 유용하지만 겨울에는 갑작스런 눈보라로 결항되거나 한없이 지체되기 일쑤고, 사고도 잦아 위험하다. 혹한의 겨울이면 어김없이 동파되는 도로 역시 철도의 상대가 되지 못한다. 사실상 매년 새로 건설하다시피 해야 하니 도로의 건설, 유지, 보수 비용이 감당하기 어려울 정도다. 게다가 시베리아에는 대도시 몇 군데를 빼면 인적이 드문 데다 차량을 소유한 사람도 적어서 정부가 밑 빠진 독에 물 붓기 같은 도로 건설 투자를 꺼릴 수밖에 없다. 아직도 시베리아 전체를 횡단하는 고속도로가 없는 이유다. 오죽하면 러시아의 자랑거리 세 가지는 아가씨(제부시카)·보드카·흑빵이고, 망신거리 세 가지는 남자·도로·기후라는 우스갯소리가 있을까!

긴 수송거리 역시 철도교통에 유리하다. 장거리 물자 수송은 말할 것도 없지만, 일단 출발하면 다음 마을까지 보통 하루 이상 걸리고, 도중에 마땅히 숙박할 인가조차 없는 상황에서 먹고 자며 이동할 수 있는 철도는 여객에게도 가장 편안한 교통수단일 수밖에 없다. 게다가 시베리아 횡단열차의 운임 수준은 서민들도 부담 없이 이용할 수 있을 만큼 저렴하다. 최근에 없어졌지만, 2000년대 초까지도 러시아 철도공사는 외국인과 내국인에게 다른 요금을 부과하는 이중요금제도를 적용했다. 외국인들은 '여행자 차지Charge'가 붙은 훨씬 비싼 요금을 지불해야 했다.

그동안 기차요금이 많이 올랐다고는 하지만, 모스크바~블라디보스토크 간 6인실 요금은 240달러 내외로 같은 구간 비행기 요금의 5분의 1 수준이다. 2인 1실의 경우에도 510달러 정도로 항공료의 절반도 안 되는 수준이다(아에로플로트 기준 모스크바~블라디보스토크 간 이코노미석 항공료는 세금 포함 약 1,200달러 수준). 게다가 내국인들은 다양한 할인 제도를 이용할 수 있어 러시아 국민들에게 철도는 생활의 일부이며, 문자 그대로 서민의 발이다. 과거 공산주의 시절 도시 지하철이나 트램 요금이 공짜였던 전통이 반영돼서 그런지 러시아에서는 대중교통 요금 자체가 매우 저렴한 편이다. 게다가 지금도 수송분담률이 90퍼센트에 가까운 화물운송이 러시아 철도의 주력사업이다 보니 철도공사는 전통적으로 화물 분야의 수익으로 장거리 여객운임을 보조하는 정책을 쓰고 있다. 특히 일반철도의 여객운임은 수송원가의 절반 정도로 저렴한 가격대를 유지한다.

러시아의 철도문화는 시베리아 철도를 따라 수놓은 듯 펼쳐지는 역사 건축물에도 잘 나타나 있다. 하늘색, 민트색, 노란색, 분홍색을 비롯해 갖가지 파스텔톤 색깔로 단장된 러시아의 역들은 러시아의 경제 위기 시절에도 더할 나위 없이 고급스럽게 유지·보수되었을 뿐 아니라, 역마다 서로 다른 개성을 갖춰 건축 미학적으로도 아름답기 그지없다. 블라디보스토크 역사는 제정러시아의 건축양식에다 역사의 천장과 벽면 벽화들도 왕실의 대관식 광경을 담고 있어 오랜 공산주의 시절에 이런 그림들이 어떻게 살아남았는지 의아할 정도다. 바이칼 호숫가의 슬루지앙카역은 호숫가에서 나오는 하얀색 대리석

시베리아 횡단철도의
시발역과 종착역인 모스크바
야로슬라블역(위)과
블라디보스토크역(왼쪽).
모두 제정러시아
건축양식으로 건설되어
비슷하다.

민트색의 노보시비르스크역.

바이칼의 하얀색 대리석으로 지은
슬루지앙카역.

으로 지어졌다. 민트색 기차 모양의 웅장한 노보시비르스크역은 러시아에서 가장 크고 현대적인 역 중의 하나인데, 역사 2, 3층에 위치한 '철도 호텔'은 별 5개짜리 최고급 호텔이다. 이처럼 시베리아 횡단열차가 잠깐씩 정차하는 역에서 저마다 다른 독특하고 아름다운 역의 모습을 감상하는 것은 횡단철도 여행에서 빼놓을 수 없는 재미다. 러시아 국민에게 철도는 단순한 이동수단이 아니라 문화임을 느낄 수 있다.

그런데 만일 누가 모스크바에서 "모스크바역 앞에서 만나자"고 약속한다면 그 약속은 지킬 수 없을 것이다. 모스크바에는 아홉 개의 크고 아름다운 역들이 있지만, 정작 모스크바역은 없기 때문이다. 역의 이름은 예컨대 레닌그라드역, 야로슬라블역, 카잔역처럼 목적지의 이름에 따라 붙여진다. 예를 들면 블라디보스토크에서 출발한 시베리아 횡단열차는 모스크바의 야로슬라블역에 도착하지만, 상트페테르부르크에 갈 때는 레닌그라드역에서 출발하여 상트페테르부르크에 있는 모스크바역에 도착한다.

그런데 모스크바에 '서울역'이 있다는 사실을 알고 있는가? 바로 모스크바 야로슬라블역이 서울역이라는 닉네임을 가지고 있다. 2015년 코레일 사장 시절에 내가 러시

러시아의 전통적 환영인사.

모스크바 야로슬라블역에서 거행된 '서울역' 현판식.

아철도공사에 제안해서 야로슬라블역에 '서울역'이라는 별명을 붙이
도록 했다. 언젠가 남북 철도와 대륙 철도가 연결되어 모스크바~서
울을 왕복하는 국제열차들이 운행되면, 러시아의 역 네이밍 방식에
따라 이 역을 서울역으로 부르는 게 의미 있다고 설득했더니, 야쿠
닌 사장이 흔쾌히 동의했다. 독자들께서도 모스크바의 야로슬라블역
을 방문하게 된다면 '서울역'이라는 명패 앞에서 꼭 기념사진 한 장
찍으시기 바란다.

Trans Siberian Railway

여유 있는 러시아 사람

러시아를 여행하다 보면 러시아 사람들의 한없는 느림과 그 느림을 더 느리게 부추기는 복잡한 제도와 절차로 인해 속 터지는 경험을 자주 하게 된다. 30여 년의 자본주의 물결 속에 지금은 훨씬 나아졌다고는 하지만, 공항 입국 수속부터 호텔 숙박부를 기재하는 일, 여권을 처리하는 일 등 행정 업무는 물론이고, 백화점에서 물건을 살 때나 식사 주문과 서빙에 이르기까지, 어디서나 사람들이 길게 줄지어 서 있는 광경을 볼 수 있다. 아무리 줄이 길어도 러시아 사람들은 급할 것이 전혀 없다는 듯 시종 일관 여유로운 모습이다.

그렇다고 짜증을 내거나 재촉을 할라치면 오히려 일을 그르치기 십상이다. 가끔 담당자가 손님의 불만을 아예 묵살하는 경우도 있지만, 그보다는 직원들이 진땀을 흘리며 우왕좌왕하기 시작하면 그때부터는 정말 시간만 하염없이 흘러가기 때문이다.

　실제로 예카테린부르크의 한 식당에서 있었던 일이다. 점심을 먹으러 들어갔는데 한국 사람들인 우리 일행 10여 명이 주문한 메뉴를 몇 차례 재촉하자, 당황한 종업원들이 쩔쩔매는 바람에 끝내 음식을 제대로 먹지 못하고 식당을 나온 적이 있다. 블라디보스토크의 한 식당에서는 대여섯 명이던 우리 일행이 제각기 다른 메뉴를 주문하자 당황한 기색이 역력해진 서빙맨이 '정중하게' 오더를 거절하는 사태가 벌어진 적도 있다. 이런 일은 러시아를 여행하다 보면 어디서나 흔히 겪는 일이다.

　이처럼 러시아 사람들의 느림을 극복하려면 인내심의 한계를 시험받곤 하지만, 이런 여유가 가지는 긍정적인 측면도 보게 된다. 예컨대 국립한국철도대학과 자매결연을 맺은 시베리아철도대학교를 방문했을 때, 이 학교가 향후 수십 년까지 대학 발전 계획을 수립해 놓은 것을 보고 놀랐던 적이 있다. 그런가 하면 러시아교통부가 추진하고 있다는 제2의 시베리아 횡단철도인 바이칼-아무르(BAM) 철도 건설계획은 스탈린 시대에 검토되고 수립된 것이며, 지금까지도 건설 작업이 진행 중이다. 바이칼 호수에서 시작해서 시베리아 북부 지역을 관통하는 이 노선은 앞으로 언젠가 베링 해를 통과해 미국 알래스카로 연결되어야 완공된다. 때로는 실현 가능성이 없어 보이는 계획들도 백년대계를 기약한다는 자세로 러시아 대학들이 대거 포함된 산학공동연구를 강도 높게 추진하고 있는 걸 보면, 러시아에서 기초과학이 발달한 배경이 이해되고 부러운 마음 또한 금할 수 없다.

2001년 모스크바 시를 방문했을 때 본 시가지 모형도 인상적이었다. 모스크바의 시가지를 건물 하나하나까지 축소해놓았는데, 당시에 제작비만 300만 달러가 들었다고 했다. 건물의 신개축 신청이 접수되면 우선 설계대로 모형을 만들어 해당 위치에 배치해 놓고 주변 경관에 미치는 영향 등 꼼꼼한 평가를 통과해야만 건축허가가 떨어진다고 한다.

모스크바 시가지 모형도.

독일 등지에서 컴퓨터그래픽을 통해 이런 심사 절차를 거치는 것을 본 적은 있지만, 이처럼 실제 도시를 축소한 모형 시가지는 과문한 탓인지 처음 보았다. 시간과 비용이 들더라도 오랜 역사를 지닌 아름다운 도시가 난개발되는 것을 막으려는 러시아인들의 철학이 새삼 돋보였다.

시베리아의 여름

시베리아 횡단철도 여행은 러시아 자연과의 만남이다. 사람들은 시베리아 하면 으레 눈 덮인 설원과 극한의 추위를 떠올린다. 나 역시 어느 해 11월 하얗게 빛나는 눈의 나라를 상상하며 시베리아를 방문했는데, 하루 종일 제대로 된 햇살 한 줄기 없는 음울한 날씨에 마음까지 우울해졌던 것을 잊을 수 없다. 오죽하면 '밤이 열여덟 시간'이라고 할 만큼 시베리아의 겨울은 고요한 눈이나 혹독한 추위보다도 온몸을 내리누르는 칠흑 같은 어둠이 더 압도적이다. 세상이 푸르딩딩한 장막에 갇히고, 어둡고 추운 거리를 두 눈만 내놓은 채 온몸을 두터운 털가죽으로 휘감은 사람들이 유령처럼 떠다니는 모습은 영락없는 도스토옙스키 소설의 한 장면이다. 겨울의 시베리아 횡단철도 여행은 설국의 진수를 맛볼 수는 있지만, 가도가도 끝없이 이어지는 눈 덮인 풍경으로 인해 단조로움과 지루함이 앞설 수 있다. 철도여행 초보자에게 시베리아의 어느 한 구간 정도면 모를까, 한 겨울 일주일의 기차 여행은 고통스러울지도 모른다.

그런데 여름날의 시베리아는 뜻밖의 선물과도 같다. 백야가 있어 밤 11시가 되도록 에메랄드 빛 석양이 감도는 시베리아의 여름 풍경은 신비롭고 환상적이다. 시베리아의 대초원에 펼쳐진 녹색의 향연은 대책 없이 마음을 설레게 한다. 금빛, 은빛으로 하늘거리는 자작나무의 끝없는 행렬부터, 지평선 끝에서 수백 가지의 서로 다른 녹색 빛깔로 빛나는 타이가(숲)의 그림자, 어디를 봐도 흰색, 노란색, 보라색 세 가지 색깔의 야생화가 오밀조밀 뒤덮힌 '꽃의 바다'를 지나다 보면 세상의 걱정과 부산함이 모두 부질없게 느껴진다.

러시아의 침엽수들은 보통 4~5미터는 될 성싶게 키가 커서 꼭대기가 보이지 않는다. 비록 여름은 3개월밖에 안 되지만, 위도가 높은 북구 특유의 긴 하루와 강렬한 태양에 풀과 나무들이 자라는 소리가 들릴 정도로 성장 속도가 빠르기 때문이라고 한다. 짧은 시간에 고속 성장을 해서 그런지, 햇빛을 향한 그리움이 너무 강렬한 탓인지 나무들은 잔가지 하나 없이 매끈하게 오로지 하늘을 향해 곧고 높게 솟아 있다.

열차가 달리는 선로 주변에도 이름 모를 풀꽃들이 잡초처럼 무성하게 우거져 있지만, 이 역시 짧은 여름 동안의 호사라고 생각하는

시베리아 횡단철도 여행은 러시아 자연과의 만남이다.

지 가꾸거나 뽑은 흔적이 전혀 없다. 그 넓은 땅에 비해 욕심 없이 자그마한 감자밭을 옆에 낀 인가들이 잊어버릴 만하면 나타나곤 한다. 마치 한 폭의 그림에 조화를 이루기 위해 눈송이처럼 흰 꽃이 피는 감자밭만을 고집하듯, 시베리아에서 다른 작물을 키우는 걸 보지 못했다. 그러고 나면 크고 작은 개울들과 늪지대가 나오고, 가끔은 무심한 소들이 풀을 뜯는 모습도 볼 수 있다.

시베리아의 자연이 지루해질 무렵, 열차는 우람한 숲을 이룬 우랄 산맥에 들어선다. 옛 소련 시절 나토의 공격을 피하기 위해 모든 중요 군사·과학 시설을 이 산맥의 동쪽으로 대피시켰을 만큼 러시아 사람들이 천혜의 요새로 믿는다는 우랄 산맥. 러시아의 대평원에서 유일하게 우뚝 솟아올라 대륙을 두 편으로 갈라놓은 산맥. 이 산맥을 중심으로 동쪽의 강들은 아시아로, 서쪽의 강들은 유럽으로 흘러들어간다.

우랄산맥을 넘어 모스크바에 가까워질수록 러시아의 지배계층은 유럽인이었음을 실감하게 된다. 도시 외곽에 '다차'라는 별장들이 줄지어 늘어선 모습에서 유럽 스타일의 생활양식이 엿보인다. 특히 상트페테르부르크는 후발 주자로서 유럽 주류계층에 편입된 러시아 귀족문화를 담은 하나의 거대한 박물관이라 해도 틀린 말이 아니다. 이 도시는 19세기 말 유럽의 기준으로 볼 때 가장 아름답고 훌륭한 작품들만을 엄선해 수집해놓은 컬렉션 같다. 제정러시아 시절 국민의 고혈과 주검마저 희생양으로 삼아 극에 달했던 로마노프 왕조의

이르쿠츠크 거리의 꽃가게들.

사치와 호사가 후손들에게 이런 유산을 남길 수 있었다는 아이러니
는 역사에 대한 평가가 얼마나 어려운지 새삼 깨닫게 한다. 다른 한
편으로 1990년대 IMF 위기를 겪을 만큼 극도의 경제 파탄기를 거
치면서도 이러한 문화유산을 외국에 팔아먹지 않고 지켜낸 러시아
국민들이 존경스럽기도 하다. 어려웠던 그 시절에도 문화재 복구예
산만큼은 한 푼도 삭감하지 않았고, 꽃집들은 번성했을 만큼 꽃과
문화를 사랑하는 민족이기에 가능했던 일이리라.

러시아의 음주문화

러시아를 이야기하면서 음주문화를 빼놓고 지나갈 수는 없다. 러시아의 대표적인 술은 보드카인데, 보드카의 어원은 '보다Voda', 즉 '물Water'을 애교스럽게 가리키는 말이다. 보드카는 러시아의 술로 알려져 있지만, 사실 폴란드와 스웨덴 등지에서도 제조되고 있다. 다만 러시아 보드카는 호밀로 빚지만, 폴란드나 스웨덴 보드카는 감자가 주원료라는 차이가 있다.

보드카가 전 세계적으로 사랑받게 된 이유는 순도가 높고, 무색·무미·무취의 투명함으로 각종 칵테일의 베이스로 애용되기 때문인 것 같다. 또한 술꾼들 사이에서 보드카는 뒤탈이 없는 술로 정평이나 있다. 보드카의 도수는 보통 45~50퍼센트이지만, 러시아 사람들

러시아에서는 지방마다 고유브랜드의 보드카를 생산한다.

은 90퍼센트의 독한 보드카도 즐겨 마신다.

지방마다 고유 브랜드의 보드카를 생산하는데, 모스크바 지역에서 생산되는 '모스크바야' '스톨리츠나야' '스탠더드'가 가장 유명하다. 그러나 시베리아에서는 노보시비르스크, 크라스노야르스크 지방의 미누신스크, 알타이 지방의 바르나울 보드카처럼, 러시아 사람들은 자기 고장에서 나오는 보드카를 즐겨 마신다.

이 밖에도 시베리아 지역에서는 보드카에 알타이와 우수리의 타이가(숲)에서 채취한 인삼 등 약초를 첨가한 '발잠'을 즐겨 마신다. 약간 엽기적인 느낌이 들지만 사슴피를 혼합한 발잠이 인기 있는 것만 보더라도, 시베리아에서는 걸쭉하고 달콤 쌉쌀한 맛이 나는 발잠을 술이라기보다는 건강보양식품쯤으로 여기는 것 같다.

러시아에서 보드카는 어떤 행사나 식탁을 막론하고 무차별적으로 애용된다. 러시아에서는 술이 없는 음식상은 생각할 수 없다고 해도 틀린 말이 아닌 것이, 심지어 조찬회 같은 아침 식탁에도 보드카가 나온다. 이처럼 러시아 사람들이 독주를 즐겨 마시는 이유는 음식이 기름진 탓도 있지만, 추위도 한몫하는 것 같다. 러시아가 아니더라도 겨울이 길고 추운 나라들에서 일반적으로 알코올 소비량이 높은 것을 보면 알 수 있다.

또 하나 보드카와 함께 소개되어야 할 러시아의 음주 관습은 여러 사람들이 모인 자리에서 술을 마실 때는 반드시 돌아가면서 건배사를 한다는 점이다. 그 자리에 참석한 사람은 누구든지 남녀노소를 불문하고 건배사를 하는 데, 이런 자리를 한두 번 경험하고 나면 러시아인들의 풍부한 교양과 감성 그리고 훌륭한 말솜씨에 감탄과 존경을 금치 못하게 된다.

러시아의 식탁에서 빠지지 않는 보드카.

만일 러시아 사람들과 식사 자리가 예정되어 있다면, 러시아 국민이 사랑하는 푸시킨의 시 한 구절 정도는 외워 두는 것이 좋다. 푸시킨의 시구로 건배사를 한다면 아무리 낯설고 어려운 자리라 할지라도 분위기가 단숨에 눈 녹듯 풀려나갈 것이다. 또한 러시아 최초의 한류문화는 한국식 노래방이라고 할 정도로 러시아인들은 노래 부르기를 좋아하고, 대부분 명가수들이다. 노래방에 가면, 우리나라에서도 심수봉의 번안가요로 유명해진 러시아의 국민가요 〈백만 송이 장미〉를 불러보길 바란다. 그 자리에 함께한 러시아인들이 떼창으로 대동단결하는 것은 물론이고 단박에 허물없는 친구 반열에 오를 수 있다.

우리가 막연하게 생각하는 것과 달리 러시아의 음주문화는 술을 강요하지 않는다. 건배를 제안한 사람은 '원샷'이 원칙이지만, 다른 사람들은 마시고 싶은 만큼만 마시면 된다. 종업원들이 수시로 잔을 채워놓기 때문에 아무리 마셔도 잔은 비워지지 않는다. 이 때문에 마시는 술의 양은 각자가 마시는 속도에 비례한다.

우리나라에도 둘째가라면 서러워할 만한 애주가들이 많지만, 러시아인들의 주량은 알아주어야 한다. 계획경제라기보다는 결핍경제에 가까웠던 옛 소련 시절, 비누·소금·성냥 등 생필품이 부족할 때도 보드카만큼은 떨어지지 않았다고 할 정도다. 또한 예전 보드카 병뚜껑은 한 번 따고 나면 다시는 막을 수 없게 만들었는데, 러시아 사람들에게 술을 남긴다는 것은 상상할 수 없는 일이기 때문이란다. 나는 우리나라에서도 자칭 타칭 술이 세다는 사람들을 많이 보았지만, 처음 러시아에 출장 갔을 때 대부분의 러시아 남성들이 독한 보드카를 물처럼 들이켜고도 끄떡없는 모습에 무척 놀랐던 일을 잊을 수 없다.

푸틴 대통령이 집권하면서 특히 청소년 보호를 위해 '알코올과의 전쟁'을 선포한 이래, 사회지도층으로 갈수록 술을 아예 입에도 안 대는 '비주류'가 대세가 되는 등 알코올을 대하는 러시아인들의 태도는 확연히 달라졌다. 물론 러시아는 여전히 주류 소비 세계 1위 타이틀을 지키고 있지만 말이다.

러시아 철도운송약관에도 열차 안에서의 '지나친 음주'는 금지되어 있다. 옛 소련 공산주의 시절에는 열차 안에서 술을 마시고 소란을 피울 경우 승무원이 신고하면 다음 역에서 바로 경찰에 연행되었다고 한다. 뿐만 아니라 거의 두 달치 봉급에 해당하는 엄청난 벌금을 물어야 했다. 물론 러시아 기준으로 맥주나 와인 정도는 술 축에 끼지도 못하고, 해석상 융통성이 있기도 하지만, 비단 열차 내에서뿐만 아니라 어디서든 지나친 음주와 추태를 피하는 것은 글로벌 에티켓이 아닐까 싶다.

3장

슬기로운
시베리아 열차 사용법

기차여행의 기본은
승차 시간 엄수

    어느 나라에서든 열차여행을 할 때 가장 주의해야 할 점은 열차의 출발시각을 엄수해야 한다는 것이다. 또한 철도 운영자의 가장 중요한 기본 덕목이 열차시각표에 약속한 시간을 정확하게 지키는 '정시성'이다. 러시아도 마찬가지다. 특히 장거리 열차들은 정시성이 매우 높아서 시간 엄수는 필수사항이다. 열차 탑승 수속이 공항의 체크인과 같은 수준으로 시간이 많이 걸리기 때문에 한 시간 정도 미리 역에 나가는 것이 좋다. 역 운영 시스템도 공항과 비슷하기 때문에 검색대가 있는 개찰구를 통과하면 티켓을 소지한 여행객만이 들어 갈 수 있는 맞이방이 별도로 마련되어 있다.

    시베리아 횡단열차는 역에 따라 15~45분가량 정차한다. 철도 운영자의 입장에서는 이 시간에 차량의 이곳저곳을 점검하고 차량의 지붕에 달린 급수통에 부족한 물을 공급받기도 하며, 식당차에서는 다음 메뉴를 위해 필요한 식재료를 공급받는다. 장거리 여행길의 손님들도 차가 정차해 있는 동안에는 잠시 열차에서 내려 가볍게 걸으며 역사 안이나 역 주변을 둘러볼 수 있다. 러시아의 역들은 저마다 개성 있게 꾸며져 있을 뿐 아니라, 독특한 분위기와 문화적 가치를 지닌 곳이 많아서 볼 만한 가치가 있다. 또 키오스크라 불리는 매점이나 좌판에서 계절 과일이나 음료수는 물론이고, 대부분 조악하긴 하지만 그 지방 특산품도 살 수 있다.

선로변에 줄지어 서 있는 키오스크들은 평소에는 닫았다가 열차가 들어오는 시간에만 문을 여는 경우가 많다. 열차시각에 맞춰 동

시베리아 횡단철도의 모든 역에서 만날 수 있는 '도시락 라면'.

네 아낙네들이 막 삶은 감자나 옥수수, 양념 닭다리 등을 광주리에 들고 나와 파는데, 가격을 흥정하거나 마을 사람들과 손짓 발짓 섞어가며 이야기를 나눌 수도 있고 맛도 별미라서 횡단철도 여행의 재미 중 하나다. 다만 집에서 빚은 밀주나 일반 생수는 배탈이 날 수 있으므로 조심하는 게 좋다.

　반가운 것은 정차하는 거의 모든 역에서 국산 '도시락 라면'을 살 수 있다는 점이다. 한국 라면은 러시아 사람들에게 아주 인기가 좋다. 서민들에게는 가격이 다소 비싼 편인데, 아이들 생일날에 식구들이 모여 앉아 도시락 라면을 하나씩 먹으면 제법 훌륭한 생일 만찬

역 주변에 대기하고 있는 포터 서비스.

이라 여길 정도로 인기가 많다고 한다. 이름도 기억할 수 없는 시베리아 허허벌판의 조그마한 역에서 진열대를 가득 채운 국산 컵라면을 보면, 대한민국 국민이라는 자긍심과 애국심이 절로 솟아나고, 부지런한 우리나라 기업들이 새삼 자랑스러워진다.

시종착역인 모스크바의 야로슬라블역이나 레닌그라드의 모스크바역에서는 항공여행 시 체크인할 때처럼 개찰할 때 소지품의 중량을 검사하는데, 30킬로그램을 초과하는 소지품은 반드시 별도 소화물로 부쳐야 하고, 운임도 따로 내야 한다. 배낭이나 트렁크 등 짐이 많을 경우에는 역 주변에 대기하고 있는 포터 서비스를 이용할 수 있다. 러시아의 장거리 열차들은 열차 길이만 500미터에 이를 정도로 길기 때문에 포터 서비스를 이용하면 편리하다. 가격은 트렁크 한 개당 약 3달러 정도를 루블이나 달러로 받는데, 지방 역에서는 보통 1달러 정도여서 큰 부담 없이 이용할 만하다.

바이칼과 시베리야크

역에서는 출발 한 시간 전에 열차들이 정해진 플랫폼으로 들어와 있다. 차량마다 객차번호가 쓰여 있고, 승무원들이 객차 출입문 앞에서 탑승하는 승객과 차표를 꼼꼼히 검사한다. 해당 객차의 차표를 가진 사람에게만 탑승이 허용되며, 승무원은 잡상인이나 차표가 없는 사람은 그 누구도 열차에 오를 수 없도록 철저하게 감시한다.

시베리아 횡단열차는 모두 24량으로 이루어진 장대열차다. 보통 여객용 객차는 21량으로 편성되고, 소화물 차량과 식당차가 각각 한 량씩 물린다. 장거리 열차는 전체가 침대열차인데, 객실은 I~IX까지 로마자로 표기되어 있고, 2인 침대칸에는 1~18번, 4인 침대칸은 1~36번까지 아리비아 숫자로 침대번호가 표기되어 있다. 열차의 종류는 가격에 따라 3등급으로 구분된다. 1등실은 침대 두 개의 '룩스', 2등실은 침대 네 개의 '쿠페' 그리고 3등실은 침대 여섯 개짜리로 '플라츠카르티'라 불린다.

2인용 침대차는 보통 기관차 바로 뒤나 열차의 맨 끝에 물리며, 열차의 중앙에 해당하는 9호차에는 여객전무의 사무실이 있는 경우가 많다. 여객전무실은 라디오나 TV 수신 그리고 역이나 기관실 등과 무선연락을 위한 통신설비를 갖추고 있다. 정규열차의 경우 2인용 객실 차량은 1~2량 정도이고 대부분이 4인용 객차로 구성된다. 모스크바와 베이징을 운행하는 중국 국제열차의 2인용 침대 객실은 상하 이층침대로 구성되고, 두 객실 사이에 공동으로 사용하는 샤워

침대 네 개가 놓여 있는 2등실 쿠페.

부스가 설치되어 있어 더 고급스럽다.

시베리아 횡단열차의 운임은 블라디보스토크에서 모스크바까지 전 구간이 룩스는 약 1,600달러로 항공요금보다 비싸지만, 일반열차의 4인실 쿠페를 이용하면 약 510달러 정도다. 그러나 우리나라 무궁화호 열차처럼 낮은 등급의 열차들은 이보다 훨씬 저렴하기 때문에, 시베리아 횡단열차는 러시아 서민들에게 없어서는 안 될 젖줄이다.

더구나 러시아의 국내선 비행기는 갑작스런 악천후 등으로 결항되기 일쑤여서 러시아인들은 안전한 기차를 선호한다. 2000년대 초까지만 해도 외국인들에게는 별도 차지가 부과되었으나, 지금은 그렇지 않다. 다만 시베리아 횡단열차의 티켓은 반드시 예약 구매를 해야 할 뿐더러, 창구에서는 티켓을 구하기 어렵고, 온라인 구매를 하더라도 반드시 창구에서 받아야 하기 때문에 여행사 등을 통해서 구입하는 것이 편하다. 티켓은 이름은 물론이고 여권번호, 또는 주민

▌시베리아 횡단열차 요금 (2018년 8월 기준)

9289km	급행열차	일반열차
소요시간	146시간(5박 6일)	159시간(6박 7일)
룩스(1등칸)	48000루블(약 1,600달러)	–
쿠페(2등칸)	22000루블(약 770달러)	15000루블(약 510달러)
플라츠카르티(3등칸)	10180루블(약 360달러)	6800루블(약 240달러)

번호를 명시하는 기명제라서 다른 사람에게 양도하거나 판매할 수
없다.

러시아 열차는 운행거리대별로 장거리 열차(700킬로미터 이상), 지
방열차(150~700킬로미터)와 교외열차(150킬로미터 이하)로 나뉜다.
현재 우리나라의 경부선 운행거리가 서울에서 부산까지 약 430킬로
미터이니, 러시아 철도 기준으로 본다면 기껏해야 지방열차 수준이
라고 하겠다.

최근에는 러시아에도 몇 개 노선에 고속열차가 다니지만, 시베리

▌시베리아 횡단열차 티켓

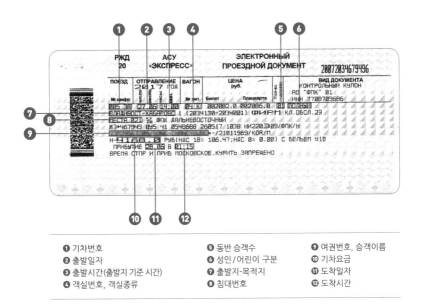

❶ 기차번호
❷ 출발일자
❸ 출발시간(출발지 기준 시간)
❹ 객실번호, 객실종류
❺ 동반 승객수
❻ 성인/어린이 구분
❼ 출발지-목적지
❽ 침대번호
❾ 여권번호, 승객이름
❿ 기차요금
⓫ 도착일자
⓬ 도착시간

아 횡단철도 노선은 고속철도가 운행할 수 없는 일반선이다. 다만 급행과 완행이 있는데, 급행은 5박 6일로 하루가 단축된다.

모스크바~블라디보스토크 전 노선을 운행하는 열차로는 '로시야'가 가장 유명하고 속도도 가장 빠르다. 이 밖에 각 철도지사가 고유의 장거리 열차를 운행하고 있다. 예를 들어 '바이칼'(모스크바~이르쿠츠크), '시베리야크'(모스크바- 노보시비르스크), '예니세이'(모스크바-크라스노야르스크), '오케안'(하바롭스크-블라디보스토크) 등으로 불리는 열차들이 구간별로 수요에 따라 운행된다. 최근에는 모스크바~하바롭스크, 모스크바~울란우데, 모스크바~크라스노야르스크, 모스크바~예카테린부르크 등 다양한 구간별로 열차들이 확충되었다. 보스톡(동방)이라 불리는 19/20호 열차는 모스크바에서 베이징 구간을 운행하는 국제열차다.

참고로 러시아 열차는 열차번호 숫자가 높을수록 등급이 떨어진다. 99번, 100번 등 번호가 백 단위로 올라가는 열차들은 우리나라의 무궁화급 열차로 정차역도 더 많고 시설 수준도 떨어지는 대신 운임이 아주 싸다.

2003년 철도부에서 공사로 전환된 러시아철도공사는 16개의 지사로 구성되어 있다. 보통 지사 하나가 우리나라 철도공사(코레일)보다 규모가 큰 데다, 역사적 발전 과정도 독자성이 있기 때문에 각 지사별 서비스 경쟁이 꽤 치열하다. 특히 모스크바에서 이르쿠츠크를 거쳐 몽골을 경유하여 북경에 이르는 노선에는 중국의 국제열차

모스크바~노보시비르스크
사이를 운행하는
'시베리야크' 열차.

도 다니기 때문에 늘 비교 대상이다. 그런데 이 노선의 중국 열차들이 러시아 열차보다 객실 인테리어가 월등히 좋다는 평판 때문에 항상 중국 열차 티켓이 먼저 매진되는 것에 러시아철도공사는 자존심을 상해한다. 그러나 이처럼 시베리아 횡단철도 노선에서 경쟁이 치열해질수록 서비스는 점점 더 좋아질 테니 여행자로서는 즐거운 일이다.

블라디보스토크에서
오전 10시에 저녁 식사

현재 러시아에는 열한 개의 시간대가 존재한다. 1996년 러시아 정부가 모스크바와 노보시비르스크의 시간차를 종전의 네 시간에서 세 시간으로 바꾸면서 한동안 큰 혼란이 계속되었다. 항공사와 철도 부가 사전에 충분히 조율하지 못해서 일어난 일이었다. 1998년에는 카잔의 시간대를 모스크바와 같은 시간대로 전환했는데, 모스크바 철도부는 2000년 1월이 되도록 이를 반영하지 않아 승객들이 열차를 이용하는 데 큰 혼선이 빚어졌다. 이러한 '혼돈기'를 거쳐 현재 러시아에는 모두 열한 개의 시간대가 적용되고 있다.

비행기를 타고 해외여행을 가더라도 시간대가 바뀌면 헷갈리기 마련인데, 국내에서 열차를 타고 가는 데 11번이나 시간대가 바뀐다

▌러시아의 시간대

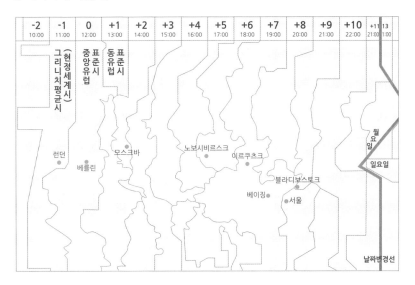

| -2
10:00 | -1
11:00 | 0
12:00 | +1
13:00 | +2
14:00 | +3
15:00 | +4
16:00 | +5
17:00 | +6
18:00 | +7
19:00 | +8
20:00 | +9
21:00 | +10
22:00 | +11 13
21:00 1:00 |

제로 : 모스크바 시간대	0~1267km	모스크바-야로슬라블-샤르야-키로프- 발레시노-쿠스마
+2시간	1274~2496km	슈니리-페름-예카테린부르크-튜멘-노보 안드레예프스키
+3시간	2518~3470km	만구트-옴스크-바라빈스크-노보시비르스크-볼로트나야-틴
+4시간	3479~4472km	타스카예보-타이가-마린스크-크라스노야르스크-일란스카야-토실리예
+5시간	4477~5773km	우랄로-클류치-타이셰트-이르쿠츠크-울란우데-타지신스키예프
+6시간	5784~8184km	페트로자보츠크-치타-모고챠-스코보로디노-벨로고르스크-샤드린스크
+7시간	8190~9289km	오블루치예-비로비잔-하바롭스크-우수리스크-블라디보스토크

면 그 혼란이 얼마나 클지 쉽게 상상이 갈 것이다. 더구나 러시아 철도의 열차시각은 모스크바 시간을 따르는 게 그동안의 오랜 전통이었다. 역이나 객차 안에 게시된 열차시각표 역시 원칙적으로 모스크바 시간으로만 표기되었다. 그래서 대부분의 러시아의 역사에는 시계 두 개가 나란히 걸려 있는데, 하나는 현지시간을, 그리고 다른 하나는 모스크바 시간을 가리킨다. 시계가 하나만 걸린 경우에는 역 광장에 걸린 시계는 현지 시간을, 그리고 역사 안이나 플랫폼에 걸린 시계들은 모두 모스크바 시간을 가리킨다. 며칠씩 열차를 타고 가다 보면, 두 개의 시간이 큰 혼란을 빚기 일쑤다. 열차 시각인 모스크바 시간대를 사용하면 현지시간과는 큰 차이가 날 수 있기 때문이다. 예컨대 블라디보스토크에서는 오후 1시(모스크바 시간)에 아침 식사를 하고, 오전 10시에 저녁 식사를 하는 식이다. 여행객들이 할 수 있는 가장 좋은 대처 방법은 배꼽시계를 따르는 것뿐이었다. 그런데 러시아 철도공사가 2018년 7월 1일부터 열차시각표에 현지시간을 적용하고 있다. 하나의 열차가 운행 도중에 시간대가 여러 번 바뀔 경우, 현지시각으로 인해 또 다른 혼란이 야기되는 것은 아닌지 지켜볼 일이다.

정차역에서 잠시 하차할 경우 기차를 놓치지 않도록 특별히 주의해야 한다. 열차의 출발 안내는 러시아어로만 방송되고, 수신호나 그 밖의 어떤 신호도 없다. 승무원들이 모든 정차역에서 승객들이 다시 열차에 탑승할 수 있도록 신경을 쓰기는 하지만, 승객이 알아서 주

█ 급행열차시각표: 블라디보스토크~모스크바 (9,288킬로미터: 5박 6일, 모스크바 시간 기준)

(2018년 8월 현재)

Km	역명	도착	정차시간	출발
첫째 날 : 시간대 7: 모스크바 시간 + 7시간				
0	Vladivostok			10시35분
33	Ugol'naya	11시18분	2분	10시35분
112	Ussurijsk	12시38분	18분	10시35분
180	Sibircevo	14시05분	2분	10시35분
198	Muchnaya	14시29분	1분	14시30분
240	Spass-Dal'nij	15시08분	2분	15시10분
357	Ruzhino	16시50분	13분	17시03분
414	Dal'nerechensk1	17시51분	2분	17시53분
533	Bikin	19시53분	2분	19시55분
638	Vyazemskaya	21시34분	16분	21시50분
766	Khabarovsk	23시55분	25분	00시20분
둘째 날				
939	Birobidzhan	2시35분	5분	2시40분
1099	Obluch'e	5시18분	15분	5시33분
1209	Arhara	7시38분	2분	7시40분
1260	Bureya	8시32분	2분	8시34분
1305	Zavitaya	9시14분	2분	9시16분
1424	Belogorsk	10시58분	30분	11시28분
1482	Svobodnyj	12시21분	5분	12시26분
1566	Shimanovskaya	13시39분	2분	13시41분
1731	Tygda	15시53분	2분	15시55분
1796	Magdagachi	16시58분	15분	17시13분
1984	Skovorodino	20시18분	3분	20시21분
2080	Urusha	22시12분	3분	20시21분
2178	Erofej Pavlovich	22시58분	21분	00시19분
셋째 날				
2285	Amazar	2시12분	20분	2시32분
2383	Mogocha	4시12분	15분	4시27분
2491	Ksen'evskaya	6시15분	2분	6시17분
2621	Zilovo	8시34분	2분	8시36분
2704	Chernyshevsk-Zabajkal'sk	10시00분	25분	10시25분
2765	Kuenga	10시27분	2분	11시29분
2801	Priiskovaya	12시08분	2분	12시10분
2846	Shilka-Pass	12시57분	3분	13시00분
2997	Karymskaya	15시30분	20분	15시50분
3027	Darasun	16시26분	2분	16시28분

Km	역명	도착	정차시간	출발
3093	Chita	17시41분	21분	18시02분
3357	Hilok	22시18분	15분	22시33분
넷째 날				
3507	Pertovskij Zavod	00시59분	3분	1시02분
시간대 6: 모스크바 시간 + 6시간				
3650	Ulanude	3시00분	23분	3시23분
3980	Slyudyanka 1	8시03분	10분	8시13분
4106	Irkutsk	10시16분	23분	10시39분
4114	Irkutsk-Sort	10시54분	12분	11시06분
4146	Angarsk	11시40분	2분	11시42분
4174	Usol'e-Sibirskoe	12시09분	2분	12시11분
4237	Cheremhovo	13시06분	2분	13시08분
4357	Zima	14시49분	25분	15시14분
4496	Tulun	17시09분	2분	17시11분
4612	Nizhneudinsk	18시47분	23분	19시10분
4776	Tajshet	21시36분	5분	21시41분
시간대 5: 모스크바 시간 + 5시간				
4839	Reshoty	22시39분	2분	22시41분
4915	Ilanskaya	23시52분	20분	00시12분
다섯째 날				
4947	Kansk-Enisejskij	00시45분	5분	00시50분
5028	Zaozernaya	2시02분	2분	2시4분
5194	Krasnoyarsk Pass	4시55분	20분	5시15분
5378	Achinsk 1	8시22분	2분	8시24분
5446	Bogoto1	9시27분	3분	9시27분
5579	Mariinsk	11시36분	20분	11시56분
시간대 4: 모스크바 시간 + 4시간				
5727	Taiga	13시56분	25분	14시12분
5955	Novosibirsk	17시28분	27분	17시55분
6259	Barabinsk	21시29분	15분	21시44분
6583	Omsk	1시28분	25분	1시53분
시간대 3: 모스크바 시간 + 3시간				
6866	Ishim	5시17분	12분	5시29분
7155	Tyumen'	8시57분	20분	9시17분
7481	Sverdlovsk (Yekaterinburg)	13시36분	40분	14시16분
7862	Perm' 2	19시58분	20분	20시18분
시간대 2: 모스크바 시간 + 2시간				
8105	Balezino	23시51분	23분	00시14분
여섯째 날				
8342	Kirov Pass	3시25분	20분	3시45분
8798	Goriki Mock	9시44분	15분	9시59분
9049	Blagimir Pass	13시12분	23분	13시35분
9259	Yaroslavl	16시44분		

의해야 한다. 따라서 정차역에서 잠시 내릴 때는 반드시 열차의 출발시각을 확인하고 제시간에 승차해야 한다.

　객차마다 중앙복도 벽에 열차시각표가 붙어 있는데, 정차역 이름, 도착 및 출발시각과 함께 정차시간이 분 단위로 적혀 있다. 정차시간이 얼마나 되느냐에 따라 잠시 하차해서 역 주변을 둘러보거나 선로 주변을 따라 가볍게 걸을 수 있다. 러시아 열차들은 시간을 정확히 지키는 편이다. 여기서 알아두어야 할 철도의 원칙은 기차가 늦게 출발하는 일은 있어도, 절대로 정해진 시각보다 먼저 출발하지는 않는다는 점이다. 문제는 자연재해나 장애 등으로 인해 열차가 지연

이르쿠츠크 어린이철도학교.

72

어린이 철도학교의 실습용 열차.　　　　실습 중인 어린이 철도학교 학생들.

된 경우다. 이때는 열차가 언제 출발할지 모르기 때문에 승무원의 탑승 안내를 놓치지 않도록 열차에서 너무 멀리 떨어진 곳까지 가지 말아야 한다.

　2001년 5월 시베리아 열차여행 중에 바이칼 호수와 맞닿아 있는 슬루지앙카역에 정차했을 때 있었던 일이다. 그때 우리가 탄 열차는 바이칼 호수 범람으로 인한 선로 장애로 이르쿠츠크역에서 세 시간이나 늦게 출발해 많이 지연된 상태로 슬루지앙카역에 도착했다. 그런데 슬루지앙카역 주변을 둘러보던 우리 옆 객실의 독일 여행객이 사진 찍는 데 정신이 팔려 그만 열차를 놓치는 웃지 못할 일이 생겼다. 여권과 지갑까지 몽땅 객실 안에 두고 반바지 차림으로 사진을 찍던 이 독일인은 뒤늦게 열차가 떠나버린 것을 알아채고는, 손짓 발짓을 섞어 마을 사람의 자동차를 얻어 타고 350킬로미터나 떨어진 다음 정차역 울란우데에서 다시 열차에 오를 수 있었다.

한편 열차 안에서도 큰 소동이 벌어졌다. 열차 출발 후 같은 방을 쓰던 영국인의 신고로 이 손님이 열차에 타지 못한 것이 알려졌다. 열차에 첨승하고 있던 철도경찰이 즉시 출동하여 몇 사람을 증인으로 입회시킨 후, 그 독일인의 트렁크와 여권, 지갑 등 각종 소지품을 조사했고, 슬루지앙카역과 울란우데역에 교신을 보내는 등 정말이지 한바탕 난리법석이 벌어졌다. 다음 역에서 그 독일인이 다시 기차에 오름으로써 이 소동은 해피엔딩으로 끝났지만, 러시아 말 한마디도 하지 못하는 그가 서너 시간 동안 겪은 무용담은 우리의 여행이 끝날 때까지 두고두고 즐거운 이야깃거리가 되었다. 그 와중에도 그는 자동차 주인이 300달러를 요구했지만 150달러로 깎아서 타고 왔다며 으스댔다. 이 사건 이후로 우리 일행과도 절친이 된 그에게 우리는 '독일 곰바우'라는 별명을 붙여 주었다.

침대열차로 6박 7일

장거리 열차인 시베리아 횡단열차는 식당차를 제외하면 전체가 침대차 형식이다. 러시아 철도가 광궤이기 때문에 차량의 폭도 넓어서 객실에 올라서면 공간이 여유 있어 보인다.

티켓에 적힌 객실 안에 들어서면, 객실 문 위로 커다란 트렁크 서너 개 정도를 넣을 수 있는 다락방 비슷한 공간이 있고, 침대 밑에도 중간 크기의 트렁크 한 개 정도 들어갈 만한 공간이 있다. 대부분의 여행객들이 여행 중 필요한 먹거리를 비롯해 짐을 많이 가지고 타기 때문에 4인실이나 6인실의 경우 적재 공간이 비좁을 수도 있다. 특히 침대 밑 공간의 크기에 유념해서 거기에 맞는 트렁크를 준비해야 좁은 객실 내에서 불편을 줄일 수 있다.

객실 중앙에는 전체 조명등이 있고, 각 침대마다 머리맡에 독서등이 있어 야간에도 책을 읽거나 다른 일을 할 수 있다. 차내에서 머무는 시간이 많기 때문에 간편한 슬리퍼를 가져가면 편하다.

객실문은 안쪽에서 잠글 수 있다. 1990년대 러시아가 정치·경제적으로 한참 어려웠을 때는 열차 내 도난 사고가 빈발해서 걸쇠 모양의 잠금 장치만으로는 마음이 놓이지 않아 튼튼한 끈으로 문고리를 묶어 놓고 잠을 잤다는 이야기를 들었다. 지금은 치안 상태가 많이 나아진 편이라고는 하지만 귀중품이나 여권, 핸드백 등은 잘 보관해야 한다.

러시아인들이 기차를 '달리는 사모바르(러시아식 구리주전자)'라고 부를 정도로 난방은 아주 잘 되는 편이며, 보통 섭씨 22~25도 정도를 유지한다. 열차 전체는 전기난방시스템으로 난방을 하지만, 객차마다 별도의 석탄난로가 설치되어 있어, 여름에도 갑자기 날씨가 서늘해지면 히터를 작동할 수 있다. 특히 유럽 관광객이나 외국인 손님들이 많은 경우에 승무원들은 난방에 각별히 신경을 쓴다. 잠자기 전에 승무원에게 원하는 온도, 예를 들어 섭씨 25도 정도로 해줄 것을 부탁해두면 승무원이 알아서 조절해준다.

우리는 시베리아 하면 혹독한 추위를 먼저 떠올리지만, 시베리아의 여름은 섭씨 영상 30~40도를 넘나드는 무척 더운 날씨다. 그래서 여름날 기차여행에는 더위를 걱정하지만, 객실의 냉방장치는 잘 되는 편이다. 하지만 이른바 '차륜 냉방식'이라서 열차가 운행해야만

에어컨이 작동하는 것이 흠이다. 다시 말해 열차가 30분 이상 정차하면 객실 안은 바로 찜통이 될 수 있다. 유독 더웠던 어느 여름 여행길에 있었던 일이다. 오후 시간에 45분가량 정차한 역에 내려 구경하다가 다시 열차에 오르니, 우리가 가져간 김치가 푹 익어서 온 기차 안에 김치 냄새가 진동을 했다. 역시 컵라면에는 김치가 제일이라 버리지 않고 끝까지 사수했지만, 외국인 승객들이 무슨 냄새인가 한참을 수군거려 약간 민망했다. 기차 안이 그만큼 순식간에 무더워질 수 있다는 말이다. 장거리 열차들엔 예외 없이 냉방장치가 되어 있다. 대신 객실 창문은 아예 열 수 없게 되어 있고, 기차 복도에 있는 창문만 비스듬하게 열 수 있다.

흡연은 객실 안에서는 물론이고 복도에서도 엄격히 금지되어 있다. 객실 안에는 경보시스템이 달려 있어 흡연 시 작동할 수 있다. 객차의 끝 부분이나 식당차에 마련된 흡연구역에서만 담배를 피울 수 있다. 오래된 열차라 할지라도 화장실에는 110V용과 220V용 전원이 있어 전기면도기, 드라이어, 배터리 충전기 등을 사용할 수 있다. 신형 차량들에는 객실마다 전원 장치가 있어 방 안에서 노트북 등 디지털기기도 사용할 수 있다. 이 밖에 승무원실, 식당차, 여객전무실에 전원 장치가 있다.

사실 시베리아 횡단열차에서 가장 흥미로운 호기심거리 중 하나는, 나 홀로 여행자의 경우 열차 객실을 누구와 함께 쓰게 될지 알 수 없다는 점이다. 최근 들어 티켓팅을 할 때 좌석을 지정할 수 있

시베리아
횡단열차의 2등석.

도록 바뀌어서 이런 재미가 많이 사라지긴 했지만, 불과 몇 년 전
까지만 해도 객실과 침대번호는 국적이나 남녀노소를 불문하고 철
도회사가 마음대로 배정했다. 실제로 생면부지의 선남선녀가 우연히
같은 쿠페를 배정받아 무릎이 맞닿을 듯 좁은 공간에서 일주일을 함
께 보내는 일이 다반사였다고 한다.

　나도 시베리아 횡단열차 여행을 하면서 실제로 그런 일을 경험한
적이 있다. 2001년 5월이었는데, 우리 일행이 다섯 명이다 보니 누
군가 한 사람은 낯모르는 승객과 같은 객실을 써야 했다. 마침 젊고
아름다운 러시아 금발 미녀가 침대 주인으로 들어서자, 같이 갔던
남자 일행들이 서로 그 방을 쓰겠다고 경쟁을 벌이는 시늉을 해 웃
음꽃이 핀 적이 있다. 다음 정차역까지 2박 3일을 우리들과 식구처
럼 지낸 그 젊은 여성은 알고 보니 친정에 다녀가는 중인 고려인의

아내였다! 그녀와 밤을 새가며 이야기꽃을 피우다 보니, 어느새 러시아 사람들이 사는 모습을 눈에 선하게 그릴 수 있었다.

러시아인들은 외국인에 대해 처음에는 낯을 가리는 편이지만, 기차여행은 쉽게 마음을 열어준다. 집에서 싸온 음식들을 서로 권하면서 친밀해지는 것을 보고 있으면, 마음 따뜻한 러시아 사람들과 우리나라 사람들이 잘 통하는 것 같다. 까탈스런 유럽 사람들처럼 음식 냄새에 민감하지도 않다. 국산 초코파이나 컵라면을 나눠 먹으면 그만큼 여행길이 편해진다.

친절한 열차 승무원

일주일 동안 밤낮 없이 운행하는 시베리아 횡단열차에서 승무원
의 역할은 매우 중요하다. 객차 1량마다 승무원 두 명이 탑승하여
종착역까지 교대로 근무한다. 객차마다 계단 바로 옆에 승무원실이
있고, 침대방도 있다. 승무원은 검표에서부터 승객의 안전 관리, 정
차역에서 낯선 이들의 출입금지와 승객들이 시간에 맞춰 다시 탑승
하는 것을 돕는다. 침구류 교체뿐만 아니라 차나 커피 서비스를 비
롯해, 객차마다 하나씩 붙어 있는 화장실 겸 세면장과 객실복도 청
소 등 객차 내 청결 유지도 승무원의 중요한 임무다.

한 번은 내가 탔던 열차의 승무원들이 부부였는데, 부부라 할지라
도 자기 근무시간이 아닌 경우에는 편한 사복 차림으로 철저하게 쉬

시베리아 횡단열차의 만능 해결사 열차 승무원.

는 것이 공과 사가 분명했다.

　승무원과 친해지면 긴 여행에 큰 도움이 된다. 예를 들어 온수가 나오지 않는 열차 세면장에 큰 물주전자에 따뜻한 물을 담아 가져다주는 특혜에 가까운 친절을 베풀기도 한다. 대개는 영어를 잘 못하지만, 간단한 영어와 손짓 발짓으로 의사소통은 가능하다. 러시아인들은 애연가가 많기 때문에 담배를 권하면 쉽게 친해질 수 있고, 초코파이나 국산 컵라면을 건네면 거의 뇌물(?)에 가까운 효력을 발휘한다.

시베리아 횡단열차가 보통 24량으로 편성되기 때문에 열차 한 개당 승무원 수는 40~50명에 이른다. 이들은 거의 고정 팀으로 근무하며, 이들을 관장하는 여객전무는 웬만한 중소기업 사장 못지 않은 상당한 파워와 자부심을 가지고 있다.

승무원실 앞, 즉 열차의 계단을 올라서자마자 객실의 복도 머리 쪽에는 물을 끓이는 러시아식 구리 주전자가 설치되어 있다. '사모바르'라 불리는 이 온수기는 긴 열차여행에서 거의 만병통치약에 가까울 만큼 요긴하다. 열차가 출발하고 나서 한 시간쯤 지나면 뜨거운 물을 얻을 수 있다. 커피나 컵라면을 먹는 데는 전혀 문제가 없고, 아쉬운 대로 햇반을 데워 먹을 수도 있다. 찬물에 손 담그기가 오싹한 추운 겨울에는 세숫물에 사모바르 물 한 컵만 넣어도 만사가 오케이다.

승무원에게 주문하면 고풍스런 러시아식 찻잔에 담긴 차나 커피를 객실로 가져다주는데, 차 한 잔 가격은 50센트 정도다. 계산은 보통 하루 1~2달러 정도의 팁까지 포함해서 여행 마지막 날에 한꺼번에 한다. 시베리아 횡단열차에서 침구 서비스는 운임에 포함되어 있다. 침구 팩에는 침대 커버와 담요 그리고 수건 한 장이 들어 있다. 수건은 크기도 작고 질이 좋지 않기 때문에, 미리 가져가는 것이 좋다. 보통 3일에 한 번 정도 침구를 교체해주는데, 별도로 1~2달러 정도를 승무원에게 지불하면 어느 때라도 새 침구를 내준다.

열차 안이나 역에서는 루블화만 통용된다. 만일 러시아를 거쳐 몽

물을 끓이는 러시아식 구리 주전자 사모바르(왼쪽), 시베리아 횡단열차의
승무원실(오른쪽).

골이나 중국을 통과한다면 몽골 구간에서는 루블과 달러가, 중국 구
간에서는 중국화폐인 위안이 통용된다. 열차가 통과하는 시각에 따
라 국경역의 환전소는 닫혀 있거나, 또는 환전할 돈이 없는 경우가
다반사여서 열차에 탑승하기 전에 미리 환전하는 것이 좋다. 단 액
수가 작을 경우에는 승무원이 개인적으로 잔돈을 바꿔주기도 한다.

중국 열차와 러시아 열차의 승무원을 비교한다면, 대체로 중국 승
무원들은 손님들을 사무적으로 대하는 데 반해, 러시아 승무원들은
손님들과 대화 나누기를 즐기고, 손님 한 사람 한 사람을 세심하게

챙겨주는 편이라서 아주 친절하다는 인상을 받는다.

▌시베리아 횡단열차 여행 시 준비물

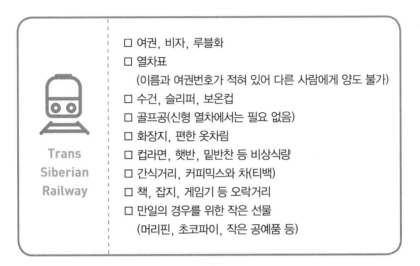

□ 여권, 비자, 루블화
□ 열차표
　(이름과 여권번호가 적혀 있어 다른 사람에게 양도 불가)
□ 수건, 슬리퍼, 보온컵
□ 골프공(신형 열차에서는 필요 없음)
□ 화장지, 편한 옷차림
□ 컵라면, 햇반, 밑반찬 등 비상식량
□ 간식거리, 커피믹스와 차(티백)
□ 책, 잡지, 게임기 등 오락거리
□ 만일의 경우를 위한 작은 선물
　(머리핀, 초코파이, 작은 공예품 등)

○ Trans Siberian Railway ○

골프공이 필요한 화장실

어찌 보면 여행의 추억은 고생담에서 오고, 일부러 사서 고생을 하려고 여행을 떠나기도 하지만, 시베리아 횡단철도 여행에서 가장 불편한 사항은 뭐니 뭐니 해도 화장실과 샤워 문제일 것이다.

러시아의 정규 열차에는 샤워 시설이 없고, 화장실은 객차마다 하나씩 붙어 있다. 화장실 안에 있는 세면대에서는 찬물만 나온다. 수도꼭지를 계속 누른 상태에서만 물이 나오는 데다 세면대 배수구에 막음 장치가 없어, 한 손으로 고양이 세수를 해야 할 형편이다.

내가 처음 시베리아 횡단열차 여행 계획을 세우고 러시아철도부에 근무하는 친구에게 조언을 구했더니 골프공을 꼭 가져가라는 충고를 해주었다. 말로만 들을 때는 그 위력(?)을 잘 몰랐는데, 정말

골프공이 필요한 열차 내
세면대.

신기하게도 골프공이 세면대 배수구에 정확히 들어맞는 것이 아닌
가! 물론 최근 도입된 신형 차량에서는 골프공이 필요하다는 말도
옛말이 되었다. 하지만 작은 골프공 하나가 가져다준 그 놀라운 편
리함을 경험한 사람이라면 골프공이 시베리아 횡단철도 여행에 반
드시 지참해야 할 필수품이라는 데 이견을 달지 않는다.

　오랜 기차여행의 불편을 줄이려면 일회용 변기 커버나 화장지를
준비해 가는 것도 도움이 된다. 화장실 사용과 관련해서 또 한 가지
유의해야 할 사항은 열차의 화장실이 다음 정차역에 도착하기 30분
전에 폐쇄되고, 열차가 출발하고 나서야 다시 사용 가능해진다는 점
이다. 이때는 정차역의 화장실을 이용해도 되지만, 역에 따라 화장실
이 유료인 경우도 있고, 무엇보다 청결 상태가 좋지 않은 곳이 많다.
다만 큰 역에는 유료 샤워장이 갖춰진 곳도 있어 열차 정차시간을
잘 활용하면 시원하게 씻는 '행운'도 누릴 수 있다. 내 경험으로는

스베르들롭스크역(예카테린부르크)의 샤워 시설이 부스도 많고 가장 훌륭했다.

참고로 모스크바~북경 간을 운행하는 중국 열차에는 2인용 침대 칸의 3호 및 4호실에 두 객실이 공동으로 사용할 수 있는 샤워 부스가 설치된 차량도 투입된다. 또한 장사 수완이 뛰어난 중국철도공사는 주문에 따라 6인 또는 8인용 살롱 객차와 자체 식당차, 회의실과 비디오 시스템 등을 갖춘 특별 객차를 정규 열차에 물려 운행하기도 한다. 따라서 티켓 예매 시 차량 시설을 먼저 확인하는 것이 좋고, 특별 차량 예약은 철도역 여객 서비스팀에 문의하면 된다.

달리는 레스토랑, 식당차

러시아 철도의 식당차 서비스는 대체로 좋은 편이다. 시베리아 횡단열차의 경우 식사비는 운임에 포함되어 있지 않기 때문에 식당차에서 사먹어야 한다. 중국의 국제열차에는 운임에 아침 식사가 포함되어 있어, 1등석인 2인용 침대칸 승객은 정해진 시간에 식당차로 가서 아침을 먹을 수 있다. 그 밖의 객실 승객들은 식당차에서 제공되는 도시락을 각자의 객실로 가져가서 먹는다.

러시아의 식당차에는 요리사, 보조 요리사, 서빙 직원 두 명과 총책임자 등 최소한 다섯 명의 직원이 동승한다. 2003년 러시아철도부가 공사화된 후 민간업체에 위탁을 주고 난 뒤, 직영하던 시절에 비해 식당차 서비스가 아주 좋아졌다. 식당차에서는 인스턴트나 냉동 재료를 쓰지 않고, 감자 껍질 벗기는 일부터 스테이크 굽기까지 모든 음식을 열차 내에서 직접 만든다. 열차 무선기로 재료를 주문하고 다음 정차역에서 받는 방식으로 매일 신선한 재료를 공급받아 조리한다.

식당차의 좌석 수는 보통 48석인데, 한쪽에 과자와 음료수 등을 파는 조그만 키오스크가 설치돼 있다. 필요한 물건을 주문하면 다음 역에 연락해서 조달해주기도 한다.

식당차의 메뉴는 러시아어와 영어로 쓰여 있다. 대부분의 음식들이 러시아의 전통 메뉴다. 러시아 음식은 푸짐한 편이고, 추운 날씨

시베리아 횡단열차의 식당차는 달리는 레스토랑이라고 해도 손색이 없다.

탓인지 아주 차갑거나 아주 뜨거운 음식들이 주종을 이룬다. 아침 메뉴로는 수프와 소시지, 오트밀과 오믈렛 또는 캐비어를 올린 흑빵이나 토스트 빵, 딸기잼 등이 나온다. '보르쉬'라 불리는 수프는 잘 식지 않는 옹기그릇에 담겨 나오는데, 우리나라의 육개장과 비슷해서 아주 맛있다. 여름에는 차게도 먹으며 지방마다 조리법이나 재료가 약간씩 다르기는 하지만, 거의 매 끼니를 보르쉬 한 그릇과 흑빵 한 조각으로 때워도 충분한 요기가 된다. 보통은 사이드디시로 감자가 나오지만, 동양인이 많이 타면 볶음밥을 내놓는 센스를 발휘하기도 한다. 그런데 시베리아 감자도 포근포근 정말 맛있다. 특히 러시

인스턴트나 냉동식품을 쓰지 않는 열차 식당.

아의 흑빵은 종류가 다양하지만 하나같이 맛있어서 한국에 돌아와서도 가끔 생각날 정도다.

러시아에서는 후식으로 차나 커피가 나온다. 러시아 커피는 아주 진하고 쓴데 블랙으로만 마신다. 우유라도 넣으면 조금 나을 텐데, 러시아 사람들은 커피에 왜 우유가 필요한지 잘 이해하지 못하는 것 같다. '밀크'라고 하면 말이 통하지 않아 오죽하면 내가 가장 먼저 배운 단어 중 하나가 '말로코(우유)'다. 물론 가장 좋은 해결책은 우리나라 커피믹스를 챙겨가는 일이지만 말이다.

점심 메뉴로는 차가운 애피타이저, 빵, 수프에 이어 메인디시가 나온다. 예컨대 고기요리에 감자 또는 밥, 야채샐러드가 곁들여지고, 후식은 케이크 한 조각이나 과일, 끝으로 커피나 차로 마무리된다.

러시아 사람들은 단 음식을 좋아하는 편이어서 후식으로 아이스크림을 즐겨 먹는다. 특히 한겨울에 차창 밖으로 집채만큼 쌓인 눈을 바라보면서 먹는 러시아 아이스크림은 두고두고 잊지 못할 맛으

러시아식 메인 디시.

바이칼에만 산다는 '전설의 물고기' 오물.

로 강추하고 싶다.

시베리아 횡단열차의 식당차를 '달리는 레스토랑'이라고 표현해도 지나침이 없는 이유는, 특히 통과하는 지역의 특산물로 조리된 메뉴를 제공하기 때문이다. 가장 특색 있는 요리로는 이르쿠츠크를 지날 때 나오는 '오물'이라는 생선 요리를 들 수 있다. '오물'은 바이칼 호수에서만 잡힌다는 '전설의 생선'이다. 생김새는 청어 비슷한데 짠맛은 없는 그냥 밍밍한 맛이다.

러시아 정통 저녁 식사는 점심 메뉴와 거의 비슷하지만 대부분 수프가 빠진다. 식당차에서 음식을 시킬 때 항상 풀코스로 주문할 필요는 없다. 워낙 양이 많아서 한두 가지 요리만 주문해도 충분한 편이다. 저녁 식사 후에 식당차는 만남의 장소로 애용된다. 맥주나 보드카 또는 와인을 마실 수 있다. 원칙적으로는 새벽 1시가 영업 마감 시간이지만, 매상만 맞는다면 식당차는 항상 개점된다고 할 수 있다. 여행 첫째 날이나 둘째 날에 식당차 직원들에게 술 한 잔 권하며 친분을 터놓는 것도 즐거운 여행을 하는 노하우다. 그리고 요리사가 바쁘지 않다면 특별 메뉴 주문을 받기도 한다. 하루 전에 요리사에게 음식을 주문하면서 가격 협상을 잘하면 상당한 수준의 제대로 된 요리도 맛볼 수 있다.

시베리아 횡단철도 여행을 할 때면 최소한 며칠은 열차에 머무르기 때문에 식당 직원들은 물론이고 자주 마주치는 다른 여행객들과 서로 수인사를 터놓으면 여행의 즐거움이 커진다. 러시아 사람들은 여행 중 먹을 음식을 집에서 바리바리 싸오는 경우가 많아서 식당차에는 외국인, 특히 유럽인들이 주를 이루고, 단체 손님들도 있지만 '나홀로 여행객'들도 많아서 심심찮게 말벗을 만날 수 있다.

시베리아 횡단철도(TSR)~몽골 횡단철도(TMGR)~중국 횡단철도(TCR)를 이용해서 모스크바에서 베이징까지 여행할 경우에 식당차는 원칙적으로 통과하는 국가의 철도공사가 운영한다. 즉 모스크바에서 러·몽 국경까지는 러시아철도공사가, 몽골에서는 몽골철도청의 식당차가, 그리고 몽·중 국경을 지나면 바로 중국의 식당차가 문을 연다. 국경을 통과할 때 열차의 객차들은 그대로지만, 식당차만큼은 교체되기 때문이다. 예를 들면 러·몽 국경에서 통관 절차가 진행되는 동안 러시아 식당차는 빠지고 몽골 식당차가 연결되는 식이다. 몽골을 경유할 때 열차에는 탑승객의 숫자와는 상관없이 32개 좌석의 식당차 1량이 물린다. 러시아의 식당차에 비해 몽골 식당차는 메뉴도 제한적이고 전체적으로 서비스 수준이 떨어진다. 식당차의 메뉴판은 몽골어로 쓰인 것과 영어로 쓰인 것이 있는데, 같은 음식이라도 영어 메뉴판에는 50퍼센트 이상 비싼 가격이 적혀 있다. 그리고 식당차의 식탁 하나는 간이 판매소로 이용되는데, 몽골 우표나 배지, 손뜨개로 만든 숄, 몽골 전통술 등을 판매한다. 한번은 기차 안에서 5달러를 주고 산 손뜨개 숄을 친정어머니께 여행 선물로 드리니 당신이 젊었을 때 만든 것과 똑같다며 신기해하셨다.

몽골 식당차에서는 달러와 몽골 화폐인 투그릭이 통용되며, 신용

베이징 초입부터 차창 밖으로 펼쳐지는 만리장성의 파노라마.

카드는 사용할 수 없다. 몽골의 정차역에서는 콜라나 맥주 등 음료수 정도를 제외하고는 먹을 만한 것을 사기 어렵다. 또 식당차에서 음식을 주문하면 오래 걸리기 때문에 식사 시간을 넉넉히 잡아야 한다. 열차를 타기 전에 미리 컵라면이나 햄버거 등 먹거리를 준비하는 것도 좋은 방법이다. 그러나 만일 모스크바나 블라디보스토크에서부터 기차여행을 한 사람이라면 몽골 구간은 36시간이면 관통하기 때문에 한숨 자고 나니 도착했다고 생각할 정도로 식은 죽 먹기다.

중국의 식당차는 러시아 열차와 비슷해 44~48석이며, 식당차 1량당 직원 수도 네다섯 명이다. 직원들은 아주 숙달되고 부지런해서 거의 대부분의 음식이 주문 후 5분도 안 돼서 나온다. 메뉴도 다채롭고 맛도 좋은 편이다. 국제열차의 경우 아침 식사는 열차운임에 포함되어 있다. 게다가 중·몽 국경에서 베이징까지는 '겨우' 15시간 정도의 거리이기 때문에, 아침을 먹고 나면 열차 안에서는 간단한 점심을 들기에도 빠듯한 시간이다. 게다가 열차가 베이징에 들어서는 초입부터 30여 분가량 차창 전체를 가득 메우며 손에 잡힐 듯 펼쳐지는 만리장성이 이 여행의 하이라이트이기 때문에 사실 기차에서 뭘 먹었는지 기억도 안 날 정도다.

세계에서 가장 긴 철도 노선

시베리아 횡단철도는 모스크바와 블라디보스토크를 잇는 동서횡단철도로서 그 연장이 9,288킬로미터에 달한다. 시발역은 모스크바 야로슬라블역, 종착역은 태평양 연안의 블라디보스토크역이다. 이 거리는 지구둘레의 약 3분의 1에 해당하는 것으로, 세계에서 단일 노선으로는 가장 긴 철도다. 서울에서 부산(약 441.7킬로미터)을 22번 이상 달리는 셈이다.

열차에서 내리지 않고 줄곧 달려도 6박 7일, 156시간이 걸리며, 기차 안에서 일곱 번이나 시간대가 바뀌고, 모스크바와 블라디보스토크 사이에는 11시간의 시차가 있다. 그동안 시차로 인한 혼란을 막기 위해 철도시간을 모스크바 시간대를 기준으로 했던 오랜 전통을 깨고, 러시아철도공사는 2018년 7월 1일부터 현지시간을 적용하기로 했다. 이로 인해 이용객의 편의성이 높아질지는 두고 보아야할 일이지만, 러시아 철도역을 상징하던 두 개의 시계는 사라지게되었다.

시베리아 횡단철도는 90개의 크고 작은 도시들을 경유하고, 아무르·레나·예니세이·오브·불가 등 유라시아 대륙을 흐르는 16개의 강들을 건너간다. 그리고 우랄산맥을 중심으로 동쪽은 아시아(7,512킬로미터, 전 노선의 81퍼센트), 서쪽은 유럽(1,777킬로미터, 전 노선의 19퍼센트)으로 두 개의 대륙을 통과한다. 유럽과 아시아의 경계는 모스크바로부터 1,778킬로미터 지점인 페르보우랄스크인데, 중부 우랄의 협곡인 그 자리에 '유럽과 아시아의 경계'를 알리는 표지석이 세워져 있다.

세계에서 가장 큰 나라인 러시아를 가로지르는 시베리아 횡단철도는 14개 주(오블라스트Oblast), 3개 지방(크라이Kraj), 2개 비독립공화국(리퍼블릭Republik), 1개 자치구(오크루그Autonomous Okrug)를 관통하며, 선로 연변에서 행정구역의 경계를 알리는 표지판 등을 볼 수 있다.

한편 시베리아 횡단철도를 따라서 90여 개의 도시가 발달되어 있는데, 인구 100만이 넘는 도시만도 5개(모스크바, 페름, 예카테린부르크, 옴스크, 노보시비르스크)나 된다. 시베리아 횡단열차는 약 50여 개의 역에 정차하니, 수박 겉핥기식이더라도 웬만한 도시는 다 구경하며 지나가는 셈이다.

볼가, 이르티스, 오브, 예니세이, 셀렝가, 아무르, 우수리……. 이들의 공통점은 모두 시베리아 횡단철도를 따라, 또는 근처를 흐르는 큰 강이 있다는 것이다. 16개의 강들이 횡단철도 주변을 흐르는데, 이 가운데 강폭이 가장 넓은 아무르강은 2.5킬로미터에 달하고, 오브강과 예니세이강도 큰 강이지만 시베리아 횡단철도와 교차되는 지점이 상류이기 때문에 철교가 놓인 강폭은 1킬로미터가 채 안 된다. 아무르 철교는 2,568미터로 시베리아 횡단철도에서 가장 긴 철교다. 시베리아 횡단철도의 마지막 공정이었던 아무르 철교는 교각 수만 18개에 달한다. 그런데 시베리아의 변화무쌍하고 험악한 기상 악화로 인해 강들은 졸지에 흉기로 돌변할 수 있다. 가장 '위험한 강'으로 꼽히는 하바롭스크 남쪽의 코르강의 경우, 초봄의 홍수기에는 수위가 9미터까지 상승한다고 한다.

2001년 5월 말 이르쿠츠크에 갔을 때였다. 이르쿠츠크를 떠나기 하루 전날 저녁 TV뉴스에 바이칼 호수 위로 비행 편대가 굉음을 내며 호수를 폭격하는 모습이 방영되었다. 전쟁이라도 난 줄 알고 깜짝 놀라 알아보니, 날이 풀리면서 해빙 과정에서 물 위를 떠다니는 거대한 빙하 조각이 강 입구를 막고 있어 이를 폭파하지 않으면 호수가 범람할 위험이 있기 때문이라고 했다. 다음 날 아침 기차역에 나가 보니, 수백 킬로미터의 선로가 침수되어 열차가 세 시간이나 지연되었다. 시베리아 전체는 온대, 한대 기후대지만 시베리아 횡단철도의 연교차는 거의 섭씨 110도에 이를 정도로 극심하다. 가장 추운 지역은 겨울에 섭씨 영하 60도까지 내려가는가 하면, 여름에는 최고 섭씨 영상 50도를 넘기도 한다.

철도는 차량이 길고 중량이 많이 나가다 보니 경사면에서 쉽게 미끄러질 수 있기 때문에 선로의 구배에 신경을 많이 쓴다. 시베리아 횡단철도의 최고 구배 구간은 역시 환바이칼 철도 구간에 있다. 슬루지앙카역과 안드리아노프 패스까지 30여 킬로미터의 주행 구간에서 열차가 고도 400미터까지 올라간다. 이 구간의 몇 개 지점에서 구배율은 17‰(퍼밀)을 기록하여, 기차가 상당한 급경사를 운행한다. 이 수치는 열차가 1킬로미터를 오르거나 내려올 때 17미터의 높이가 생긴다는 것을 뜻한다. 우랄산맥을 제외하고는 시베리아 전체가

5월 바이칼 호수의 쇄빙선.

대평원이다 보니 경사를 겁내고, 짧은 구간에 급구배 지점이 누적되어 있어 어려운 건 인정되지만, 사실 우리나라와 비교하면 이 정도 구배는 아무것도 아니다. 험난하고 가파른 산악 지형인 우리나라의 경우 철도의 구배 한계는 35‰이나 된다. 겨울이면 눈꽃 관광열차인 O트레인과 V트레인이 운행되는 태백선 예미~자미원 구간이나, 영동선의 통리~신포리 구간은 구배율이 30‰에 달하는 등 한국 철도는 시베리아 횡단열차가 상상도 못할 급구배를 거뜬히 운행한다.

시베리아 횡단노선에서 가장 평탄한 직선 구간은 옴스크에서 노보시비르스크 사이의 610킬로미터로, 이 구간에서 여객열차는 가장 빠른 속도인 시속 130~140킬로미터로 달린다. 시베리아 횡단철도의 여객열차의 평균속도는 시속 80~90킬로미터다. 옴스크와 노보시비르스크 구간은 옛 소련에서 경제활동이 가장 활발하던 1985년에 세계 최대의 화물 수송량을 기록한 적도 있다.

끝으로 시베리아 횡단철도에서 가장 긴 터널은 아무르강 하저에 아무르 철교와 평행으로 건설된 터널로, 그 길이가 7킬로미터에 달한다. 1930년대 일본이 만주를 점령하자 위협을 느낀 러시아가 1937~1942년에 군사적인 이유로 건설했다. 그러나 이 터널은 간선 노선과 평행을 이루고 있고, 여객열차는 아무르 철교를 이용하기 때문에 실제 사용된 적은 없다. 따라서 1915년에 건설된 2킬로미터 길이의 타르만추칸 터널이 시베리아 횡단철도에서 가장 긴 터널로 인정받고 있다.

국경을 넘어

시베리아 횡단철도는 여러 나라의 철도와 국제 철도망으로 연결돼 있다. 몽골 횡단철도(TMGR: Trans Mongol Railway)와 중국 횡단철도(TCR: Trans China Railway)로 연결되는 TMGR~TCR 노선은 울란우데에서 갈라지며, 동청철도가 연장된 만주횡단철도(TMR: Trans Manchuria Railway)는 치타에서 시베리아 횡단철도와 연계된다. 시베리아 횡단철도는 쿠르간·옴스크에서 카자흐스탄 철도와도 연결된다. 그리고 모스크바의 서쪽으로는 벨라루시·바르샤바(폴란드)·베를린(독일)을 거쳐 서유럽과 이어져 있다. 나진에서 출발하는 북한 열차는 두만강을 건너 우수리스크에서 시베리아 횡단열차와 합류한다. 북한과 러시아 간 국제열차는 공산주의 시절에는 일주일에 세 번까지 정규 열차가 운행된 적도 있지만, 지금은 비정기적으로 특별한 경우에만 운행된다고 한다.

국경 역에서의 통관절차는 보통 한 시간 정도 걸리는데, 승무원이 미리 여권을 거둬서 한꺼번에 처리하고, 열차가 출발하고 나면 다시 돌려준다. 원칙적으로 승객들은 객실에 그대로 있고, 국경역의 직원들이 열차에 올라와서 통관절차를 진행시킨다. 물론 국경역에 따라 자유시간을 약간 주는 경우도 있다.

러·몽 국경인 나우스키역에서의 통관절차를 예로 들면 기차가 국경지대에 들어가면 승무원이 나눠주는 러시아의 출국신고서에 필요사항을 기재하고, 여권과 러시아 입국 시 기록했던 입국신고서를 함께 제출한다. 러시아에서는 국경을 통과할 때 1,500달러까지는 신고하지 않아도 된다. 과거에 비해서는 통관 시 외환 관련 심사가 다소 느슨해지긴 했지만, 러시아에서는 원칙적으로 외국인의 루블화 반출이 금지되어 있으므로, 출국할 때 입국 시 기록했던 것보다 많은 돈을 가지고 있으면 그 돈을 몰수당하는 등 문제가 생길 수 있다. 따라서 출입국신고서는 꼼꼼하고 정확하게 기록해야 한다.

여권을 거둬간 후에는 한 시간쯤 자유시간을 준다. 열차 내 화장실은 다른 정차역들에서와 마찬가지로 나우스키역에 도착하기 30분 전에 폐쇄되었다가, 통관절차가 모두 끝난 뒤에 다시 사용 가능하다. 열차가 출발하기 약 30분 전까지 승객들은 모두 탑승해야 한다.

이 모든 절차가 끝나면 열차는 서서히 이동해서 몽골 쪽 국경역에 도착한다. 그리고 다시 기차 안에서 몽골 입국신고서를 쓰고 비슷한 통관절차를 밟게 된다. 2001년 여행할 때 몽골 쪽 국경역인 수흐바토르역에서 사기를 당한 적이 있다. 러시아의 나우스키 국경역에서 출발하여 몽골 쪽에 도착하니 밤 12시가 가까운 시간이었다. 객실에 앉아 있으니, 몇 차례에 걸쳐 세관원으로 보이는 관리들이 열차 안에 들어와 이런저런 수속을 밟았다.

잠시 후 깔끔한 유니폼을 입은 여성이 뒤따라오더니, 몽골을 통과하기 위해서는 반드시 여행자 의료보험에 가입해야 한다며, 1인당 10달러를 내라고 했다. 무심코 10달러를 주고 영어와 몽골어로 쓰인 '보험증'을 받아 보니 이상한 느낌이 들었다. 캐물으며 항의하자 그 여성은 열차에서 뺑소니치듯 내려버렸다. 아차 하는 순간 사기를 당한 것이다. 알고 보니 사람 좋은(!) 우리 일행 몇을 빼고 다른 여행객들은 아무도 속지 않았다. 세관원을 따라 들어온 데다 유니폼까지 입고 있으니 깜박 속기 쉽지만, 여행자 의료보험 가입 권유는 단호하게 거절해도 된다는 게 결론이다.

Trans Siberian Railway

4장

블라디보스토크에서
모스크바까지

시베리아 횡단철도의 출발점
블라디보스토크

러시아 국토를 동서로 가로지르는 시베리아 횡단철도를 따라 90여 개의 도시들이 발달되어 있다. 러시아 기준으로 엄청난 대도시인 인구 100만이 넘는 도시도 모스크바, 페름, 예카테린부르크, 옴스크, 노보시비르스크 등 다섯 개나 된다. 시베리아 횡단철도의 정규 열차는 50여 개 역에 정차하기 때문에, 주마간산식이나마 러시아의 다양한 모습을 접할 수 있다.

러시아의 주요 도시들에 대해서는 상세한 여행안내책자들이 많이 있으니, 여기서는 그동안 내가 시베리아 횡단철도 여행을 하며 추억에 남은 여정들을 블라디보스토크에서 모스크바 방향으로 소개하려 한다. 열차여행만 놓고 보면 출발점이 블라디보스토크나 모스크바

중 어디라도 상관없지만, 워낙 볼거리가 많은 모스크바와 상트페테르부르크 관광에 며칠 여유를 두려면 블라디보스토크에서 출발하는 것이 더 좋을 것 같아서다. '고생 끝에 낙이 온다' 또는 '가장 맛있는 것을 아꼈다가 맨 나중에 먹는다'는 해피엔딩의 원칙에 따른 것이라 하겠다.

블라디보스토크는 인천국제공항에서 비행기로 두 시간이면 도착하는 아주 가까운 곳이다. 블라디보스토크의 러시아 사람들도 모스크바보다 서울이 훨씬 더 가깝다며 친근감을 표시하기도 하고 물가도 저렴한 편이어서, 최근 우리나라에서 인기 해외여행지로 급부상하고 있다고 한다.

2012년 APEC회담 개최지였던 블라디보스토크는 당시 푸틴 대통령의 특명으로 공항을 비롯하여 도시 전체가 새 단장을 해서 이전과는 완전히 달라졌다. 회담 개최 장소였던 루스키섬은 블라디보스토크 시내와 연결되는 연륙교와 함께 도시의 랜드마크가 됐다. 회담 이후 루스키섬의 시설물은 블라디보스토크 국립대학교가 사용하고 있는데, 시설도 첨단일 뿐더러 풍광이 아름답기 그지없다.

사실 APEC회담이 열리기 전까지 블라디보스토크는 관광지로서는 불편한 게 한두 가지가 아니었다. 크네비치 공항은 한꺼번에 최대 70명밖에 수용이 안 될 만큼 협소해서 비행기가 공항에 도착해도 기내에서 한 시간 이상 대기하는 일이 비일비재했다. 입국수속 시에는 어김없이 70여 년 공산주의 체제하에서 일상화되었다는 러

블라디보스토크 시내(위). 루스키 섬과 육지를 이어주는 루스키 대교(아래).

시아의 줄서기 문화를 톡톡히 체험해야 했다. 공항 직원들은 관료 특유의 권위주의로 손님들이 어디서 얼마를 기다리든 알 바가 아니라는 듯 시종 여유를 부리는가 하면, 일일이 수기로 입국 처리를 하는 탓에 입국절차를 밟는 데 한두 시간은 훌쩍 지나갔다. 그러고 나서도 짐을 찾으려면 또 한 차례 소동을 벌여야 하니, 도착하자마자 고생문에 들어서는 기분이었다. 그에 비하면 지금은 공항도 넓고 시설도 좋아져서 아주 편리하고 서비스도 크게 나무랄 게 없다.

지금은 블라디보스토크에 훌륭한 호텔이 많이 생겼지만, 그래도 우리나라 사람들이 즐겨 찾는 곳은 현대호텔이다. 블라디보스토크의 어디에서도 눈에 들어오는 구릉진 언덕 위에 자리 잡고 있어 이정표 역할을 톡톡히 한다. 호텔의 외관 또한 서울 계동에 있는 현대 본사 사옥과 흡사해서, 우리나라 사람들에게는 매우 친숙한 모습이다. 하지만 현지인들 사이에서는 블라디보스토크의 건축양식들과 어울리지 않는 건축물이라는 볼멘소리도 있다고 한다.

블라디보스토크의 건축물이나 자연경관은 아시아적이라기보다 유럽적 색채가 두드러져서, 마치 지중해 연안의 어느 도시에 와 있는 듯한 이국적인 정취가 물씬 풍긴다. 블라디보스토크는 위도로 보면 프랑스의 니스보다 남쪽에 위치하지만, 온·한대성 기후에 가깝다.

그런데 최근에 방문해보니 불과 몇 년 전에 비해 블라디보스토크의 물가가 많이 올라 깜짝 놀랐다. 시내의 어떤 식당에서보다 맛있는 해산물을 저렴한 가격에 먹을 수 있는 곳으로 프로메나드의 수산

수산물 공판장의 새우 요리.

물 공판장을 추천하고 싶다. 우리 돈으로 2~3만 원 정도면 털새우 3킬로그램 정도를 살 수 있는데, 네댓 사람이 먹어도 충분한 양이다. 시원한 생맥주와 함께 먹으면 얼마나 맛있는지, 집에 두고 온 식구들이 생각날 정도다.

블라디보스토크는 '동방의 정복자'라는 도시의 이름이 말해주듯, 러시아가 동방정책을 추진하기 위해 육성한 군사도시의 색채가 강하며, 극동함대(태평양함대)의 중심지이기도 하다. 19세기 후반 중국과 러시아가 블라디보스토크를 포함한 캄차카반도를 차지하기 위해 쟁탈전을 벌인 끝에 러시아가 주인이 되었다. 유럽의 모든 나라로 연결되는 기나긴 시베리아 횡단철도의 시종착역이기도 한 블라디보스토크는 태평양으로 이어지는 부동항으로 예나 지금이나 러시아의 군사 거점이며 물류 요충지다.

현재 공식 주민 수는 70만 명 정도라고 하지만, 일정 거주지 없이 드나드는 유동인구의 숫자를 합하면 100만 명에 이른다고 한다. 특히 국경을 접한 중국인 불법체류자들 때문에 러시아 정부가 신경을 곤두세우고 있다. 주민은 대부분 군인이거나 철도 종사자이며, 선박회사·어부·식품가공업 등이 주요 생업이다. 극동대학교, 해운연구소 등이 있는 연구와 대학의 도시이기도 하다.

블라디보스토크가 우리에게 더욱 친밀하게 느껴지는 이유는 우리 민족의 숨결이 느껴지기 때문일 것이다. 특히 일제강점기 항일운동의 중심지로서 조국을 되찾기 위해 애쓰던 애국지사들의 발자취가

신한촌 독립운동 기념비. 신한촌은 독립운동의 본거지였으나,
당시의 건물이나 생활상을 알 수 있는 유적들은 찾아볼 수 없다.

생생하게 남아 있다.

중·러 간의 국경분쟁에 휘말려 있던 블라디보스토크가 중·러 조약을 통해 러시아 영토로 귀속된 것은 1860년대다. 그리고 블라디보스토크에 한국인이 이주하기 시작한 것은 1870년대부터라고 한다. 1900년대 초 러시아 당국의 탄압으로 블라디보스토크의 달동네인 신한촌으로 강제이주당했다가, 1937년 스탈린에 의해 다시 중앙아시아로 강제이주당할 때까지 약 20만 명에 이르는 한국인이 블라디보스토크를 비롯한 연해주에 거주했다. 1919년 3월 17일 블라디보스토크에서 만세운동이 일어났을 때는 신한촌에서 혁명광장까지 한국인들이 행진했으며, 1920년에는 붉은색 나무로 신한촌 입구에 독립문을 세웠다고 한다. 하지만 이를 못마땅하게 여긴 일본이 1920년 4월 참변을 주도하여 신한촌을 불태우고 폐허로 만들었다. 이때 얼마나 많은 한국인이 학살당했는지 당시 신한촌 주변을 흐르던 조그만 강물이 핏빛으로 물들었다고 한다.

한인 독립운동의 본거지였던 신한촌을 돌아보았으나 '신한촌 한인 독립운동 기념비'만이 조촐하게 세워져 있을 뿐 당시의 건물이나 생활상을 알 수 있는 유적들은 찾아볼 수 없었다. 이동휘 선생이 거주했던 곳도, 신채호와 장도빈 선생 등이 계몽지 《권업신문》을 발행하던 곳도 원래 모습은 사라진 채 다른 건물들이 들어서 있었다. 그동안 멀게만 느껴졌던 블라디보스토크에는 이처럼 우리가 찾아내서 기억해야 할 우리의 역사가 기다리고 있다.

극동의 시작 하바롭스크

하바롭스크는 사실상 극동이 시작하는 도시다. 도시의 이름은 시베리아의 발견자인 하바로프에서 유래했다. 1858년에 아무르강 유역에 군사적 거점이 구축되었고, 1880년에 행정상 도시로 공인되었다. 현재 주민 수는 60만 명 정도이며, 중국 이름으로는 흑룡강이라고 불리는 검은빛 아무르강이 폭 2.5킬로미터, 깊이 7미터로 도도하게 흐르며 깊은 인상을 남긴다. 지금도 러시아와 중국 사이에는 아무르강 안에 있는 두 개의 섬을 둘러싸고 영토분쟁이 계속되고 있는데, 원래 러시아령인 이 두 섬이 퇴적현상으로 인해 중국 본토와 연결되고 있기 때문이라고 한다.

하바롭스크에서 블라디보스토크까지의 '우수리철도'는 시베리아 횡단철도 노선 중 가장 먼저 상업 운영에 들어간 구간인 동시에, 약 20년 후인 1916년 아무르 철교가 완성됨으로써 시베리아 횡단철도 건설에 마침표를 찍는 역사적 기록을 남겼다. 옛 소련 시절에는 하바롭스크 동쪽의 우수리 구간이 모두 폐쇄되고, 하바롭스크가 시베리아 횡단철도의 종착역 역할을 한 적도 있다.

블라디보스토크와 마찬가지로 하바롭스크에는 일제강점기 항일운동의 흔적이 많이 남아 있는데, 하바롭스크는 특히 우리나라 좌파 독립운동가들의 본거지였다. 상해임시정부 총리를 지낸 이동휘 선생이 1918년 한인사회당을 조직했던 건물에는 지금도 그때를 상기시켜주는 작은 명패가 붙어 있다. 당시 극동러시아공화국의 수도였던 하바롭스크에서 활동하던 조선인 사회주의자들은, 피압박 민족의 독립을 지지한다는 입장을 견지한 볼셰비키당을 도우면 이들도 우리의 항일독립운동을 지원해줄 것으로 기대했다. 그래서 1917년 러시아 내전이 벌어지자 볼셰비키(적군파)의 편에 서서 백군白軍에 대항하여 싸웠다. 시내 중심가에 남아 있는 '김유천 거리'가 당시 전사한 한인 독립운동가들의 이야기를 묵묵히 전하고 있다. 하바롭스크에는 지금도 많은 한인들이 살고 있다. 하바롭스크에 약 4,000명, 하바롭스크주 전체에는 약 1만 9,000명이 거주한다.

하바롭스크는 우리 철도의 관점에서도 매우 중요한 도시다. 북한 철도를 관장하는 러시아철도공사 극동철도지사의 본부가 이곳에 있고, 북한 철도 대표부도 개설되어 있다. 하바롭스크의 극동교통대학

사실상 극동의 출발점인 하바롭스크의 중앙역(왼쪽)과 역 앞에 서 있는
하바로프 동상(오른쪽).

하바롭스크의 트랜스피구레이션 성당(왼쪽)과 성모승천 성당(오른쪽).

교는 북한 철도 연구에서 가장 앞서 있으며, 북한 유학생들도 간간이 눈에 띈다. 내가 철도대학 총장 시절이던 2008년 협력관계를 개설해 학생과 교수의 상호 방문 등 긴밀한 교류·협력관계를 이어오고 있는데, 극동교통대학교는 딘킨 전 총장부터 남·북한 철도를 모두 잘 아는 지한파, 친한파 교통대학교다.

시베리아의 여름 향기

내가 몇 차례 시베리아 횡단철도 여행에서 얻은 경험에 따르면 철도여행 초보자들에게 가장 힘든 도전의 시간은 바로 하바롭스크~ 이르쿠츠크 구간이다. 우선 하바롭스크와 이르쿠츠크 사이에는 중간에 기차를 내려서 관광을 하거나, 몇 십 명 규모의 여행객들이 숙박할 호텔이나 식사를 할 만한 식당을 가진 큰 도시가 없다. 게다가 바이칼 호수와 이르쿠츠크 관광에 더 많은 시간을 할애하기 위해서라도 하바롭스크에서 이르쿠츠크까지는 단숨에 직행하는 계획을 세우게 된다. 그러다 보니 대부분의 시베리아 횡단 프로그램에서 하바롭스크역에서 열차가 출발해서 다음 목적지인 이르쿠츠크역에 도착하기까지 3,336킬로미터를 주파하는 62시간, 즉 2박 3일을 열차 안에서 먹고 자도록 일정을 짜게 된다. 여행자들도 여행 시작 전부터 가장 긴장하는 구간으로, 햇반이나 컵라면 등 비상식량부터 상비약, 만화책, 게임기까지 만반의 준비를 하고서도 과연 2박 3일을 폐쇄된 공간인 열차 안에 갇혀 무사히 지낼 수 있을지 불안한 마음을 감추지 못한다.

그러나 그동안의 내 경험에 따르면 이 모든 걱정은 열차가 출발하면서 사라지기 시작한다. 하바롭스크를 감싸며 유유히 흐르는 아무르강에서 시작되는 차창 밖의 여름 시베리아는 인가가 드문 대신, 녹색의 평원과 늪지대가 지평선 너머까지 펼쳐지고, 끊어질 듯 이어지며 미풍에 흔들리는 베로쟈(자작나무)의 행렬이 이어지는데, 이 풍경을 보고 있노라면 자연스레 마음이 평온해지고 시간 감각도 사라진다. 대여섯 시간마다 15분 또는 30분 가까이 정차하는 역에서 기관차를 교체하는 모습이나, 열차의 지붕에 실려 있는 물탱크에 급수하는 모습을 구경하는 재미도 있다. 역구내를 돌아보다가 조그마한 매점에서, 혹은 열차시각에 맞춰 달려나온 아낙네들에게서 수박이나 참외, 삶은 감자나 들꽃 한 다발을 살 수도 있다. 노란색 수선화며 개양귀비와 들풀로 만든 꽃다발의 값은 삶은 감자 세 개와 같은 10루블(약 150원) 정도다. 한번은 일행 중 한 분이 내게 꽃다발을 선물해주었는데, 우리의 여행길을 며칠간 함께했던 그 꽃다발은 지금도 내 마음속에 시베리아의 봄 향기로 간직되어 있다.

시베리아의 여름은 전형적인 한여름 날씨다. 바닷가인 블라디보스

한여름 차창 밖에 펼쳐지는 시베리아 풍경.

토크에서는 약간의 비가 내리는 흐린 날도 많지만, 하바롭스크부터는 본격적으로 더워지기 시작하며, 기차가 서쪽을 향해 움직이는 것과 같이 수은주도 따라 올라간다.

시베리아 한여름의 그 싱싱하고 풍성한 푸르름은 놀랍기만 하다. 여름철을 맞아 한 시간을 앞당긴 서머타임을 적용해서인지 새벽 4시면 날이 밝아 밤 10시까지도 여전히 햇살이 넘실대는 까닭에 하루가 무척이나 길다. 보통 4~5미터는 될 성싶게 곁가지 하나 없이 올곧게 자란 키 큰 침엽수의 숲들과 베로쟈의 행렬이 장관을 이룬다.

이광수의 『유정』에 나오는 표현대로 '꽃의 바다'를 이룬 시베리아 들판의 아름다움으로 기차여행의 운치는 한층 더해진다.

몇 시간을 달려도 중간 정차역 하나 없다 보니 사람 손이 미치지 못한 기나긴 철길 주변에는 갖가지 이름 모를 풀꽃들만 무성하다. 잊을 만하면 나타나는 작은 기차역들에는 개찰구조차 없는 듯 사람들이 선로 위를 예사로 건너다닌다.

한번은 열차 안에서 바이칼 호수의 일출 광경을 지켜볼 수 있는 행운을 얻었다. 하바롭스크에서 이르쿠츠크까지 2박 3일간을 달려온 끝에 새벽 4시쯤 되었을까. 있는 듯 없는 듯했던 밤이 지나고 차창 밖으로 바이칼 호수가 모습을 드러내기 시작했다. 열차는 거의 한 시간가량을 수평선 너머로 간간이 보이는 해발 350미터의 산들이 섬처럼 능선을 이루고 있는 바이칼 호수를 따라 달렸다.

'지구 최후의 청정 호수'라는 명성을 입증이라도 하듯 맑고 투명

지구 최후의 청정 호수라고 불리는 바이칼 호수의 일출.

한 물 위로 떠오르는 태양이 비치는 풍경을 볼 수 있었다. 100여 년 전 선로의 선형을 설계한 엔지니어들이 어려운 여건 속에서도 열차의 차창에서 바이칼 호수의 모습이 가장 아름답게 보일 수 있도록 고심했다는 후일담이 새삼 감동적으로 다가왔다. 이렇게 열차 내에서 2박 3일을 보낸 끝에 도착하는 곳은 '시베리아의 파리'라는 별명을 가진 이르쿠츠크이다.

시베리아의 파리
이르쿠츠크

　블라디보스토크를 떠난 지 정확히 75시간 만에 닿게 되는 이르쿠 츠크는 역사적, 정치적, 산업적 측면에서 시베리아에서 가장 중요한 도시라 할 수 있다. 자원의 보고이기도 한 이르쿠츠크는 시베리아 횡단철도의 주요 정착역이며, 도시를 관통하는 앙가라강이 인도양까 지 연결되는 특성으로 인해 일찍부터 모피, 목재, 중국차와 비단 등 의 무역이 이루어지는 동방의 관문 역할을 했다. 1761년 베링해협 을 처음 개통한 것도 이르쿠츠크 원정대였다. 알래스카에 정착한 최 초의 상인과 이주민들도 앙가라 출신이었다. 제정러시아 시절 알래 스카가 아직 러시아 영토였을 때는, 이르쿠츠크주의 경계가 알래스 카까지 뻗어 있었기 때문에 어찌 보면 당연했던 일이다. 이 시절 이르쿠츠크 주지사는 막강한 힘을 가졌다. 앙가라 강변의 공원에는 이르쿠츠크 주지사로서 시베리아 횡단철도 건설을 최초로 제안했던 아무르스크 백작을 기리는 오벨리스크가 서 있다.

　대부분의 시베리아 도시들은 철도 건설이나 자원 개발 등의 목적을 위해 건설된 계획도시다 보니, 무미건조하고 삭막하기 그지없다. 그래서 자연발생적 도시인 이르쿠츠크의 아름다움이 더욱 빛을 발하는지도 모른다. 이르쿠츠크는 시베리아의 도시들 중 유일하게 350여 년의 긴 역사를 가지고 있다.

이르쿠츠크 중앙역.

이르쿠츠크가 '시베리아의 파리'라고 불릴 만큼 유럽 수준의 문화 도시로 발전할 수 있었던 것은 전적으로 '데카브리스트'의 영향이다. 데카브리스트란 프·러전쟁 후 혁명을 모의하다 발각된 상트페테르부르크 출신의 젊은 장교 121명을 말한다. 러시아는 '제1차 조국전쟁'이라 불리는 이 전쟁에서 승리했지만, 후퇴하는 프랑스군을 추격하며 파리까지 진격한 러시아 귀족 출신의 엘리트 장교들은 서구 선진국의 발전된 모습을 목격하고 큰 충격을 받는다. 러시아로 돌아온 이들은 낙후된 조국을 개혁하기 위해 부패한 황실에 맞서는 쿠데타를 모의한다. 그러나 1825년 쿠데타의 실패로 다섯 명이 처형되고 나머지는 유배되었다. 그들의 유형지가 바로 불모의 땅 이르쿠츠크였던 것이다. 데카브리스트 중에는 반란의 주동자였던 트루베츠코이와 발콘스키를 포함해 상당한 명문가 출신들도 포함되어 있었다. 이들은 처음에는 강제노역을 했지만, 1832년 발콘스키의 부인 마리아가 황제에게 올린 청원으로 권리가 회복되고 정상적인 생활을 할 수 있게 되면서 이르쿠츠크에 러시아 엘리트문화와 유럽식 귀족문화를 꽃피웠다.

이처럼 그냥 지나칠 수 없는 사람들이 데카브리스트들의 부인들이다. 당시 차르는 부인들에게 반역자인 남편을 버리고 귀족 신분으로 재가를 하든지, 아니면 귀족으로서의 모든 특권을 버리고 시베리아 유형을 가든지 둘 중 하나를 택하라는 명을 내렸다. 그러자 트루베츠코이의 부인 예카테리나를 선두로 열한 명의 부인이 남편을 따라 시베리아 유형길을 택했다. 변변한 교통수단조차 없었던 당시 상황에서 북풍한설의 얼음길을 1년 넘게 걸어가야 했고, 영하 40~50도의 살인적 추위와 싸워야 했기 때문에, 시베리아로 가는 행로는 그 자체로 죽음을 의미하는 것이었다. 당연히 도중에 죽은 사람도 있었고 천신만고 끝에 도착해 남편을 만난 여인도 있었다.

현재 데카브리스트 기념관으로 공개된 트루베츠코이 공의 집에 걸려 있는 예카테리나의 초상화를 보면 당시 40대였다는 나이를 믿을 수 없을 만큼 늙어 보이는 모습에서 그녀가 겪은 고난을 엿볼 수 있다. 더욱이 그녀는 당대 러시아 최고의 명문가인 발콘스키 출신이었다고 하니, 그 모든 것을 버린 그녀의 사랑과 헌신이 놀랍기만 하다. 데카브리스트 중에는 나중에 모스크바로 돌아간 사람들도 있었지만 예카테리나는 이르쿠츠크에서 생을 마감해 앙가라 강변의 즈나멘스키 수도원에 잠들어 있다. 러시아의 국민 작가 푸시킨을 비롯해 많은 러시아 문인들이 데카브리스트들에 대한 추모시를 헌정했고, 톨스토이는 숙부였던 데카브리스트 발콘스키를 모델로 불후의 명작인 『전쟁과 평화』를 남겼다.

한편 이르쿠츠크에서는 100년 전 큰 화재로 목조 건물들이 전소된 뒤로는 석조 건축만을 허용했다고 한다. 아직도 남아 있는 극장과 오페라하우스, 건축물 등 풍성한 문화재들과 바이칼 호수 같은 아름다운 자연환경으로 인해 이르쿠츠크는 시베리아에서 가장 관광객이 많은 도시다. 2000년대 초반 연 3,000명에서 시작하여 꾸준히

이르쿠츠크 트루베츠코이 박물관의 거실 모습(위)과 발콘스카야 초상화(아래 왼쪽)
그리고 데카브리스트들과 우정을 나누었던 푸시킨의 데드마스크(아래 오른쪽).

늘어나는 일본인 관광객을 필두로 요즘은 우리나라에서도 이르쿠츠크는 인기 관광지가 되었다.

시베리아 도시 중에서는 비교적 기후가 순한 편이라고 하지만, 겨울에는 섭씨 영하 30도까지 내려간다. 그러나 많은 관광객들이 여행을 시작하는 5월이 되면 밤에는 영상 2~3도, 낮에는 18도 정도로 기온이 올라가고 바이칼 호수도 이때부터 녹기 시작한다. 한여름에는 백야 현상으로 밤 11시가 되어야 어두워지고 새벽 4시면 벌써 동이 튼다. 한여름 기온은 영상 30도를 넘나들지만, 한국에서처럼 무덥다는 느낌은 들지 않는다. 날씨가 건조해서 그늘이나 건물 안에 있으면 시원하기 때문이다. 앙가라 강변에서는 아름다운 러시아 미인들을 볼 수 있는데, 세계 어느 도시에서보다도 개방적이고 옷차림도 아슬아슬하다.

이르쿠츠크 주 인구는 약 250만 명, 이르쿠츠크 시는 70만 명 정도다. 이곳에는 엄청난 용량의 수력발전소가 있어 1kw당 전기요금이 4원(1가페)에 불과하다고 한다. 1년 가정용 전기료가 많아야 3~4만 원 정도에 불과해 전 세계에서 전기요금이 가장 싼 곳이라고 이르쿠츠크 시의 담당국장이 자랑했다. 한국과의 시차는 없고 모스크바와는 다섯 시간, 블라디보스토크와는 세 시간 차이가 난다.

러시아 대부분의 도시에는 외국인이 체류할 수 있는 호텔이 정해져 있는데, 내국인용보다 상태가 더 좋다는 '인투리스트 호텔'의 수준도 우리나라의 장급 여관보다 못한 경우가 많다. 웬만한 러시아

이루쿠츠크 즈나멘스키 수도원의 데카브리스트 묘역.

도시들에는 다 있는 인투리스트 호텔은 공산주의 시절 모든 인민이
거의 무료로 사용할 수 있었던 시설이라고 한다.

2000년대 초반부터 이르쿠츠크와 바이칼 호수 주변에는 고급 별
장촌이 형성되기 시작했다. 주로 일본인들의 부동산 투자가 많다고
했다. 일본인 관광객들이 급증하면서 이르쿠츠크 주변에 고급 호텔
들도 많이 생겼다. 시베리아에서는 이르쿠츠크가 가장 먼저 국제 표
준의 숙박 시설과 식당 등 관광 인프라를 갖춘 도시라 하겠다.

바이칼 호수와 회귀본능

이르쿠츠크에서 바이칼 호수로 가는 길은 '바이칼스카야'라고 불린다. 흐루쇼프가 아이젠하워 대통령의 러시아 방문에 대비해 건설했다고 하는데 이르쿠츠크에서 가장 긴 도로라고 한다. 블라디보스토크 등지에서도 그러하지만, 이 길에서도 한국에서 수입된 중고 마을버스들을 많이 마주칠 수 있다. '대치동 은마아파트' 등 우리에게는 낯익은 노선표가 선명한 버스들이 알지 못할 이방인들을 태운 채, 바이칼 호수로 향하는 광경은 신기한 느낌을 준다.

이르쿠츠크 시내에서 70킬로미터쯤 떨어진 바이칼 호수로 가는 길목에 '탈츠'라는 원주민 박물관이 있다. 특히 우리나라 관광객이라면 빼놓아서는 안 되는 관광지다. 여기에는 17~19세기 시베리아 지역에 산재해 있던 대표적인 목조건물 40여 동과 8,000점이 넘는 생활용품들이 예전의 모습 그대로 재현되어 있다. 주변의 자연경관도 평화롭고 아름다운 데다 우리와 왠지 모르게 비슷한 원주민의 모습이 마치 고향에 온 것처럼 친근하게 다가온다. 탈츠는 어려운 이론을 모르더라도 우리 민족의 근원이 바이칼호에서 유래한다는 주장에 절로 공감하게 만드는 마성의 장소다.

'바이칼'은 원주민의 언어인 브리야트어로 '빅 워터Big Water'를 의미한다. '시베리아의 진주' 또는 '시베리아의 파란 눈동자'라는 별명이 붙어 있는 이 호수는 가로 636킬로미터, 폭은 20~80킬로미터,

탈츠 원주민 박물관. 어려운 이론을 모르더라도 우리 민족이 바이칼에서 유래했다는 주장에 공감하게 만드는 장소다.

바이칼 호수에 사는 세계 유일의 민물 물개와 호수의 깊고 추운 밑바닥에 서식하는
골로미양카.

둘레가 2,000킬로미터나 되는, 바다만큼 큰 호수다. 호수 면적이 자
그만치 한반도의 3분의 1, 경상남북도를 합한 크기다. 수심도
1,630미터로 세계에서 가장 깊은 호수이기도 하다.

러일전쟁 당시 일본에 대한 적대감이 컸던 러시아 사람들이 '일본
을 들어다 바이칼 호수에 빠뜨려버리자'는 말을 하면서 위안을 삼았
다는 게 마냥 과장으로만 여길 수 없을 정도로 크고 깊은 호수다.
전 세계 담수의 20퍼센트가 모인 세계 최대의 담수 보유고인 바이
칼 호수의 물을 흘린다면 지구 전체를 2센티미터 깊이로 둘러쌀 수
있다고 한다.

바이칼 호수에 서식하는 2,500여 종의 동식물 중 4분의 1가량은
이곳에서만 서식하는 특이종이라고 한다. 예를 들어 바이칼에는 세
계 유일의 민물 물개가 살고 있는데, 이곳 원주민들은 물개들이 북

바이칼 호수의 전경. 바이칼 호수는 원주민의 언어로 '빅 워터'를 뜻한다.

해와 바이칼을 연결하는 지하 비밀통로를 통해 여기로 왔다고 믿는다. 그런가 하면 바이칼 호수에만 있는 '오물'이라는 물고기도 유명하다. 생김새는 청어 비슷한데 민물고기라 짠맛이 전혀 없다. 이 호수의 깊고 추운 밑바닥에 서식하는 '골로미양카'는 50퍼센트 이상이 지방이기 때문에, 햇볕에 나오면 금방 버터처럼 녹아버려서 사람들의 눈에는 잘 띄지 않는다고 한다.

세계 제일의 청정 호수라는 명성에 걸맞게 바이칼 호수는 너무나도 투명하다. 그대로 믿기는 어렵지만 바이칼 박물관의 안내인은 40미터 깊이에서 지름 40센티미터의 쟁반을 육안으로 식별할 수 있다고 자랑한다. 바이칼 호수가 이처럼 청정 호수로 남을 수 있었던 것은 특히 무엇이든 닥치는 대로 먹어치우는 '보코플라프'라는 새우 모양의 작은 갑각류 덕분이라고 한다. 바이칼 호수에 사람이 빠진다면 이 새우가 48시간 내에 완전히 먹어버릴 것이고, 2주일이면 뼈까지 먹어치울 수 있다고 하니, 바이칼 호수에서 수영할 생각일랑 말아야겠다.

이런 자랑과는 달리 공산주의 시절 바이칼 주변에 거대한 펄프 공장들이 줄지어 들어서면서 한때는 호숫가 일부 지역의 오염이 심각한 수준이었다는데, 지금은 강력한 규제로 오염원을 차단한다고 하니 다행이다.

수많은 이야기와 전설들이 살아 숨 쉬는 바이칼 호수의 경관을 말로 형언하는 것은 지면이 주어진다 하더라도 불가능하다. 그곳에서 느끼게 되는 자연에 대한 경외심과 깊은 감동은 각자가 체험할 수 있을 뿐이다. 다만 바이칼 호수에 서게 되면 잊지 말고 그 원시의 물에 잠시나마 발을 담그기 바란다. 그 물에 발을 담그면 반드시 다시 한 번 그곳으로 돌아온다는 전설이 있다고 하니, 돌아가고픈 회귀본능을 일깨우는 그곳에 언젠가 다시 가기 위해서 말이다.

○ Trans Siberian Railway ○

러시아의 정중앙
노보시비르스크

이르쿠츠크에서 노보시비르스크는 겨우(?) 36시간 거리다. 하바롭스크에서 이르쿠츠크를 기차로 여행한 사람이라면, 이쯤은 한잠 자고 나면 도착하는 아주 가벼운 거리로 여기게 된다.

바쁜 현대인들에게 블라디보스토크에서 모스크바까지 기차로 여행하는 것은 쉬운 일이 아니다. 만일 시베리아 횡단철도 중 한 구간을 선택해야만 한다면 나는 주저하지 않고 이르쿠츠크에서 노보시비르스크 사이를 택할 것이다. 인천공항에서 여름에는 일주일에 한 번 이르쿠츠크나 노보시비르스크까지 직항 비행기가 다닌다. 노보시비르스크까지는 1년 내내 시베리아 항공사의 직항로가 있어서 인천과 노보시비르스크는 다섯 시간 거리에 한 시간의 시차로 가까워졌다.

'노보시비르스크', 즉 '새로운 시베리아'는 그 이름처럼 시베리아 횡단철도가 건설되면서 새로 조성된 도시다. 오브강에서 철도가 통과하기에 가장 적합한 위치를 찾다가 강폭이 좁고, 자갈 바닥인 이곳이 선택되었다. 아무도 살지 않던 황무지에 철도 건설 기술자들이 인가를 이루면서 형성된 노보시비르스크는 러시아의 정중앙에 위치한 지정학적 특성으로 인해 교통의 중심지가 되었다. 은행과 무역, 각종 산업이 발달되어 주민 수가 1960년대에 이미 100만 명을 넘었고, 현재는 145만 명을 넘어 시베리아에서 가장 큰 도시가 되었다.

1939년 건축된 노보시비르스크 중앙역은 연하늘색의 기차 모양으로 러시아에서 가장 큰 역이다. 2000년 무렵 리모델링해서 내부 시설이 현대적이며, 역사 안에는 철도공사가 운영하는 최고급 호텔도 있다. 노보시비르스크역에서는 하루 여객열차 150개, 화물열차 100개 정도를 취급한다. 화물수송량은 55만 톤, 컨테이너 66TEU (20피트 길이의 컨테이너)에 달하는데, 1990년대 초와 비교하면 40퍼센트 이상 감소한 실적이라고 하니, 얼마나 큰 역인지 짐작할 수 있다.

시베리아교통대학교 전경.

노보시비르스크에 지역본부를 둔 서시베리아철도지사는 옛 소련 시절에 전 세계에서 가장 많은 화물수송량을 자랑하던 때도 있었다. 지금도 철도공사 산하 16개 지사 중 화물운송 규모 면에서 단연 1위이며, 서시베리아 지사장도 서열 1위를 차지한다. 현재 서시베리아 지사장은 첼코인데, 그는 2000년대 초반 러시아 철도부 수석 차관을 지내며 당시 남북 철도 연결에 깊이 관여한 바 있다. 직원 수는 12만 명으로 전체 철도공사 인원의 14퍼센트를 차지한다. 중앙 부처의 실세 차관까지 지낸 사람이 공사 사장도 아니고, 일개 철도지사의 지사장을 마다하지 않는 것을 보면서 현장 관직을 높게 평가하는 러시아 특유의 사고를 알게 되었다.

러시아의 정중앙에 위치한 노보시비르스크 성 니콜라이 성당.

노보시비르스크는 러시아와의 첫 인연을 맺은 곳으로 내게는 고향 같은 도시다. 노보시비르스크에는 러시아 교통대학교 중 1, 2위를 다툴 만큼 우수한 '시베리아교통대학교'가 있다. 한국철도대학과 자매결연한 이 대학의 학생 수는 석박사 과정을 포함하여 1만여 명에 달하며, 교직원 수도 1,000명이나 된다. 대학 내에 기숙사는 물론이고 병원, 박물관까지 운영하고 있다. 학생들은 졸업하면 교통부나 철도공사에 취업하거나 연구원 또는 교수로 남는다.

대학의 기숙사를 둘러보면 부부 기숙사에 나이 어린 학생 부부들이 많이 있다. 러시아에서는 결혼 연령이 낮아지면서 이혼율이 치솟고 있다고 한다. 총장이나 교수들은 요즘 세대들이 18~19세에 결혼하다 보니, 20~30대에 이혼하고 재혼하는 게 다반사여서 큰 사회문제가 되고 있다며 걱정했다. 어쨌든 아기를 키우며 공부하는 젊은 학생들을 보니 대견하다는 생각이 들었다.

노보시비르스크에 철도가 들어온 것은 1881년이다. 도시의 역사는 100년이 넘었고, 대학은 2018년에 개교 85주년을 맞는다. 2001년 7월 푸틴 대통령과의 정상회담을 위해 특별열차로 모스크바로 향하던 김정일 국방위원장이 시베리아교통대학교를 방문한 인연으로, 그해 겨울 학기에 평양철도대학교 박사과정 30명이 유학을 왔다. 한국 유학생들도 받아서 한때 남·북·러의 미래 철도인들이 한자리에 모인 대학으로 국내외의 큰 관심을 끌었다.

2003년 11월에 시베리아교통대학교 개교 70주년 기념식에 참석했다가 평양철도대학교의 전열 학장(북한에선 총장이 아니라 학장이라고 한다)을 만난 적이 있다. 1960년대에 동독의 드레스덴 공대에서 전기공학을 전공한 분으로 전형적인 학자 풍모였다. 처음에는 나를 몹시 경계하더니 내가 서독에서 유학했다는 것을 알고 난 후에는 친밀감을 표시했다. 내 전공이 경영학이라고 하자 "북한의 철도 기술은 워낙 뛰어나서 다른 나라에서 배울 것이 별로 없지만, 경영학이라는 건 잘 몰라서 배울 것이 많겠다"고 말했다. 그리고 미국이 아니라 독일에서 공부했다니 신뢰가 간다며 독일의 최근 소식을 묻기도 했다.

철도대학 총장으로 재직하던 2007년, 교환학생들을 이끌고 시베리아교통대학교를 방문했을 때, 그때 왔던 북한 유학생들이 모두 박사학위를 취득하고 귀국한다는 것을 알게 되었다. 그리고 졸업식에 참석하기 위해 평양에서부터 기차를 타고 온 리명철 부학장을 만날

북한 평양철도대학교
출신 유학생들.

수 있었다. 리 부학장은 상트페테르부르크철도대학교 유학파로 러시아어가 능숙했고 대화에도 유연하게 응하는 편이었다. 유학 초기에는 카마로프 총장의 주선으로 남북한 학생들이 종강 기념 축구대회를 개최하는 등 친목 행사가 있었지만, 북한 학생들이 회피하는 바람에 나중에는 완전히 단절되었다고 한다. 카마로프 총장의 노력에도 불구하고 북한의 유학생 파견은 더 이상 이어지지 않았다.

노보시비르스크는 옛 소련 시절 최대의 연구단지가 조성된 곳으로도 유명하다. 시내에서 30킬로미터 정도 거리에 조성된 '아카뎀고로도크'라는 연구 도시는 대전의 대덕연구단지와 비슷한 곳이다. 1950년대에 흐루쇼프가 미국과 대적할 수 있을 정도로 기초과학을 육성하기 위해 설립했다고 한다. 핵물리연구소, 경제연구소 등 다양한 전공 분야에 특화된 50여 개의 연구소와 400여 개의 보조 연구소가 들어서 있는데, 부지 내에 연구원 아파트 단지까지 조성되어 있어 하나의 거대한 R&D 특구 도시다. 근처에는 수호이 전투기를 만들던 노보시비르스크항공기제작소(NAPO)도 있다.

한편 시베리아 하면 가장 먼저 떠오르는 영화는 〈닥터 지바고〉일 것이다. 냉전 시절이던 1965년 작품인 〈닥터 지바고〉는 촬영팀이 러시아에 들어갈 수 없어 대부분 스페인과 핀란드에서 촬영되었다고 한다. 그럼에도 노보시비르스크 사람들은 노보시비르스크야말로 지바고가 전쟁을 피해 가족들과 짧지만 행복한 은닉 생활을 하던 시베리아 장면의 실제 무대라고 주장한다. 그만큼 노보시비르스크가 시베리아의 가장 전형적인 모습이라는 자부심의 발로일 것이다. 그러나 시베리아 벌판을 여행하노라면 비단 노보시비르스크가 아니더라도 어느 곳을 바라보든 작은 감자밭을 일구는 '닥터 지바고'를 발견할 수 있을 것만 같다.

Trans Siberian Railway

유럽과 아시아의 교차로
예카테린부르크

1721년 형성된 예카테린부르크는 주민 수 130여만 명의 대도시로, 도시의 이름은 유명한 여왕 카테리나 2세의 이름에서 유래했다. 니콜라이 2세와 그의 가족이 볼셰비키에게 살해당한 곳이기도 하다. 혁명 후 도시 이름이 이곳 출신의 혁명가인 야코프 스베르들로프의 이름을 따서 스베르들롭스크로 바뀐 적도 있지만, 옛 소련이 해체된 후 다시 원래 이름인 예카테린부르크로 돌아갔다. 하지만 철도역 이름은 여전히 스베르들롭스크역으로 불린다. 스베르들로프는 1918년 차르 가족을 살해하라는 명령을 내린 인물로 후에 소련연방 대통령을 지냈다.

차르 가족은 처형 후 비밀리에 매장되었기 때문에, 오랫동안 의문

142

투성이로 남아 있었다. 특히 니콜라이 2세의 막내딸인 아나스타샤 공주가 학살 직전 한 경비병에 의해 구출되어 신분을 바꾼 채 어딘가에 살아 있다는 소문이 끊이지 않았다. 1920~1930년대에는 아나스타샤 공주를 자처하는 미모의 젊은 여성들이 나타나면서 오랜 세월 '세기의 미스터리'로 여겨졌다. 세간의 관심이 워낙 크다 보니, 잉그리드 버그먼 주연의 할리우드 영화로도 제작되어 공전의 히트를 치기도 했다. 그러나 옛 소련 해체 후 차르 가족으로 알려진 유골에 대한 DNA검사 등을 통해 신원을 확인한 결과, 아나스타샤 공주 역시 함께 피살된 것으로 판명되면서 차르 가족을 둘러싼 미스터리는 일단락되었다.

예카테린부르크는 1990년대 초 옐친의 도시로 다시 한 번 러시아 역사의 전면에 떠오른다. 옐친은 예카테린부르크 공산당 서기장을 거쳐 이른바 '우랄파'를 대거 전면에 포진시키며 권력을 장악했다.

경제 규모로 볼 때 러시아에서 세 번째로 큰 도시인 예카테린부르크는 도시 경제의 80퍼센트 이상이 군수산업에 기반을 두고 있지만, 체제 전환 이후 러시아에서 민영화 사업이 가장 적극적으로 추진되었다는 평가를 받는다.

도시는 300여 년 전 철광석이 발견되며 형성되었다고 한다. 시베리아 횡단철도를 비롯하여 러시아에 부설된 레일 대부분이 예카테린부르크 인근의 제철 공장에서 생산되었다. 우랄산맥에서 채굴된 각종 자원과 스탈린의 산업화 정책으로 거대한 산업시설이 세워졌고, 2차 세계대전 와중에 우랄산맥의 서쪽에 있던 공장들이 대거 이 곳으로 피신해왔다. 지질학자들에 따르면, 멘델레예프 원소주기율표에 나오는 광물들이 모두 매장되어 있을 뿐 아니라, 세상에 알려진 광석과 광물의 절반 이상이 우랄산맥에 매장되어 있다고 할 만큼 이 곳은 자원의 보고다. 뿐만 아니라 우랄국립대학교를 비롯해 30여 개 의 대학들이 몰려 있는 연구 및 학술 도시이기도 하다.

하지만 군수산업이 중심이다 보니, 다른 여느 도시와 마찬가지로 소비재나 서비스업은 취약하기 그지없다. 2002년 여름 이 도시를 방문했을 때, 도시 전체가 이곳저곳 파헤쳐져 공사장을 방불케했다. 탄광과 공업 중심 도시이다 보니 도시의 하늘 위로 검은 숯가루가 뒤덮이는 등 공해가 아주 심각한 수준이었다. 최근에는 공기가 많이 좋아졌다니 다행이다.

금을 비롯한 귀금속의 도시답게 예카테린부르크에는 보석가공업 이 번성하였는데, 특히 여러 가지 천연원석을 특유의 방식으로 다듬

호박 등 천연 원석의 보고인 예카테린부르크.

는 세공기술로 유명하다. 시내 중심가 곳곳에는 아름다운 원석으로 만든 브로치나 반지 등 장신구 공예점들이 즐비하다. 이런 공예품 중에는 오직 예카테린부르크에서만 구입할 수 있는 것들도 수두룩하다. 모스크바에 가도 살 수 있겠지 생각하면 큰 오산이다. 하긴 러시아에서는 뭐든지 마음에 드는 게 있으면 주저 말고 바로 사둬야 후회가 없다. 러시아의 영토가 너무 크고 물류산업이 아직 충분히 발달하지 못했기 때문일 수도 있겠지만, 지역 특산물 중에는 현지에서만 살 수 있는 것이 많다. 그래서 러시아 사람들이 "뭐든 먹을 수 있을 때 먹어둬라" "눈에 띌 때 사두라"고 충고하는지도 모르겠다.

또한 예카테린부르크는 유럽과 아시아의 교차로로 유명하다. 우랄산맥에 위치한 이 도시는 유럽과 아시아를 아우르는 러시아의 정체성을 상징하는 곳이기도 하다. 1992년 중국을 필두로 미국, 영국 등 여러 나라가 영사관을 개설했을 만큼 유럽과 아시아를 잇는 거점 도시로 발돋움하고 있다.

유럽과 아시아의 분수령인 우랄산맥은 북쪽의 툰드라 지방에서 시작하여 타이가와 산림지대를 거쳐 남쪽의 사막성 스텝까지 남북으로 약 2,500킬로미터를 뻗어 내리면서 러시아를 유럽과 아시아로 양분한다. 약 3억 년 전에 형성되었다는 우랄산맥은 중간 부분은 상대적으로 낮은 편이지만 높이 1,894미터의 북쪽 나로드나야봉과 남쪽 끝에 있는 1,638미터의 야만타우봉이 쌍두 낙타봉을 이루고 있다. 우리나라의 한라산 높이가 1,950미터임을 감안하면 상당히 높

유럽과 아시아의 경계를 알리는 표지석.
모스크바로부터 1,777킬로미터 지점인 페르보우랄스크에 위치한다.

은 산들이다. 더구나 하바롭스크에서부터 며칠 동안을 시베리아의 대평원만 바라보다가 열차가 우랄산맥 근처에 들어서면 그 장대한 모습에 절로 위압감을 느끼게 된다. 러시아 사람들이 우랄산맥을 난공불락의 산세로 여기는 심정에 절로 고개가 끄떡여진다.

블라디보스토크에서 출발한 시베리아 횡단열차를 타고 가다 보면 모스크바로부터 1,777킬로미터 지점, 우랄산맥에 들어서기 직전에 유럽과 아시아의 경계를 알리는 표지석이 서 있다.

○ Trans Siberian Railway ○

황금고리의 중심
야로슬라블

블라디보스토크에서 출발한 횡단열차가 종착지인 모스크바(야로슬라블역)에 도착하기 바로 전에 서는 도시가 야로슬라블이다. 요즘에는 급행열차는 서지 않고 그냥 통과하는데 성질 급한 승객들은 이때부터 트렁크들을 열차의 통로에 세워놓고 내릴 준비에 분주하다. 그러다 어느 순간 불현듯 차창 밖에 나타나는, 깜짝 놀랄 정도로 아름다운 도시 모습에 자기도 모르게 객차 복도의 작은 창문을 열고 사진기 셔터를 마구 누르게 된다.

야로슬라블은 도시의 역사만도 천 년이 넘는 고도로서 도시 전체가 박물관이라 해도 틀린 말이 아니다. 도시의 이름은 이곳에 처음 정착한 키예프의 야로슬라브 영주의 이름에서 유래했다. 야로슬

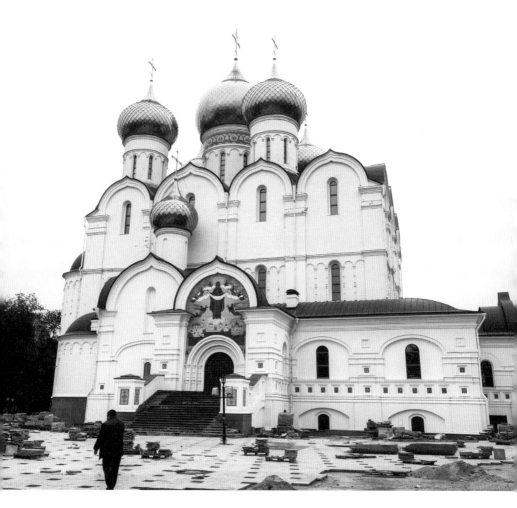

야로슬라블 성모승천 성당.

라블은 1010년 볼가강으로 유입되는 코토로슬 하류의 곰터라고 불리던 곳에서 곰을 잡은 것을 기념하기 위해 이곳을 터전으로 삼았다고 한다.

1218년 이곳에 독립적인 영주체제가 정착되면서 야로슬라블 공국은 러시아의 정신적·문화적 중심지로 발전했으며, 1463년 모스크바공국에 흡수되었다.

야로슬라블은 지리적으로는 시베리아 횡단철도와 볼가강이 교차하는 요충지다. 1937년 볼가~모스크바 운하가 개통될 때까지 모스크바의 외항 역할을 했으며, 모스크바, 카잔에 이어 러시아의 세 번째 상업 중심지로 발전했다. 수도가 상트페테르부르크로 천도되면서 상거래의 흐름 역시 옮겨가자, 야로슬라블에는 섬유공장이 들어서기 시작했고, 이것이 나중에 야로슬라블의 산업 기반이 되었다.

부유한 상인들과 자치적 시민들로 형성된 부르주아 계층이 독특한 건축물을 통해 오늘날까지 전해 오는 야로슬라블의 모습을 만들었다고 할 수 있다. 1658년 대화재로 도시 전체가 거의 타버린 이후로는 석조 건물 위주로 지었는데 지금도 남아 있는 알록달록한 장식과 문양 그리고 타일 등은 야로슬라블에서만 볼 수 있는 아름다운 건축양식이다.

야로슬라블은 모스크바 외곽 지역의 아름다운 역사 도시들(블라디미르, 수즈달 등)을 반지 모양으로 연결한 관광 코스를 일컫는 황금고리Golden Ring의 핵심 도시로서 러시아 최고의 관광명소다. 시베리아

횡단철도 여행객들에게는 시종착역인 모스크바의 '야로슬라블역'이
라는 이름으로 더 친숙한 도시다.

야로슬라블과 함께 황금고리의 주요 도시인 '수즈달'.

러시아의 심장
모스크바

인구 약 1,000만 명, 면적 900평방킬로미터의 모스크바는 광대한 러시아의 심장이다. 1158년 유리 돌고루키가 이곳에 성곽을 축조하고 '크레믈린'이라고 이름 지었다. 그러나 1238년 이곳은 몽골족의 손에 넘어갔다.

14세기 초에 모스크바는 왕조의 수도로 자리 잡았는데, 지난 역사 속에서 도시 전체가 불타 없어질 만큼 큰 전쟁을 여러 차례 겪었다. 1571년 타타르족의 공격으로 당시 20만 모스크바 주민 중 3만 명만 간신히 살아남고 도시는 완전히 불타버렸다. 나폴레옹이 알프스를 넘어 모스크바까지 진격했던 제1차 조국전쟁 때는 역사에 길이 남은 '초토화 작전'으로 스스로를 완전히 불태워 없앴다. 제2차 조국전쟁인 히틀러와의 전쟁에서 모스크바는 다시 한 번 전쟁의 화염에 휩싸였다. 당시 모스크바를 사수하기 위한 '스탈린그라드 전투'는 너무나도 유명하다. 세레메체보 공항에서 모스크바 시내로 들어오다 보면, 최후의 탱크부대 저지선을 기리는 기념비를 볼 수 있다. 2차 세계대전에서 전쟁 도발국인 독일인 희생자 숫자가 600만 명인데 러시아의 희생자가 2,600만 명이라고 하니, 이 전쟁에서 러시아가 얼마나 큰 피해를 입었는지 짐작할 수 있다.

모스크바는 러시아의 심장일 뿐 아니라 '세계의 중심'으로 패권을 휘두르기도 했다. 난립하던 러시아의 소공국들을 통일한 15세기경, 러시아는 스스로를 세계와 기독교의 중심이라 선포하고, 모스크바는 로마와 콘스탄티노플을 계승하는 '제3의 로마'로 자처했다. 또한 20세기 들어 '붉은 별' 모스크바는 세계 절반의 리더였지만, 공산주의 체제가 붕괴되면서 결국 소련의 해체를 지켜보아야만 했다.

역사를 돌아볼 때 모스크바가 가장 확장된 때는 이바노프 대제(폭군 이반) 시절이었다. 이 시기에 크레믈린이 현재의 규모로 완성되었고, 알록달록한 양파 모양의 첨탑으로 러시아의 상징물이자 세계적인 명물이 된 바실리성당도 축조되었다. 17세기 초 모스크바의 인구는 20만 명을 넘어섰고, 경제적 측면에서도 러시아 황실의 가장 중요한 상업 중심지로 자리 잡았다.

그러나 1703년 표트르 대제가 네바 강변에 새로운 수도 상트페테르부르크를 건설함에 따라 모스크바는 정치적 영향력을 잃게 되었다.

이후 거의 200년 동안 상트페테르부르크가 러시아의 정치 수도였다면, 모스크바는 러시아의 경제 수도이며 마음의 수도였다고 하겠다.

소련 시절 정치권력은 레닌그라드로 이름을 바꾼 상트페테르부르크에서 모스크바로 다시 옮겨왔지만, 지금까지도 두 도시는 여전히 라이벌 관계다. 푸틴 대통령이 생일 파티를 위해 손님들을 자신의 고향인 상트페테르부르크로 초대한다는 등의 뉴스는 러시아 사람들의 정서에 미묘한 여운을 남길 수밖에 없다. 또 푸틴 정권하에서 상트페테르부르크 출신이면서 KGB 출신인 사람은 성골, 둘 중 하나만 갖추면 진골이라는 말이 공공연한 비밀로 나도는 등 두 도시 간의 경쟁은 끝나기는커녕 더욱 은밀하게 전개되고 있다.

모스크바에서 가장 유명한 장소는 두말할 필요 없이 붉은광장과 크레믈린이다. 1493년 대화재로 소실된 이후 이반 3세는 크레믈린 성벽의 일부에 대해 복구를 금지했다. 바로 이 빈터에 생겨난 장터가 17세기 이후 '붉은광장'으로 발전했다. 붉은광장의 '붉은'이 공산주의 혁명에서 유래했다거나 또는 성곽의 색깔이 붉은 데서 붙여진 이름이라고 추측하기 쉽지만, 사실 이 단어의 어원은 '아름다운'이라는 형용사라고 한다. 실제로 공산주의 혁명 훨씬 전부터, 그리고 크레믈린의 성벽이 아직 흰색이었을 때부터 이곳은 붉은광장이라고 불려왔던 것이다.

그런데 나중에 광장 주변에 들어서는 건물들이 붉은 벽돌을 사용하면서 이 형용사는 붉은색이라는 의미를 함축하게 됨은 물론, 붉은

모스크바에서 가장 유명한 장소는 두말할 나위 없이 이 두 곳이다: 크레믈린(위)과 붉은광장(아래).

10월 혁명에 의해 정치적인 상징성마저 띠게 되었다.

붉은광장은 역사박물관, 왕실 백화점이었던 굼GUM백화점, 9개의 첨탑으로 이루어진 성 바실리성당에 둘러싸여 있다. 성 바실리성당은 이바노프 대제가 러시아에 남아 있던 최후의 몽골족인 카잔을 물리치고 승리한 것을 기념하기 위해 1555~1561년에 걸쳐 지은 것이다. 첨탑의 양파 모양은 촛불을 형상화하는 동시에 폭설이 내려도 눈이 쌓이지 않게 하려는 기능성을 살린 것이라고 한다.

동화 속 그림처럼 예쁜 성 바실리성당은 그 외관과는 달리 한마디로 '불행한 과거'로 얼룩져 있다. 우선 성당이 완공되고 난 후, 폭군 이반이 같은 모양의 성당을 지을 수 없도록 공사에 참여했던 건축가들의 눈알을 뽑아버렸다는 말도 있고, 모두 사형에 처했다는 말도 있다. 차르 시대에는 성 바실리성당 앞이 공개 처형 장소였고, 성당은 정치범 수용소나 감옥으로 사용되면서 숱한 죽음을 지켜봐야 했다. 1917년 볼셰비키 혁명 후 잠시 성당으로 사용되었지만, 스탈린에 의해 폐쇄되었다가 성당으로 다시 사용되기 시작한 것은 1985년 고르바초프에 의해서다.

크레믈린은 2,235미터의 성곽으로 둘러싸여 있다. 현재 대통령 집무실로 쓰이고 있는데, 대통령이 집무실에 나와 있는 동안에는 크레믈린의 지붕에 하얀 깃발이 게양된다고 한다. 지난번 모스크바를 방문했을 때 일요일 오후에 크레믈린을 관광하던 중 깃발이 나부끼는 것을 보았다. 동행했던 러시아 친구에게서 푸틴 대통령이 여름휴가에서 돌아오는 길에 대통령궁에 잠시 들른다는 뉴스가 있었다는 설명을 듣고 보니, 이 말이 헛소문만은 아니라는 사실을 알게 되었다.

내가 처음 모스크바를 방문했던 2000년부터 모스크바의 심장인 붉은광장 근처에서 가장 먼저 한국인들을 반갑게 맞아준 것은 크레믈린을 '포위'하고 있는 우리 기업의 로고들이었다. 크레믈린 북쪽, 푸틴 대통령의 집무실에서도 보인다는 국립레닌도서관은 2,500만 권의 장서를 보유하고 있는 것으로도 유명하지만, 옥상에서 빛나던 삼성 로고와 누구나 탐내던 명당자리를 꿰차게 된 사연이 더 큰 이야깃거리였다. 우리나라나 러시아나 IMF관리 체계에 들어갈 만큼 경제 위기를 겪으면서도 삼성이 러시아에서 철수하지 않고 문화 단체나 스포

크레믈린 북쪽 국립레닌도서관 옥상의 삼성로고와 볼쇼이카메니 다리를 장식했던 LG광고.

츠 구단을 후원하는 등 '의리'를 지킨 덕분에 성사된 일이라고 한다. 삼성은 이러한 좋은 이미지로 러시아의 '국민 브랜드' 마크를 영구 획득하기도 했다. 또 크레믈린 서쪽으로 모스크바강을 가로질러 크레믈린 북쪽으로 들어오는 볼쇼이 카메니 다리는 양옆에 펄럭이며 줄지어 선 LG 깃발 때문에 오랫동안 'LG 다리'로 불렸다. 그런데 언제부터인가 레닌도서관 위 삼성 광고도, 카메니 다리의 LG 광고도 없어진 것을 보니 이제는 붉은광장에 가면 조금은 서운한 기분이 들 것 같다. 그래도 1,000개가 넘는 삼성과 LG 광고가 모스크바 주요 거리들을 장악하고 있고, 2007년 모스크바 중심가에 개관한 롯데호텔은 별 6개짜리 호텔로 모스크바에서 가장 핫한 호텔이라는 명성을 누리고 있다.

한편 모스크바 시내 주요 도로의 중앙 차선에는 옐로라인이 그려져 있는데, 자동차들이 도로를 가득 메운 러시아워에도 이 차선은 항상 비어 있다. 처음에는 우리나라처럼 버스 전용 차선인 줄 알았다. 그런데 어느 날 비어 있던 이 차선으로 천지를 진동하는 사이렌 소리와 함께 에스코트용 오토바이와 검은색 리무진 행렬이 미친 듯 달려오는 것이 아닌가! 러시아의 옐로라인은 정부 고위 인사들의 '업무용 차선'이었던 것이다. 러시아의 귀빈 경호는 천둥 같은 사이렌 소리와 난폭 운전으로 유명한데, 실제로 에스코트 차량이 교통사고를 일으키는 경우도 많다고 한다.

모스크바에는 건축물, 미술관, 자연경관 등 볼 게 너무 많지만, 그

모스크바 콤소몰스카야 지하철역 구내. 핵전쟁에 대비해 깊이가 100미터에 달한다.

래도 절대 빼놓아서는 안 되는 볼거리가 바로 지하철이다. '스탈린이 모스크바 사람들에게 교회를 빼앗아간 대신 지하철을 선물했다'는 말이 있을 정도로 모스크바의 지하철 역사들은 아름답게 장식되어 있다. 핵전쟁에 대비해 깊이가 보통 100~200미터에 달하고 역마다 건축양식과 재질이 모두 다르다. 예술작품을 감상하듯이 지하철역을 순례해볼 만하다.

표트르 대제의 보물 창고
상트페테르부르크

에르미타주와 여름궁전

시베리아 횡단철도 노선은 블라디보스토크에서 모스크바까지를 말
한다. 따라서 엄밀히 말하면 상트페테르부르크는 시베리아 횡단철도
에 속하지는 않는다. 그러나 러시아를 방문하는데, 더구나 모스크바
까지 가면서 상트페테르부르크를 들르지 않는다면 그것은 엄청나게
재미있는 영화에서 마지막 하이라이트인 엔딩 장면을 보지 않은 채
영화관을 나오는 것과 마찬가지다. 그만큼 상트페테르부르크는 러시
아는 물론이고 전 세계 어느 도시와 비교해도 가장 아름답고 화려한
도시일 뿐 아니라, 정치·경제·역사·문화와 예술 등 모든 측면에서 러
시아의 진수를 보여주는 도시다.

러시아는 혁명도, 산업화도, 도시 건설도 모든 것이 서구 유럽 국가들보다 100년 가까이 늦었다. 그러나 늦은 대신 모든 것이 더욱 화려하고 더욱 아름답게 만들어졌다. 더욱이 2000년 대통령에 취임한 푸틴은 2003년에 상트페테르부르크 탄생 300주년을 기해 도시 전체를 완전히 새롭게 단장해서 과거의 화려했던 모습을 되찾았다.

상트페테르부르크는 도시 전체가 하나의 거대한 박물관과 같다. 에르미타주 궁전을 비롯해 2,300개의 크고 작은 궁전과 아름다운 건축물들이 있으며, 250여 개의 박물관, 4,000여 점의 기념물, 2,400여 개의 건축물 중 15퍼센트가 1991년 유네스코 세계문화유산으로 지정됐다. 도시의 중심도로인 네프스키 대로를 따라 왼쪽 오른쪽 어느 쪽을 보아도 모두 눈을 뗄 수 없는 유적들이다. 카잔성당, 성 이삭성당, 피의 구세주성당, 푸시킨 동상이 서 있는 예술광장이나 1917년 '피의 일요일 사건'이 일어났던 궁전광장 그리고 도스토옙스키와 차이콥스키, 니콜라이 2세도 차를 마시러 왔으며, 지금도 이 호텔의 캐비어 바에서 매년 150킬로그램 이상의 캐비어를 소비한다는 '그랜드 호텔 유럽'도 구경해야 한다. 네바강, 모이카강, 폰탄카강 위에 놓인 다리들만 보아도 정신이 팔리니 무엇부터 봐야 할지 모를 지경이다.

그래도 일단 가장 먼저 보아야 할 곳은 제정러시아 황제들의 본궁으로 '겨울 궁전'이라 불리며 지금은 박물관으로 사용되고 있는 에르미타주 궁전이다. 네바강을 따라 230미터나 쭉 뻗어 있는 궁전 자체가 볼거리다. 민트색 벽면에 하얀 기둥이 서 있는 로코코양식의 이

에르미타주 박물관의 전경과 내부.

궁전은 1762년 라스트렐리가 건축한 것으로 총 1,056개의 방과 117개의 계단, 2,000여 개가 넘는 창문으로 이루어졌다. 건물 지붕 위에 장식된 조각상들만 170개가 넘는다.

매년 400만 관광객의 발길이 끊이지 않는다는 에르미타주 박물관은 1764년 예카테리나 2세가 서구 유럽에서 226점의 회화를 수집한 것을 계기로 출발하여 지금은 약 300만 점의 전시품이 소장되어 있다고 한다. 10월 혁명 이후 러시아 귀족들로부터 압수된 수많은 개인 소장품들도 이곳으로 이관되었다. 1917년까지 유럽 최고의 걸작품들을 포함해 다섯 개의 건축물에 전시된 작품들은 하나당 1분씩만 보아도 다 보려면 5년이 걸린다고 할 만큼 방대한 규모를 자랑하는 명실상부 세계 최고의 박물관이다.

표트르 대제 등 차르들의 방과 그들이 입던 옷, 보석 나무 같은 예카테리나 여왕의 소장품이 있는 전시실도 인기지만 125개의 전시실을 차지하고 있는 서유럽 미술관도 놓치지 말아야 한다. 여기에는 레오나르도 다 빈치, 라파엘로, 미켈란젤로, 루벤스, 렘브란트 등 우리와도 친숙한 화가들의 작품들이 전시되어 있다. 다른 곳에서라면 이 중 한두 개의 작품만 걸려 있어도 온통 주목을 받을 법하지만, 에르미타주에서는 하나를 보면 더 좋은 작품이 기다리고 있으니 주마간산식으로 스쳐 지나가게 된다.

2002년 여름 에르미타주에 갔을 때다. 그 1년 전쯤에 한 대담한 도둑이 백주대낮에, 그것도 50~60명이 경비를 선 가운데 장 레옹 제

롬의 〈하렘의 풀장〉(1875년 작)이라는 작품을 감쪽같이 칼로 오려가는 도난 사고가 발생했고, 그 이후 경비가 이만저만 삼엄한 것이 아니었다. 그건 그만큼 줄 서는 시간이 더 길어졌다는 의미다. 당시 100만 달러의 보험에 들어 있었다던 이 그림은 2006년 12월 모스크바에서 발견되어 2007년 에르미타주 박물관으로 돌아왔다.

에르미타 주 박물관이 특별한 것은 영국의 대영 박물관이나 프랑스의 루브르 박물관의 전시품들 대부분이 제국주의 시절 약탈한 것들이지만 에르미타주 박물관의 작품들은 러시아 왕정에서 직접 수집하거나 작가로부터 기증받은 차르의 개인 소장품들이라는 점이다. 에르미타주 박물관의 소장품들이 가장 큰 위험에 빠졌던 때는 2차 세계대전 당시 독일군이 상트페테르부르크를 포위했던 '레닌그라드 전투'였는데, 예술품들을 지하 창고에 꽁꽁 숨겨서 단 한 점도 훼손되지 않고 무사히 보존했다고 한다.

상트페테르부르크를 돌아보다 보면 문화와 예술을 사랑하는 러시아 국민들과 정치 지도자들의 마음이 절로 느껴진다. 1990년대 경제적으로 극도로 궁핍했을 때조차 단 한 점의 그림도 매각하지 않았다는 러시아는, 지금도 매년 엄청난 규모의 문화재 관리 비용을 쏟아붓는다고 한다. 2004년 이후 일부 건축물을 민간에 매각하기도 했지만, 지금도 상트페테르부르크 도심 건물의 80퍼센트가 국가 소유로 전적으로 국가가 관리하고 있다.

상트페테르부르크는 아름다운 도시를 만드는 자연 조건도 완벽하게 갖추고 있다. 네바강이 도시를 가로지르고 수많은 섬들과 작은 강이 운하로 이어져 '북방의 베네치아'로 불린다. 북쪽으로는 북극에 면한 발틱해를 이고 있다. 도시 전체가 평지이지만 남쪽으로는 구릉 들이 이어져 겨울이면 상트페테르부르크 사람들의 스키장이 된다.

남서쪽으로 약 30킬로미터 떨어져 있는 페테르고프에는 황제의 '여름 궁전'이 있다. 겨울에는 폐쇄되었다가 여름에만 공개되는데, 절대 놓쳐서는 안 되는 볼거리다. 특히 핀란드만의 바닷물을 끌어올려, 동력 장치 하나 없이 순전히 지표의 높낮이만을 이용해서 만들어졌다는 화려한 분수들을 보면 과학기술의 힘과 그것을 이용하는 인간 두뇌의 위대함에 경외심을 갖게 된다. 이 분수들은 모두 표트르 대제가 직접 설계했다고 하니 더욱 놀랍다.

그리고 여름이면 24시간 해가 지지 않는 백야가 있다! 시베리아에도 백야가 있지만, 한여름의 상트페테르부르크에서는 정말 하루 종일 해가 지지 않는다. 낮도 밤도 아닌 그 은색 빛살은 마치 태초에서 온 것 같기도 하고, 또는 미지의 우주선과 접선하는 듯한 신비한 경험으로 남는다.

푸틴 대통령의 롤모델, 표트르 대제

인구 500만 여 명으로 수도 모스크바에 이어 두 번째 도시라고 하지만, 표트르 대제 이후 러시아제국의 수도였던 상트페테르부르크는 지금까지도 명실상부한 러시아 권력의 심장부라 할 수 있다. 여기서

상트페테르부르크의 남서쪽 페테르고프에 위치한 여름궁전.

표트르 대제를 논하지 않고는 상트페테르부르크를 설명할 수 없다. 모스크바를 비롯해 대부분의 도시들이 오랜 세월을 거쳐 자연스럽게 성장 발전했다면 상트페테르부르크는 표트르 대제가 철저하게 계획해서 만든 도시이기 때문이다.

1703년 표트르 대제가 이 지역을 스웨덴으로부터 탈환한 후 해양 관문을 확보하겠다는 의지를 천명하기 위해 이곳에 수도를 건설하기로 결심하고 페트로파블롭스크 요새를 세운 것이 상트페테르부르크의 기원이다. 그리고 장대한 도시계획에 따라 도시를 완성한 후 1712년 수도를 모스크바로부터 천도했다. 뻘에 뒤덮인 늪지대 위에 불과 10년 만에 이렇게 아름다운 도시를 만들기까지 얼마나 많은 사람들의 희생이 있었을지 짐작이 가고도 남는다. 상트페테르부르크에 '뼈의 도시'라는 별명이 붙은 이유다.

로마노프 왕조의 수도였던 상트페테르부르크는 '혁명의 도시'로서 1825년 데카브리스트의 난, 1905년 피의 일요일 사건, 1917년 2월 혁명과 10월 혁명으로 멸망하기까지 로마노프 왕조의 흥망성쇠를 지켜보았다.

표트르 대제는 대제라는 호칭이 말해주듯 유럽의 변방에 불과하던 러시아를 대제국으로 성장시킨 러시아 최고의 황제(재위 1682~1725년)다. 그는 몽골의 오랜 식민지 통치로 낙후하기만 했던 러시아를 개혁 개방하면서 그 모델을 서구 유럽에서 찾았다. 표트르 대제 자신이 미복을 한 채 네덜란드와 독일의 조선소 등에서 앞선 기술을 배웠을 정도로 솔선수범했다. 푸시킨이 상트페테르부르크를 '유럽으로 향한 창'이라고 노래한 이유이며, 흔히 모스크바가 '러시아의 심장'이라면, 상트페테르부르크는 '러시아의 머리'라고 하는 말이 여기서 나왔다.

표트르 대제의 또 다른 업적은 영토를 넓힌, 러시아제국의 광개토대왕이라는 점이다. 1695년 오스만제국과의 아조프 전쟁에서 승리하여 남쪽으로 국경을 확장한 데 이어, 해군을 양성하고 함대를 건설해

성 이삭성당에서 바라본 상트페테르부르크 시내.
오늘날의 상트페테르부르크의 건축물이나
기념물들은 모두 표트르 대제와 왕정시대에 지어진 모습 그대로라고 한다.

18세기 초반에 약 20년에 걸친 전쟁 끝에 북유럽 최강국인 스웨덴을 정복하면서 발트해의 지배자가 되었다. 표트르 대제는 1724년 상트페테르부르크 건설 현장에서 물에 빠진 병사를 구하러 찬물에 뛰어들었다가 폐렴에 걸려 이듬해 2월 사망했다. 그의 두 번째 황후가 그의 뒤를 이어 예카테리나 1세로 즉위했다.

표트르 대제의 기행들도 전해 내려오고 있다. 귀족과 군인들에게 간편한 서유럽식 복식을 강요했고 수염 삭발령을 내려 정교도 성직자들의 반발을 사기도 했다. 상트페테르부르크 건설에 동원된 주민들의 원성이 하늘을 찔렀다는 이야기와 말년에 아들인 알렉세이 황태자까지 국가반역죄로 몰아 잔혹한 고문 끝에 처형할 정도로 포악했다. 하지만 표트르 대제는 여전히 러시아인들이 가장 존경하는 위인 중 하나임에 틀림없다. 표트르 대제가 없었더라면 러시아가 오늘날과 같은 강력한 패권 국가가 될 수 없었을 것이라는 데 러시아인 대부분이 공감한다.

특히 대통령 집무실에 표트르 대제의 초상화를 걸어두었을 만큼 푸틴 대통령이 가장 존경하는 롤모델이라는 것은 유명한 이야기다. 더구나 푸틴 대통령은 상트페테르부르크 태생인 데다, 동서독이 통일된 후 동독에 주둔했던 푸틴이 귀국해 정착한 곳도, 부시장으로 정치적 커리어를 시작한 곳도 바로 이곳이다.

상트페테르부르크 시내를 걷다 보면, 차르 시대의 유산인 이 도시가 볼셰비키 혁명과 세계대전 그리고 공산주의 소비에트 시대를 살아

남아 오늘날 우리도 볼 수 있게 된 것이 큰 행운처럼 느껴진다. 한 러시아 친구는 이러한 행운이 가능했던 이유로 10월 혁명 직후 수도가 상트페테르부르크에서 다시 모스크바로 옮겨갔기 때문에 다행히 정치 보복의 칼날을 피할 수 있었다고 설명해주었다.

어쨌든 오늘의 상트페테르부르크에 있는 건축물이나 기념물들은 신축되거나 개축된 것 하나 없이 모두 표트르 대제와 왕정시대에 지어진 모습 그대로라고 하니 놀라울 뿐이다. 소련 시절 상트페테르부르크 도심에 새로 지어진 건물은 단 한 개뿐으로 현재 기술대학교 건물로 사용되고 있다.

도시의 이름도 여러 차례 바뀌었다. 흔히 페테르부르크라는 이름이 표트르 대제의 이름에서 연유한 것이라는 오해도 있지만, 사실은 표트르 대제가 자신의 수호성자인 사도 바울의 이름을 붙인 것이라고 한다. 1차 세계대전이 발발하자 1914년 8월 18일 페테르부르크에서 '부르크'가 독일 냄새가 난다고 해서 페트로그라드로 개명되었고, 1924년 레닌의 사망 후에는 그를 기리기 위해 레닌그라드로 개명되었다. 이후 쭉 레닌그라드로 불리다가 고르바초프의 개혁 개방 후인 1991년 9월 6일 주민투표를 거쳐 다시 원래 이름인 상트페테르부르크로 바뀌었다. 러시아 국민들은 애칭으로 피터라고 부른다.

상트페테르부르크가 낳은 3대 인물로 보통 푸시킨, 도스토옙스키, 차이콥스키를 꼽는다. 특히 상트페테르부르크의 중심 대로인 네프스키 대로에서 멀지 않은 센나야 광장 주변은 도스토옙스키의 소설 『죄와 벌』의 무대가 된 장소다. 소설 속 'K 다리'는 코쿠시킨 다리이고 'S 골목'은 스톨랴르니 골목이다. 이곳에서부터 소냐의 집, 라스콜리니코프의 집 그리고 노파의 전당포로 추정되는 집들이 이어지는데, 골목길을 어슬렁대다 보면 어디선가 구멍 난 '독일식 모자'를 눌러 쓴 라스콜리니코프가 금방이라도 튀어나올 것만 같다.

상트페테르부르크 가는 방법

그렇다면 상트페테르부르크에는 어떻게 가는 것이 좋을까? 물론 비행기를 이용할 수도 있지만, 급한 일이 없다면 모스크바에서 철도를 이용하는 게 편리하다.

상트페테르부르크는 러시아 최초의 철도가 놓인 도시다. 1837년 상트페테르부르크에서 황제 마을(지금은 푸시킨 마을로 불린다)인 차르스코예셀로역까지의 27킬로미터가 시초다. 니콜라이 철도가 상트페테르부르크와 모스크바를 연결한 것은 1851년이다. 모스크바와 프로이센의 오스트반(동부철도)이 연결된 1860년부터 러시아 황실과 독일 베를린까지 직통열차가 운행됐다. 1차 세계대전 전에는 북방익스프레스가 상트페테르부르크에서 파리까지 운행됐다.

오늘날에도 상트페테르부르크는 모스크바, 헬싱키, 베를린, 부다페스트 등 사통팔달 철도망으로 이어져 있다. 러시아 철도공사의 상트페테르부르크 지사가 관리하는 철도망의 길이만도 1만 킬로미터가 넘어 우리나라 철도의 약 2.5배 규모다. 상트페테르부르크에는 모스크바역, 핀란드역, 발틱역 등 다섯 개의 철도역이 있는데, 물론 '상트페테르부르크역'만은 이 도시에서 찾을 수 없다. 그리고 북한의 평양역이 상트페테르부르크에 있는 모스크바역을 본딴 것이라고 하니, 한 번 비교해보는 것도 좋겠다.

2012년부터 개통된 고속열차 '삽산'을 이용하면 700킬로미터 떨어진 모스크바에서 네 시간 이내에 도착한다. 모스크바와 헬싱키 간을 왕복하는 국제선 고속열차 '알레그로'도 상트페테르부르크에 정차한다. 물론 고속철도가 빠르고 좋지만, 여름 여행자라면 아직 고속철도가 없던 시절처럼 모스크바의 레닌그라드역에서 밤 10시쯤 출발하는 야간열차에 몸을 싣고 달콤한 잠에 빠져 있다가 새벽 5시쯤 상트페테르부르크에 도착하는 것도 낭만적인 선택이다. 그 시간에는 식당이든 가게든 문을 연 곳이 없기 때문에 서두르지 말고 천천히 역을 빠져나와서 일단 택시를 잡아타고 백야의 푸른 빛줄기를 가로질러 네바 강변의 표트르 대제 청동기마상을 보러 가는 것이 좋겠다. 상트페테르부르크에 갔으면 가장 먼저 표트르 대제에게 '신고'부터 하는 게 예의일 것 같아서다. 표트르 대제의 기마상은 받침돌 무게만도 1,600톤에 달하고, 길이는 13.5미터, 폭 7미터, 높이는 8미터에 이른다고 한다. 400명이 넘는 장정들이 이 거대한 돌을 핀란드 만에서 지금 기마상이 서 있는 네바 강둑으로 옮겨오는 데만도 4개월이 걸렸다고 하니 얼마나 엄청난 크기인지 짐작이 갈 것이다. 푸시킨의 시에도 등장하는 이 청동기마상은 예카테리나 2세가 자신이 표트르 대제의 적통임을 과시하기 위해 만들었으며, 프랑스의 조각가 팔코네가 1766년부터 12년이나 걸려 완성했다고 한다.

페트로파블롭스크 요새에도 표트르 대제의 좌상이 있다. 청동기마상은 높아서 표트르의 모습이 잘 보이지 않지만, 페트로파블롭스크의 좌상을 보면 유독 작은 그의 두상이 눈길을 끈다. 표트르 대제는, 지금도 드물지만 그 당시로는 더욱 드물게, 키가 2미터가 넘는 장신이었다고 하는데, 아마도 구등신이 넘었던가 보다. 페트로파블롭스크까지 갔다면 근처에 표트르 대제가 도시 완공 시까지 기거했다는 오두막집을 보는 것도 빠뜨리지 말아야 한다.

여기에 묘사된 상트페테르부르크는 지극히 작은 단면일 뿐이다. 시베리아 횡단철도에서 비켜서 있지만, 단언컨대 시베리아 횡단철도 여

예카테리나 2세가 건립한 표트르 대제 청동 기마상(왼쪽)과 페트로 파블로프스크 요새의 표트르 대제 좌상(오른쪽).

행의 클라이맥스가 될 백야의 도시 상트페테르부르크는 백문이불여
일견이라는 말이 딱 들어맞는, 무궁무진한 이야기와 아름다움이 넘치
는 도시다.

Trans Siberian Railway

5장

여행 전에 알아두면 좋은 러시아 역사: 블라디미르 대제에서 푸틴까지

키예프공국, 황금의 시대

역사책들을 들춰 보면 러시아 역사는 10세기 무렵 건설된 키예프공국이라는 고대국가에서 시작되는데, 러시아 사람들은 이 시기를 '황금의 시대'라고 부른다. 그런데 키예프공국을 설립한 조상이 누구인가에 대해서는 러시아의 학자들 간에 아직도 논쟁이 분분하다고 한다. 슬라브 학파는 이들이 토착민족인 '동슬라브족'이라고 주장하는 반면, 일명 노르만 학파에서는 이들이 바이킹의 후손인 노르만 계열의 '바랑고이족'이라고 맞서고 있기 때문이다. 역사적 팩트를 넘어 민족적 자존심마저 걸려 있는 이 논쟁에서 슬라브 학파가 다수설을 이끌고 있다지만, '러시아'와 '러시아 사람'이라는 단어가 '바랑고이'의 다른 이름, 즉 '바다에서 온 자들'이라는 뜻의 '루오치'라는 단어에서 유래한다는 설에는 의견 일치를 이룬다고 한다.

키예프공국 이래 러시아의 역사는 보통 여섯 시기로 구분한다. 키예프 루스, 몽골 지배기, 모스크바공국, 제정러시아, 소비에트연방 그리고 푸틴 대통령에 이르는 현대 러시아가 그것이다.

러시아라는 명칭이 나타나기 훨씬 전에도 중앙아시아와 흑해 연안 등지에 발달된 문명이 존재했지만, 러시아의 역사는 키예프공국에서 시작된다. 러시아 최초로 세워진 고대 국가인 루스의 수도는 처음에는 노브고로드였지만 882년에 키예프로 천도한다. 블라디미르 대제(재위 978~1015년)가 키예프 루스 시대를 개막했는데, 988년 서로마 교회가 아닌 비잔틴 계파로 개종하여 러시아정교를 국가 통합 수단으로 삼는 등 러시아 역사상 최초로 국가다운 국가의 역량을 갖추었다. 오늘날까지도 '모든 러시아 도시들의 어머니'라고 불리는 키예프는 현재 우크라이나공화국의 수도다.

블라디미르 대제의 아들 야로슬라프(재위 1019~1054년)는 유혈 왕위 계승전을 평정하고, 영토를 확장하며 나라를 발전시켰다. 그러나 그의 사후 키예프 왕가의 분열로 블라디미르, 모스크바, 노브고로드 등 여러 도시 국가들이 독립해 나가면서 키예프공국은 쇠락의 길로 접어들었다. 이 무렵 특기할 사항으로는 키예프공국을 위협했던 수즈달공국의 황제 유리 돌고루키가 외성으로 모스크바를 건설했다는 점이다. 끊임없는 분열과 권력 다툼에 빠져 이민족의 침입에 대항할 능력을 상실한 키예프공국은 마침내 13세기 몽골족에게 멸망당했다.

240년간 몽골의 식민지였던 러시아

1240년 키예프가 칭기즈칸의 말발굽에 함락된 이래 러시아가 몽골의 지배를 벗어나기까지는 240여 년이라는 긴 세월이 걸렸다.

칭기즈칸의 군대는 1233년 러시아와의 전쟁에서 최초의 대승전을 기록한 이래 1236년부터 1241년까지 5년 동안 노브고로드를 제외한 모든 러시아공국들을 정복했다. 당시 노브고로드공국의 제후는 유명한 알렉산드르 넵스키 대제(재위 1236~1263년)였다. 1240년 네바강 전쟁에서 스웨덴을 물리쳤고, 1242년 페이푸스호에서 벌어진 십자군 전쟁에서도 승리하는 등 서방국가들과의 전투에서는 승승장구하던 넵스키 대제였지만, 몽골과의 전쟁에서는 끝내 무릎을 꿇고 말았다. 나중에 몇몇 국지전에서 승리를 거두기도 했지만, 러시아는 이후 약

240년 동안 정복자인 몽골의 지배를 받아야 했다.

몽골의 길고 잔인한 식민 통치는 러시아 역사에 지대한 그림자를 남겼다. 무엇보다 문화적으로 열등하다고 여겼던 이민족에게 정복당하고 장기간 지배당함으로써 러시아인들은 민족적 자의식에 깊은 상처를 입었다. 그 결과는 동양인에 대한 막연한 두려움으로, 혹은 후일 동방민족을 정복했을 때 그들에 대한 잔혹성으로 표출되었다.

또한 광활한 몽골 제국의 건설을 지켜보았던 러시아인들은 대제국에 대한 선호와 패권을 추구하는 성향을 가지게 되었다. 마지막으로 몽골의 지배로 인해 서유럽과 단절됨으로써 러시아 역사의 발전 경로가 서유럽 국가들과는 다른 길을 걷는 계기가 되었다. 예컨대 러시아의 전근대성이 다른 서유럽 국가들에 비해 오래 지속되었고, 결국 공산주의 혁명으로 이어질 수밖에 없는 토양을 마련한 셈이라 하겠다.

몽골의 지배를 물리친
모스크바공국

몽골 침략 후 키예프 주민들 중 일부는 서쪽 폴란드나 리투아니아로 이주했고 다른 일부는 북쪽 볼가강 상류로 이동했다. 서쪽 지역에서는 별 세력을 형성하지 못했지만, 북쪽으로 이주한 사람들은 나중에 모스크바공국의 형성에 중요한 역할을 했다. 모스크바가 세력을 확장한 것은 1147년부터다. 모스크바는 척박한 토양, 울창한 삼림, 혹독한 기후 등으로 키예프보다 자연환경이 열악했지만, 바로 이 때문에 외세의 침략을 적게 받음으로써 쉽게 세력을 확장할 수 있었다.

또한 모스크바는 지배자인 몽골에 적극 융화하는 전략으로 몽골로부터 러시아 전역에 대한 통치권을 위임받을 수 있었다. 몽골의 칸은 1328년 이반 1세(재위 1325~1340년, 이반 칼리타, 즉 '돈주머니'라고 불리

몽골 식민지 지배를 끝낸 이반 4세.
그는 1552년 15만 대군을 이끌고
마지막 남은 몽골족을 섬멸했다.

기도 한다)를 모스크바 대제로 임명했는데, 이를 계기로 모스크바는
여러 러시아공국들 중 최고 지위를 확보하고 독립국가로서의 면모를
갖추게 되었다. 그 결과 모스크바는 몽골의 지배를 물리치는 주역이
될 수 있었다.

1310년 러시아정교의 대주교가 블라디미르에서 모스크바로 이주
한 것도 모스크바공국의 세력 확장에 도움이 되었다. 이반 3세(재위
1462~1505년)는 1453년 비잔틴 황제의 조카와 결혼하면서 러시아를
비잔틴의 계승자로, 모스크바를 '제3의 로마'라고 공표했다. 모스크바
공국은 계속 영토를 확장해서 1533년 러시아의 국경은 모스크바를

중심으로 북서쪽의 발트해까지, 북쪽의 북극해 연안, 동쪽의 우랄 접경지대까지 이르렀다. 1547년 스스로 차르로 즉위한 이반 4세(재위 1547~1584년, 이반 뇌제 또는 폭군 이반으로 불린다)는 1552년 10월 2일 15만 대군를 이끌고 카잔을 함락함으로써 러시아에 남아 있던 마지막 몽골족을 섬멸시켰다. 또한 1581년 이반 4세의 지휘 아래 시베리아 정복이 시작되어 약 70년 후인 1652년에 러시아 영토는 태평양 연안까지 확장되었다. 1689년에는 중국과 네르친스크 조약을 맺어 스타노보이 산맥 이북의 모든 땅이 러시아 영토로 귀속되었다.

시베리아는 수도인 모스크바로부터 너무 멀리 떨어져 있다 보니, 특히 초기에는 러시아 황실이 그 진가를 제대로 알지 못할 때도 있었다. 그러나 값비싼 모피 등 시베리아에서 공출되는 진상품이 왕정의 주요 수입원으로 자리 잡으면서 시베리아에 대한 평가는 갈수록 높아졌다.

1613년 모스크바공국의 미하일 로마노프(재위 1613~1645년)가 불과 16세의 나이로 차르에 즉위하여 마지막 차르인 니콜라이 2세(재위 1894~1917년)가 1917년 2월 볼셰비키 혁명으로 폐위되기까지 러시아는 로마노프 왕조가 지배했다.

로마노프 왕조의 제정러시아 시대

제정러시아 시대에서 가장 중요한 업적을 남긴 황제는 표트르 대제(재위 1682~1725년)다. 모스크바공국 체제를 끝내고 러시아제국을 선포한 사람도 표트르 대제다. 그는 수도를 '유럽으로 열린 창'인 상트페테르부르크로 천도하고, 서유럽식 개혁을 통해 러시아의 후진성과 전근대성을 타파하는 데 총력을 기울였다. 그의 통치하에서 러시아는 유럽의 대국으로 부상했다. 철저한 계획도시로 건설되어 300년이 넘는 역사를 지닌 상트페테르부르크는 세계에서 가장 아름답고 볼거리가 많은 도시 중 하나다.

이 밖에도 그의 지배하에 우랄산맥 일대에 철강산업과 군수산업 시설이 건설되기 시작했고 해군 창설, 군대의 근대화 및 행정조직 개혁

등을 통해 근대국가 체제를 갖추었다. 표트르 대제는 영토 확장에서
도 큰 업적을 남겨 가히 러시아의 광개토대왕으로 불릴 만하다. 시베
리아 탐험을 위해 대규모 원정대를 파견하여 알래스카를 정복했고,
유럽 방향으로의 서진정책을 강력하게 추진하여 오늘날의 러시아 영
토의 모습은 그의 재위 기간에 갖추어졌다고 봐도 된다. 표트르 대제
의 사후, 왕위는 그의 부인이었던 예카테리나 1세(재위 1725~1727년),
그의 조카인 안나 1세(재위 1730~1740년) 그리고 그의 딸인 엘리자베
타 1세(재위 1741~1761년) 등 세 명의 여제로 이어졌다.

1762년 남편이 암살된 후 왕위를 계승한 독일 공주 출신의 예카테
리나 2세(재위 1762~1796년, 카테린 대제)는 서유럽식 계몽주의적 절대
군주로서 러시아를 개혁했다. 또한 폴란드 분할에 참여하면서 서쪽으
로 영토를 확장했고, 흑해 연안의 카프카스 지방까지 국경선을 넓혔다.

19세기 초 알렉산드르 1세(재위 1801~1825년)는 러시아 역사에
'제1차 조국전쟁'으로 기록되는 러·불전쟁에서 승리한다. 60만 대군으
로 러시아에 진격한 나폴레옹은 손쉽게 러시아를 함락할 것으로 계산
했으나, 러시아 겨울의 혹독한 추위와 알렉산드르 1세의 '초토화 작
전'에 무릎을 꿇을 수밖에 없었다. 인류 전쟁사에 길이 남은 '초토화
작전'은 스몰렌스크를 방어선으로 프랑스군의 진격을 지연시키면서
나폴레옹군의 손에 아무것도 들어갈 수 없도록 식량과 가옥을 모두
불태우며 후퇴를 거듭하는 장기전이었다. 단 하루 동안 양측에서
10만 명이 사망했을 만큼 처절했던 보로디노 전투 끝에 나폴레옹은

마침내 모스크바에 입성했지만 모스크바는 대화재에 휩싸여 잿더미가 되어버렸다. 군사들이 잠잘 거처도, 먹을 식량도 모조리 타버린 상황에서 러시아의 혹한마저 몰려오자 더 이상 버티지 못한 나폴레옹은 퇴각을 결정했다. 기세 좋게 출정했던 나폴레옹의 60만 대군 중 살아남아 파리에 돌아간 숫자는 3만 명에 불과했다. 러불전쟁의 승리로 나폴레옹의 폭주를 막은 알렉산드르 1세는 '유럽의 구원자'로 추앙받았다.

그러나 이 전쟁에서 나폴레옹을 뒤쫓아 파리까지 진격한 러시아의 젊은 귀족들은 서구 유럽의 발전된 모습과 자유로운 시민사회에 큰 충격을 받았다. 귀국 후 이들은 러시아의 낙후된 현실에 반발하여 반란을 일으키는데, 12월에 발발했다 하여 일명 '데카브리스트의 난'이라고 불린다.

알렉산드르 1세의 뒤를 이은 알렉산드르 2세(재위 1855~1881년)는 미국에서 노예제도가 폐지되기 4년 전인 1861년 농노제도를 폐지한다. 러시아에서 산업혁명이 시작된 시점은 다른 유럽 국가들에 비해 매우 늦은 편이지만, 19세기에 러시아는 중요한 경제적 변화를 겪는다. 비옥한 흑토지대의 획득과 흑해 연안의 항구 건설로 우크라이나는 유럽의 곡창지대가 되었으며, 모스크바와 상트페테르부르크를 중심으로 공업이 크게 성장한 것이다. 이러한 산업화 과정에서 시베리아는 자원의 보고로서, 그리고 시장으로서 그 가치가 새롭게 조명되는데, 1891년 착공되어 1916년 완공된 시베리아 횡단철도는 시베리아 개발과 광활한 국가를 통합하는 데 결정적으로 기여했다. 해방된 농노들은 건설공사에 투입되기 위해 시베리아로 이주하여 정착하거나 선로를 중심으로 형성되는 공업도시의 산업 근로자가 되었다.

이런 도시들에서는 자본가와 노동자 간의 갈등이 갈수록 커져 사회주의 혁명 이념이 확산되는 토양이 되었다. 1905년 1월 러일전쟁 막바지에 발생한 '피의 일요일' 사건은 러시아혁명의 서곡이었다. 차르에게 여덟 시간 노동제와 최저임금제 등 시민의 기본권을 승인해줄 것을 '공손히' 청원하기 위해 14만 명에 이르는 노동자들이 상트페테르부르크의 겨울 궁전 앞으로 행진해갔다. 차르를 믿고 평화적으로 시위하던 노동자들에게 겨울 궁전의 수비대는 무차별 사격을 가하여 여성과 어린이를 포함한 수천 명의 사상자를 내고 만다. 이 사건은 제1차 러시아혁명을 촉발하는 계기가 되었다.

1905년 황실과 인연을 맺은 라스푸틴은 우리나라 고려 말 신돈과 견줄 수 있는 요승이다. 그는 사치와 호사의 극을 달리던 마지막 로마노프 황실의 부도덕성을 상징하며, 차르 시대를 돌이킬 수 없는 파멸로 몰아넣었다. 러시아 정교회 성직자였던 라스푸틴은 니콜라이 2세의 부인인 알렉산드라 왕비의 신임을 등에 업고 절대 권력을 휘둘렀다. 방탕하기 짝이 없는 생활로 타락의 대명사가 되기도 했던 라스푸틴의 일생에 관해서는 온갖 루머와 일화들이 전해지고 있는데, 라스푸틴과 황실, 특히 황후와의 관계에 대해서 갖가지 추측이 난무한다.

1904년 네 명의 공주에 이어 태어난 왕위 계승자 알렉세이는 외부에는 극비에 부쳐졌지만 혈우병을 앓고 있었다. 어린 황태자가 아플

로마노프 왕가를 멸망으로 이끈 요승 라스푸틴(왼쪽 끝). 러시아 정교회 성직자였던 라스푸틴은 니콜라이 2세의 부인 알렉산드라 왕비의 신임을 등에 업고 절대 권력을 휘둘렀다.

때마다 라스푸틴은 '기치료'를 통해 살려냈다. 정말 초자연적 능력이나 최면 때문이었는지, 아니면 우연의 일치였는지는 알 수 없지만, 어쨌든 라스푸틴이 황태자를 알현한 후에는 출혈이 멈추었다고 한다.

이 사건으로 라스푸틴은 독일 출신인 알렉산드라 황후의 절대적인 신임을 얻게 되었다. 라스푸틴은 자신이 돌보는 한 황태자와 황실은 무사할 것이라고 호언장담했고, 왕실은 그를 맹신했다. 그러나 10년 넘게 절대 권세를 휘두르며 국정을 도탄에 빠뜨린 라스푸틴은 그의 악행을 보다 못한 귀족들에 의해 1916년 12월 암살당하고 만다. 그로부터 두 달 뒤인 1917년 2월 혁명으로 니콜라이 2세가 폐위되면서 로마노프 왕조는 역사의 뒤안길로 사라졌다.

'철의 장막'으로 불린
소비에트연방공화국 시대

　1차 세계대전이 끝난 후 연합국에 속하면서도 독일과 굴욕적인 강
화조약을 맺음으로써 패전국이나 다름없었던 러시아는 극심한 경제
적 궁핍에 시달렸다. 1917년 2월 혁명으로 니콜라이 2세가 폐위되고
임시정부가 수립되었지만, 내란과 같은 상황이 계속되었다. 같은 해
10월 혁명을 통해 마침내 레닌(1870~1924년)이 이끄는 볼셰비키가
임시정부를 전복하고 프롤레타리아혁명에 성공함으로써 세계 최초의
사회주의 국가가 수립되었다. 철도와 철도인들은 러시아혁명에서 큰
역할을 했다. 예를 들면 35명의 철도인들로 구성된 철도중앙행정기구
TSEKTRAN(CentralAdministrative Body of Railway)가 볼셰비키당에
서 주도적인 역할을 했고, 내전 당시 혁명의 주역 중 한 명인 트로츠

키(1879~1940년)는 "혁명의 가장 힘든 시기에 나의 삶과 철도는 떼려야 뗄 수 없는 관계"라고 말했을 정도로 긴밀했다. 그는 자신의 야전열차에서 먹고 자며 전쟁터를 누볐다.

1922년에는 스탈린(1879~1953년)이 당 서기장으로 임명되었고, 소비에트 사회주의공화국연방(소련)이 탄생했다. 레닌 사망 후 트로츠키를 숙청하고 권력을 장악한 스탈린은 소련을 경찰국가로 만들었다. 그는 사회주의 건설과 소련의 경제적 독립을 이루기 위해 자본주의적 요소를 완전히 제거하는 한편, 공업화와 농업 근대화를 추진했다. 사유재산제도와 사기업을 폐지했고, 3차에 걸친 경제개발 5개년계획 기간에 중공업 중심의 공업화와 집단농장제를 도입했다. 집단농장제가 완료된 1937년, 토지의 99퍼센트가 콜호스(집단농장)에 귀속되었다. 그 과정에서 국민들은 엄청난 희생을 치러야 했다. 강제적인 집단농장화는 굶주림을 가져왔다. 일제강점기 연해주 지역에 거주하던 카레이스키들이 중앙아시아로 대거 강제이주된 것도 이 무렵이다. 그러나 스탈린은 사회주의 체제를 공고히 한다는 명분으로 강권정치를 강화하여, 공산당 지도자와 지식인, 농민 등 수많은 사람을 숙청했다. 1936년에는 일명 '스탈린 헌법'이라 불리는 소비에트 헌법도 제정했다.

2차 세계대전 초기에 스탈린은 히틀러와 불가침조약을 체결하고, 전쟁에 불참함으로써 서쪽으로 상당한 영토를 얻었다. 그러나 1941년 여름, 독일이 러시아를 침공하면서 러시아는 2차 세계대전의 격전지가 되었다. 이때 많은 중공업 생산 시설이 우랄산맥의 동쪽인 시베리

러시아의 거의 모든 도시에 남아 있는 레닌 동상(노보시비르스크 시내).

모스크바의 꺼지지 않는 불.

이르쿠츠크의 꺼지지 않는 불.

아로 옮겨 갔다. 러시아인들이 '제2차 조국전쟁'이라고 부르는 이 전쟁에서 소련은 2,600만 명의 희생자를 낳았고, 수많은 도시들이 파괴되었으며, 대부분의 지역이 황폐화되었다. 러시아의 거의 모든 대도시 중심부에 조국전쟁 전몰 군인 추모 묘역인 '꺼지지 않는 불'이 조성되어 시민들이 즐겨 찾는 명소가 되어 있는 것을 보면, 이때의 경험이 오늘날까지도 러시아인들의 기억 속에 생생히 남아 있는 것 같다.

러시아 내전과 1, 2차 세계대전을 겪으며 러시아의 철도 시설물도 큰 피해를 입었다. 1차 세계대전과 러시아혁명 때 철도 시설의 60퍼센트, 기관차의 90퍼센트, 철도 차량의 80퍼센트가 파괴되었고, 미처 복구가 끝나기도 전에 발발한 2차 세계대전으로 선로의 60퍼센트, 기관차와 차량의 80퍼센트가 다시 파괴되었다. 전후 소련의 철도 복구 작업에는 공산권 형제 국가로 복속된 동독이 전범국으로서 피해 보상에 나서기도 했다. 동독의 철도 시설물도 전쟁으로 거의 다 파괴된 상태였음에도 불구하고 당시 복선이던 동독의 주요 철도 간선을 걷어내 그 자재를 소련의 철도 복구를 위해 제공해야만 했다.

그러나 2차 세계대전의 전승국으로서 소련의 세력권은 크게 확장되었다. 1945년 5월 독일 항복 이후 소련은 일본에 선전포고를 하고 북한과 사할린 및 쿠릴열도까지 진격했다. 또한 동유럽에도 공산주의 국가가 세워짐으로써 소련의 세력권은 동독까지 확대되었다. 전후 냉전 체제하에서 동과 서는 거의 45년 동안 대치 상태에 있었는데, 서쪽으로는 서독과 동독의 국경선이, 동쪽으로는 남북한의 군사분계선이 냉전의 최전선을 이루었다. 소련은 핵무기 등 군수 분야와 우주과학 분야에서 세계 최고의 자리를 놓고 미국과 패권 경쟁을 벌였다.

흐루쇼프가 1956년 스탈린 격하를 선언한 이래 미미한 수준이나마 개방의 움직임이 있었다. 또한 수력발전소들이 건설되고 서시베리아 지방에서 새로운 유전 및 가스전이 개발되면서 시베리아 지역의 산업화는 가속화되었다. 제정러시아 시절에도 그랬듯이, 시베리아의 풍부한 자원에서 얻어지는 수익은 소련의 글로벌 정책 수행을 뒷받침하는 힘이었다. 개발 자원의 목록도 모피, 상아, 금에서부터 다이아몬드, 석유, 천연가스에 이르기까지 나날이 많아졌다.

그러나 사회주의 계획경제 시스템의 비효율은 갈수록 증폭되어 1980년대에 들어서는 국내 경제의 악화와 더불어 국민들의 불만이 점점 고조되어갔다. 1985년에 집권한 고르바초프는 국내에서는 페레스트로이카(개혁), 대외적으로는 글라스노스트(개방) 정책을 펼치며 변화를 시도했다. 그의 개혁 정책은 외교적으로는 큰 성과를 거두었지만, 국내적으로는 경제적 혼란과 연방공화국 간에 민족 갈등을 심화시키는 등 실패에 가까웠다. 1991년 6월 러시아공화국의 대통령으로 당선된 옐친의 주도하에 같은 해 12월 31일 마침내 러시아를 비롯한 12개 공화국이 카자흐스탄의 수도 알마티에서 독립국가연합(CIS: Common wealth of Independent States)을 결성함에 따라 소련은 스스로 해체되고, 오늘의 러시아가 탄생했다.

푸틴의 현대 러시아

새로운 국가로 탄생한 러시아는 1990년대 직면했던 여러 가지 난관과 어려움을 극복하고 이제 경제적, 사회적으로 안정 궤도에 접어들었다. 특히 푸틴 대통령이 집권한 이래 정치적으로도 안정을 되찾았다. 1999년 말 옐친의 전격적인 사임과 함께 대통령 권한대행으로 처음 세상에 등장한 푸틴은 2000년 3월 대통령 선거 승리로 권력의 정점에 오른 이래 지금까지 20여 년의 장기 집권을 이어오고 있다.

러시아는 중앙집권적인 연방국가로서 21개 공화국, 6개 지방, 49개 주, 1개 자치주, 10개 자치구, 2개 특별시(모스크바, 페테르부르크) 등 총 89개의 연방주체들로 구성되어 있으며, 정치적·역사적·민족적·지리적 배경에 따라 다양한 형태를 띠고 있다. 야로슬라블, 브랴티아, 페름 등 시베리아 횡단철도를 따라 위치한 거의 모든 대도시들이 오블라스트의 수도다. 또 아홉 개의 크라야는 소수민족들의 자치구다. 시베리아 횡단철도는 크라스노야르스크, 하바롭스크, 프리모예(주도는 블라디보스토크) 등 3개의 크라야를 관통한다. 이 밖에도 러시아에는 주민 대부분이 러시아계가 아닌 이민족들로 구성된 공화국이 여럿 있다. 이 가운데 시베리아 횡단철도 노선은 부랴티아공화국(수도는 울란우데)을 통과하는데, 울란우데를 거쳐 남쪽 방향으로 몽골 횡단철도로 갈라진다. 물론 여행경로에 따라서는 타타르공화국의 카잔을 경유할 수도 있다.

옐친은 각 연합국에 많은 자치권을 허용했는데, 그 결과 '체첸 반란'이 촉발되는 계기가 되었다. 이를 거울삼아 푸틴은 집권 직후부터 연방정부의 권한을 강화하기 위해 러시아의 89개 행정단위를 7개 연방구로 재편하고 각 연방구에 대통령전권대표를 파견하여 지방정부를 장악했다.

국가 운영에 있어 정치가 매우 중요하지만, 특히 현대국가에서 정치를 결정하는 '8할'은 경제문제라 해도 틀린 말이 아니다. 세계 3위의 산유국인 러시아의 경제는 국제유가의 당락에 따라 좌지우지된다. 경제 전문가들 중에는 석유 부국인 러시아에서는 아무리 다른 사업을 잘해도 석유 산업의 수익성을 따라잡을 수 없다 보니 다른 산업들이 발전할 기회 자체가 없다며, 이를 '석유의 저주'라는 말로 표현하기도 한다. 러시아 국민들이 푸틴을 칭송하는 이유 중 하나가 푸틴

집권 후 러시아가 경제적으로 엄청나게 성장했다는 점이다. 그런데 사실 이는 푸틴이 특별히 경제정책을 잘해서라기보다 국제 유가의 고공행진에 힘입은 바가 크다는 게 냉정한 평가일 것이다.

그럼에도 어찌 되었든 푸틴 대통령하에서 러시아가 체제 전환기의 혼란과 무질서를 넘어 민주주의와 자유시장경제체제로 안착한 것만은 부인할 수 없는 사실이다. 푸틴 대통령은 취임 직후부터 가스프롬, 에너지 및 철도 등 공기업의 구조개혁과 민영화를 적극 추진하며 시장경제체제를 적극 도입했다. 지금은 국내총생산의 대부분이 민간 부문에서 창출되고 있다.

모스크바 아르바트 거리의 '유도하는 푸틴' 포토존. 러시아 국민들은 푸틴의 스트롱맨 이미지를 좋아한다.

모스크바 굼 백화점의 아케이드, 파리의 샹젤리제가 무색할 정도로 화려하다.

국제사회에서는 푸틴의 독재나 언론 탄압, 부정 축재 등에 관한 루머와 비난이 쏟아지지만, 러시아에서 푸틴은 지지율이 80퍼센트를 넘나들 만큼 인기가 많다. 이러한 인기의 비결은 경제 성장도 성장이지만 무엇보다 푸틴이 '강한 러시아'를 상징하고 있기 때문일 것이다. 러시아 국민들에게 1991년 소련의 해체는 지울 수 없는 트라우마로 남아 있다. 그들은 러시아가 약한 모습을 보이면 언제든 다시 공중분해되어, 러시아라는 나라 자체가 지구상에서 영원히 사라질 것이라는 두려움을 가지고 있다.

러시아를 지켜줄 수 있는 슈퍼맨 같은 국가 지도자를 바라는 마음에서 러시아 국민들은 푸틴의 '강한 러시아 정책'과 원조 '스트롱맨' 이미지를 전폭적으로 지지하는 것 같다.

러시아를 방문할 때마다 사람들의 옷차림이나 태도, 거리의 자동차, 슈퍼에 진열된 먹거리와 상품들이 엄청난 속도로 변화하고 발전하고 있음을 피부로 느끼게 된다. 전 세계의 내로라하는 명품들로 가득 찬 굼 백화점 아케이드를 보면 파리의 샹젤리제가 무색해지고, 이 나라가 불과 20여 년 전만 해도 공산주의의 '결핍 경제'로 고통받던 나라인가 의심스러워진다. 이제는 웬만한 상점이나 식당에서 영어로도 소통이 원활하다. 그리고 이러한 변화들이 시베리아 횡단철도 여행의 인기를 더욱 높여주는 것은 두 말할 필요가 없다.

Trans Siberian Railway

6장

시베리아 횡단철도:
비전에서 완공까지

최초의 아이디어에서부터
건설의 첫 삽을 뜨기까지

1837년 개통된 러시아 최초의 철도는 당시의 수도였던 상트페테르부르크와 황제 마을의 차르스코예셀로역을 연결하는 27킬로미터 노선이다. 상트페테르부르크와 모스크바가 철도로 연결된 것은 1851년으로 8년간의 건설공사 끝에 완공되었다. 그러나 당시 서유럽이나 미국과 비교할 때 러시아의 철도 건설은 매우 뒤처진 수준이었다. 1860년의 통계를 보면 미국에서는 약 4만 9,000킬로미터, 독일은 1만 1,000킬로미터의 철도가 부설된 데 비해, 러시아의 철도 연장은 2,000킬로미터에 지나지 않았다. 러시아의 철도 연장이 5만 킬로미터를 넘은 것은 1900년대가 넘어서였다.

시베리아 횡단철도 아이디어가 처음 나온 것은 1850년 무렵이다.

최초의 아이디어를 낸 사람들은 미국인들로, 예니세이강과 아무르강 사이를 연결하는 철도 부설을 제안했다. 당시 이르쿠츠크 주지사였던 무라비요프 아무르스키 백작은 교통로가 확보되면 시베리아 지역을 러시아 경제에 편입시킬 수 있다는 생각에서 이 제안에 대해 매우 긍정적인 입장이었다고 한다. 그러나 여건이 성숙치 않았던 탓에 몽상가들의 아이디어 수준에 그쳤다. 그러다가 19세기 후반 들어 시베리아의 풍부한 자원을 마차나 수레로 실어 나르는 것이 점점 한계에 다다르면서 자연스럽게 시베리아 철도 부설 계획이 다시 수면 위로 떠올랐다. 국제적으로도 미국 횡단철도가 1869년에 완공되었고 캐나다 횡단철도 건설사업이 한창 진행되던 터라 시베리아 횡단철도 건설에 대한 관심을 덩달아 높여주었을 것이다.

참고로 미국 횡단철도는 링컨 대통령의 업적이다. 링컨 대통령의 노예해방은 휴머니즘의 관점을 넘어 극도로 분열되어 있던 미국 사회를 통합한 사건이라는 데서 정치적 의미를 찾아야 한다. 그러나 이에

1899년 시베리아 철도 건설현장.

못지않게 중요한 또 하나의 업적은 미국의 동서횡단철도 건설을 추진했다는 점이다. 1862년 7월 1일 링컨 대통령이 '퍼시픽 철도 법안'에 서명함으로써 미국 서쪽의 태평양에서 동쪽의 대서양에 이르는 2,826킬로미터의 철도 건설공사가 시작된다. 비록 암살당하는 바람에 6년 후의 완공을 지켜보지는 못했지만, 링컨 대통령의 동서횡단철도 건설은 미국의 경제 성장에 큰 기여를 했을 뿐 아니라, 미국 서부의 광활한 국토를 지리적·물리적으로 통합함으로써 오늘날의 미국으로 발전하는 초석을 놓았다 해도 틀린 말이 아니다. 철도는 단순히 한 도시와 다른 도시를 연결하는 수단에 그치는 것이 아니라, 정치적·사회적으로 큰 변화와 혁신을 가져오는 것이고, 나아가서 한 국가의 운명과 자존심 그리고 국민 의식을 좌우할 수 있는 수단이기 때문이다.

1886년 모스크바에서 출발한 철도가 유럽의 끝인 우랄까지 연결되자, 시베리아 지역의 철도 건설에 대한 논의는 구체성을 띠기 시작했다. 특히 1874년부터 1888년까지 교통부 장관을 지낸 포시에트는 가장 강력한 시베리아 횡단철도 건설 주창자였다. 연해주 지역을 탐사한 경험이 있었던 그는 시베리아 지역의 중요성을 누구보다 잘 알고 있었던 것이다.

그러나 당시 재무 장관이던 비시네그라드스키는 시베리아 횡단철도 건설에 반대했다. 그는 몇 개 구간에만 철도를 부설하고, 나머지 구간은 운하나 배로 연결하는 방안이 현실적이라고 생각했다. 철도

니콜라이 황태자가 시베리아 횡단철도 기공식을 거행했던 자리에 놓인 표지석.

이르쿠츠크 앙가라 강변의
알렉산드르 3세 동상.

건설의 당위성을 주장하는 교통부와 재정상의 이유로 반대하는 재무
부 간의 의견 대립 속에서 10년 넘게 공전하던 시베리아 횡단철도 구
상은 알렉산드르 3세가 철도 건설 찬성파의 손을 들어줌으로써 마침
내 실행에 옮겨졌다. 차르는 1891년 3월 17일 시베리아 횡단철도 건
설을 칙령으로 공포했다.

마지막 황제 니콜라이 2세가 건설한 세계 최장의 단일 철도 노선

알렉산드르 3세는 시베리아 횡단철도 건설사업을 니콜라이 황태자에게 일임했다. 후일 니콜라이 2세로 즉위하는 황태자는 1891년 5월 블라디보스토크에서 거행된 횡단철도 기공식을 주관했을 뿐 아니라, 1892년 12월 구성된 시베리아철도위원회의 위원장으로 임명되어 철도 건설을 비롯하여 시베리아 개발에 관한 전권을 행사했다. 이렇게 시작된 시베리아 횡단철도 건설사업은 그의 재위 기간 내내 진행되었다. 시베리아 횡단철도가 완공된 지 약 4개월 후에 2월 혁명으로 폐위되었으니, 그는 횡단철도와 운명을 함께한 셈이다.

1891년 5월 31일(구력에 따르면 19일) 황태자는 차르의 명령에 따라 블라디보스토크에서 거행된 착공 미사에 참관했다. 블라디보스토크

역구내에 들어서면 시베리아 횡단철도를 상징하는 '9288'이라는 숫자가 새겨진 기념탑이 있다. 바로 그 자리가 23세의 니콜라이 황태자가 세계에서 가장 긴 철도의 기공식을 거행한 곳이다. 니콜라이 2세는 세기의 미스터리로 영화와 소설의 주인공이 되기도 했던 아나스타샤 공주의 아버지이며, 일가족과 함께 암살당한 제정러시아의 마지막 황제다. 그가 블라디보스토크에서 거행될 시베리아 횡단철도 기공식에 참석하기 위해 상트페테르부르크의 황궁을 떠난 것은 1890년 겨울이었다. 황태자는 오스트리아를 거쳐 그리스에서 러시아의 군함 아조바호에 탑승하여 홍콩과 일본을 거쳐 블라디보스토크에 도착할 예정이었다.

그런데 1891년 4월 초 긴 여정 끝에 드디어 일본 나가사키에 도착한 황태자는 4월 11일 오쓰大津를 관광하던 중 일본 경찰관 쓰다의 저격을 받는다. 일명 '오쓰 사건'으로 역사에 기록된 일이다. 당시의 살얼음판 같은 국제 정세 속에서 이 사건이 정치적으로 비화되는 것을 막기 위해 메이지 천황은 도쿄의 황궁을 떠나 몸소 니콜라이 황태자를 찾았으며 그가 일본을 떠나는 5월 19일까지 한 달 이상을 황태자와 함께하는 전례 없는 예우를 했다.

오쓰 사건은 훗날 마지막 로마노프 황실의 미스터리를 풀어주는 반전 이야기로 다시 한 번 역사의 한 페이지에 기록되었다. 1991년 옛 소련 해체 직후 예카테린부르크의 암매장지에서 수습된 니콜라이 2세와 그의 가족들로 추정되는 유골들의 신원을 확인하는 데 쓰다의

니콜라이 황태자가 블라디보스 토크의 기공식에 참석하여 주춧돌을 놓는 모습.

저격 당시 니콜라이 황태자가 입고 있던 피 묻은 셔츠가 결정적인 단서를 제공한 것이다. 그동안 보관돼온 셔츠의 혈흔에서 추출된 유전자 검사를 통해 예카테린부르크의 암매장지에서 발굴된 유골들이 마지막 황제와 그의 가족임이 밝혀졌다. 특히 아나스타샤 공주의 뼛조각이 확인됨으로써 그녀가 어딘가에 살아 있다는 오랜 미스터리에도 종지부를 찍게 되었다. 이렇게 해서 마지막 차르 일가의 유해는 사후 80년 만인 1998년 7월 17일 로마노프 황실 가족묘가 있는 상트페테르부르크 페트로파블롭스크 요새 내의 러시아 정교회 성당에 안치될 수 있었다.

어쨌든 이런 소동 끝에 1891년 5월 31일 오전 10시 러시아제국의 황태자인 니콜라이 알렉산드로비치는 블라디보스토크의 철도공사 착공 미사와 기공식에 참석하게 되었다. 기공식이 끝난 후 황태자는 다시 3개월여의 긴 여행 끝에 황궁으로 귀환했다.

황태자의 이런 오랜 여행 자체가 러시아 황실에서는 유례없는 일이 었을 뿐 아니라, 장차 차르가 될 사람이 광대한 국토의 서쪽 끝에서 동쪽 끝까지를 여행한 것은 특별한 사건이 아닐 수 없었다. 그로 인해 시베리아의 위상이 높아지고, 국책사업으로서 철도 건설사업과 동진정책에 대한 러시아 황실의 강력한 의지가 표출되었다고 할 수 있다. 또 황태자가 상트페테르부르크나 모스크바와는 달라도 너무 다르고, 게다가 형편없이 낙후된 극동 지역을 직접 본 것은 훗날 차르로

니콜라이 2세와 가족. 맨 오른쪽이 아나스타샤 공주.

서 국정을 펼치는 데 큰 영향을 미쳤을 것이라고 짐작할 수 있다.

그런데 이 여행의 불똥은 가장 먼저 우리 동해의 불쌍한 고래들에게 떨어졌다. 무슨 말인가 하면 니콜라이 황태자는 환궁하자마자 120만 루블이나 되는 거금을 출자하여 블라디보스토크에 태평양 어업회사를 세웠는데, 바로 우리 동해에서 포경업을 하기 위해서였다. 그가 철도 기공식을 마친 후 군함 여덟 척을 이끌고 동해를 지나던 중 엄청나게 많은 고래들이 노니는 것을 보고는 고래잡이를 결심했기 때문이다. 결국 '물 반 고래 반'이라 불렸던 우리 동해에서 그 많던 고래들의 씨가 마른 비극의 시초가 된 셈이다.

이렇게 착공된 시베리아 횡단철도 건설사업은 그가 황제로 재위하던 1916년 10월 18일 마침내 완공되었다. 그러나 니콜라이 2세는 불과 반년도 안 된 1917년 3월 2일 폐위되어 러시아의 마지막 황제가 되었다. 마치 운명의 장난인 양 그는 가족들과 함께 자신의 손으로 건설한 시베리아 횡단열차에 태워져 우랄산맥 근처의 예카테린부르크(스베르들롭스크)에 유폐되었다가 1918년 7월 16일 그곳에서 부인, 다섯 자녀와 함께 잔인하게 살해되었다.

건설 총책임자 세르게이 비테

사실 시베리아 횡단철도는 세르게이 비테(1849~1915년)가 없었더라면 세상의 빛을 보지 못했을지도 모른다. 러시아 역사상 가장 탁월한 재무 장관이라고 평가받는 비테는 교통부 장관을 역임하던 시절, 알렉산드르 3세가 시베리아 횡단철도 건설을 승인하도록 그를 설득했을 뿐 아니라, 1892년 재무 장관으로 임명된 후에는 건설계획에서부터 재정 조달에 이르기까지 이 사업을 구체적으로 실행에 옮겼다.

네덜란드계로 흑해 연안의 오데사 지역에서 출생한 비테는 오데사 철도관리국의 중급 엔지니어로 첫발을 내딛었다. 후에 교통부 장관을 거쳐 재무 장관으로 승승장구한 그는, 루블화의 금본위제를 도입함으로써 당시 후진성을 면치 못하던 러시아의 은행 시스템을 개혁하고 경제를 활성화시켰다. 한마디로 비테는 서구 유럽 국가들과 어깨를 겨룰 수 있을 정도로 러시아의 위상을 높이는 데 혁혁한 공을 세운 인물이다.

러시아 시골의 말단직에서 출발한 철도 직원이 이처럼 출세가도를 달리게 된 데에는 다음과 같은 일화가 있다. 대부분의 관리들이 겨우 자기 맡은 분야에만 관심을 두는 것과 달리, 비테는 철도의 구석구석까지 어찌나 열심히 연구하고 공부했는지 철도 하면 모르는 게 없는 '철도 박사'였다고 한다. 특히 철도 현장에도 통달해서 기차 바퀴 굴러가는 소리만 들어도 무슨 문제가 있는지 알아챘다고 할 정도였다.

러시아 철도인들의 영원한 우상 세르게이 비테의 초상화 앞에서.

한번은 러시아 남서부 순시길에 오른 알렉산드르 3세의 특별열차에 비테가 철도 엔지니어로 첨승하게 되었다. 열차가 하르코프에 들어섰을 때 비테는 선로에 문제가 있으니 열차 속도를 줄일 것을 건의했지만, 당시 교통부 장관은 물론이고 알렉산드르 3세도 그의 말을 귀담아듣지 않았다. 그러나 비테가 말했던 바로 그 구간에서 실제로 열차가 탈선해서 28명이 죽고 37명이 부상당하는 큰 사고가 일어났다. 사고 순간 차르와 가족이 머물던 식당차도 완전히 부서졌는데, 거구에 힘이 장사였던 알렉산드르 3세가 무너지는 차량 지붕을 몸소 두 손으로 떠받쳐서 가까스로 황실 가족들의 생명을 구했다고 한다. 이 사건으로 장관 세 명이 경질되고 비테는 교통부 장관에 발탁되었다. 알렉산드르 3세는 "이 자가 내 면전에서 장관에게 욕설을 퍼붓고 내 목을 부러뜨릴 기세였다. 이런 자는 적재적소에 보내야 한다"고 말했다고 전해진다. 비테가 얼마나 실력과 소신을 겸비한 사람인지 보여주는 일화다.

비테는 비망록에서 시베리아 횡단철도가 건설되면 러시아가 정치적·경제적·문명적으로 한 단계 올라설 수 있고, 군사적으로도 크게 강화될 수 있다고 주장했다. 철도를 통해 중국시장에 진출할 수 있을 뿐 아니라 유럽과 중국 간의 중개교역을 담당할 수 있고, 시베리아의 자원과 곡물을 중앙아시아 지역으로 수출할 수 있다는 점 등을 들며 횡단철도 건설이 시베리아 개발의 열쇠라는 점을 강조했다. 예를 들어 과거에 중국 차를 주로 소비하던 영국이 인도산 차로 수입선을 바꾼 것은 물류비와 수송 기간 측면에서 유리했기 때문이며, 따라서 시베리아 철도가 건설되고 물류 문제가 해결되면 영국의 중국 차 소비는 다시 크게 늘어날 것이라는 주장이다. 게다가 당시 러시아에서는 중앙아시아 지역을 목화 재배지로 특화시켜 이 지역의 시베리아산 곡물 의존도를 높인다는 전략도 논의되던 참이었다. 물론 당시 실세 중의 실세로 떠오르던 비테는 횡단철도 건설사업이 자신의 출세 가도에도 도움이 될 것으로 판단했을 것이다.

1892년 비테가 비시네그라드스키의 후임으로 재무 장관에 취임했을 때는 이미 알렉산드르 3세가 횡단철도 건설을 승인하는 칙령을 공포한 지 1년이 다 되어가는 시점이었다. 그러나 사업의 주관부서나 재원 조달 방안에서부터 건설 공법이나 자재 조달 등 기술적 문제에 이르기까지 어떤 것 하나 구체적으로 결정된 것이 없는 유명무실한 상황이었다.

누구보다 철도기술과 현장을 꿰뚫고 있던 비테는 재무 장관 취임과 동시에 시베리아 횡단철도 건설사업을 일사천리로 밀어붙였다. 1892년 상트페테르부르크에서 시베리아 횡단철도 위원회를 구성하고, 사업 추진의 안정성을 확보하기 위해 황제에게 니콜라이 황태자를 위원장으로 천거한 것도 비테였다. 이 위원회는 철도 건설과 함께 시베리아 개발사업도 주관했다. 건설자금을 승인하고, 예산을 확정하며, 토지와 대지·목재 및 건물을 수용하고, 건설작업에 죄수들과 군인들을 동원하는 한편, 철도경찰을 만들고 선로의 노선을 결정하는 등 시베리아 횡단철도 부설과 관련한 모든 사안에 대해 결정권을 쥐고 있었다.

합리적인 데다 뛰어난 연설가였던 비테는 자신의 주장을 납득시키는 데 타의 추종을 불허했다. 하지만 그의 개혁성과 자유주의적 성향 그리고 어떤 반대도 돌파하는 강력한 추진력을 뒷받침하는 '냉소적이고 오만한 천재성'으로 인해 내부의 적도 많았다. 그는 1903년 8월 내무 장관인 플레베의 모함으로 축출되는데, 횡단철도 건설을 위해 차관을 들여온 프랑스 은행이 유대계였던 것을 빌미로 비테가 시온주의자라는 게 결정적 이유였다. 물론 우유부단한 성격의 니콜라이 2세가, 매사를 강한 자기 소신으로 밀어붙이는 데다 부왕을 모신 관록이 있는 비테를 거북해한 것도 영향을 미쳤을 것이다.

1905년 러일전쟁에 패한 니콜라이 2세는 러시아와 일본 간 협상을 위해 비테를 다시 한 번 중용한다. 비테가 러시아 협상단의 전권 대표로 포츠머스 회담에서 탁월한 협상력을 발휘한 덕분에 패전국 러시아는 그나마 손실을 최소화하는 데 성공했다.

한편 포츠머스 조약에는 러시아가 일본의 조선 지배를 승인하는 내용이 포함되어 있어, 이후 우리나라는 일본 식민지의 길로 들어서게 된다. 이 회담을 중재한 루스벨트 대통령은 '세계 평화에 기여한 공로'로 1906년 노벨평화상을 수상했고, 러시아를 위해 협상력을 발휘한 비테는 화려하게 재기하는 기회를 얻었지만, 우리나라는 강대국의 전리품 신세로 전락했다. 포츠머스 조약은 우리나라에게는 뼈아픈 역사의 한 페이지가 되었다.

평화적 개발론자인 비테가 계속 권력을 장악했더라면 일본의 식민지로 전락했던 우리의 근대사가 달라졌을 수도 있다는 견해도 있지만, 역사에는 가정법이 적용되지 않을 뿐더러 어차피 외세에 의존해 주권을 지켜내기란 어려웠을 것이다.

포츠머스 회담에서의 성과를 인정받은 비테는 1905년 다시 한 번 입각하여 러시아 최초의 수상 자리에까지 오르지만, 그의 자유주의 정책에 회의를 품은 니콜라이 2세는 1906년 4월 그를 다시 실각시킨다. 이후 낙향한 비테는 집필 활동을 하면서 1차 세계대전 참전 반대 등의 상소를 계속 올렸지만, 1915년 3월 사망할 때까지 황제의 부름을 다시는 받지 못했다.

과거 제국 러시아 시절부터 교통(철도)부로 쓰이던 모스크바에 있는 러시아철도공사 본사를 방문하면, 3층 사장 집무실로 이어지는 복도에 비테의 대형 초상화가 걸려 있다. 지방 철도청의 일개 직원으로 시작해서 일인지하 만인지상의 수상까지 지낸 가장 성공한 철도인인 데다, 러시아 철도 발전과 나아가서 국가 발전에 지대한 공적을 남긴 인물로서 비테는 러시아 철도인들의 영원한 우상이다.

=o Trans Siberian Railway o=

국가 주도의 철도 건설

　영국, 독일, 미국 등에서는 초창기의 철도사업이 대부분 민간 주도로 이루어졌던 데 반해 러시아의 철도 건설사업은 국가 주도로 추진되었다. 국내외에서 시베리아 횡단철도사업에 참여하고 싶다는 의사를 밝힌 민간인들이 있었음에도 불구하고, 이 사업은 계획부터 건설 그리고 재원 조달에 이르기까지 전적으로 러시아 정부가 주관했다. 건설비는 정부 예산으로 충당한다는 계획이었지만, 큰 폭의 재정 적자에 시달리던 러시아 정부는 해외 차관을 통해 조달할 수밖에 없었다. 프랑스와 벨기에에서 차관을 도입했는데, 비테는 이를 정부 재정에서 '수익'으로 계상하는 분식회계를 통해 대외적으로는 오히려 국가 재정 상태를 개선시키는 요령을 부렸다. 다행히 건설기기와 자재들은 국내에서 조달할 수 있었다. 철도 건설에 필요한 철광석, 강철, 자갈, 목재, 시멘트 등은 자원 부국인 러시아 국내에서 엄청나게 산출되었기 때문이다. 당시 러시아에서 채굴되는 연간 철광석 생산량의 3분의 1이 철도 건설에 투입되었다고 한다.

이전의 러시아 철도들이 모두 영국과 미국에서 수입된 것이라면, 시베리아 횡단철도는 전적으로 러시아 정부와 러시아 사람들의 손으로 건설되었다. 건설이 시작될 당시만 해도 러시아에는 교육기관 자체가 없었고 전문가와 엔지니어도 전무하다시피 해서 이탈리아, 알바니아 등 외국에서 엔지니어를 초빙해왔지만, 시베리아 철도 건설을 계기로 엔지니어 양성을 위한 교육 기관들이 줄지어 설립되었다. 비테가 설립한 상업학교만도 수백 개에 이르고, 상트페테르부르크와 키예프의 폴리텍도 이때 만들어졌다.

비테는 철도가 완공되면 아시아와의 교역을 통해 차관을 순조롭게 상환할 수 있을 것으로 믿었지만, 그의 예측은 완전히 빗나갔다. 우선 실제 건설비용이 계획치를 크게 상회했기 때문이다. 러시아에서 추진되었던 다른 대규모 국책사업들과 마찬가지로 주먹구구식 계획이 큰 차질을 빚으면서, 당시에 나돌던 냉소적 평가처럼 '역사상 가장 돈이 많이 든 평화적 사업'임이 드러냈다. 당초 3억 2,500만 루블(약 1억 7,000만 달러)로 예상되었던 건설비가 10억 루블로 3배 가까이 증가했다. 킬로미터당 건설비는 7만 2,000루블에 달했으며, 특히 가장 난공사 지역이었던 환바이칼 구간의 킬로미터당 건설비는 20만

6,000루블이나 되었다.

러시아가 공기 단축 등을 위해 건설한 만주를 경유하는 동청철도의 건설비용도 4억 1,000만 루블 이상 들었다. 지형적으로 난공사 구간이고, 5월까지도 동토 상태인 극한의 기후조건으로 인해 건설비용은 천정부지로 치솟기만 했다. 엎친 데 덮친 격으로 1899년과 1900년에 페스트가 돌았고, 1902년에는 콜레라가 창궐했다. 그런가 하면 1900년 중국 전역을 휩쓸었던 의화단 봉기 때는 러시아가 철도 건설을 위해 고용했던 중국인 인부들이 이미 부설된 선로를 700킬로미터 이상 파괴하는 일도 벌어졌다. 또한 1908년부터 시베리아 횡단철도 복선화 공사가 시작되고, 동청철도로 대체되었던 아무르 지역의 철도 건설이 새롭게 추진되면서 5억 루블 이상이 추가로 소요되었다. 이때 시작된 시베리아 횡단철도의 복선화 사업은 1937년에야 마무리되었다.

이처럼 건설비용은 계획했던 것보다 엄청나게 치솟은 반면, 수요는 건설계획 당시의 예측치에 턱없이 못 미쳤다. 러일전쟁 패배, 내란 등 정치적 상황의 악화로 철도 부설과 함께 시베리아 개발을 본격화하려던 계획마저 지체되면서, 초창기 시베리아 횡단철도의 선로 운행률은 4퍼센트 미만에 머물렀다. 이로 인한 재정 부담은 결국 제정러시아의 몰락을 부추기는 요인으로 작용했다.

이처럼 시베리아 횡단철도의 초기 수요 창출 정책이 실패로 돌아간 것은 당시 다른 선진국의 상황과는 아주 대조된다. 영국이나 독일 등 유럽 국가들의 경우 철도산업은 산업혁명을 대표하는 혁신 상품으로 수익성도 매우 뛰어나, 적어도 2차 세계대전 이전까지는 정부의 재정 적자를 메워주는 효자 역할을 톡톡히 했던 것이다.

'잠자는 미인' 시베리아를 깨운
철도 건설

시베리아 횡단철도를 건설한 동기는 무엇보다 군사 전략적, 경제적 목적에서 찾을 수 있다. 러시아는 지배력이 극도로 약화되어 '종이호랑이'로 전락한 청나라와 아이훈 조약(1858년)과 베이징 조약(1860년)을 연달아 체결하여 극동에 진출했다. 이로써 러시아는 태평양에 부동항을 구축할 수 있게 되었다. 날로 전략적 중요성이 커지는 극동(태평양)함대의 군사적 우위를 확보하기 위해서는 러시아 심장부와 극동 지역 간의 교통로 확보가 시급한 과제로 대두되었다. 여기에는 백러시아로부터 농노와 농민을 대규모 이주시켜 우랄산맥의 동쪽 시베리아 지역에서도 국가 체제를 강화함으로써 19세기 말 전 세계적으로 확산 일로에 있던 국가분리주의를 봉쇄하려는 목적도 있었다.

시베리아에 매장된 각종 자원에 대한 접근성을 높이고, 나날이 확장되는 산업시설이 들어설 입지를 확보하며, 철도를 통해 유럽, 중국, 중앙아시아 등과 국제 교역을 증대시킬 수 있다는 기대감 등 경제적 관점도 황실과 군부 모두에게 긍정적인 반향을 불러 일으켰던 것으로 보인다.

1903년 우랄 지역의 첼랴빈스크에서 블라디보스토크에 이르는 시베리아 철도의 기본 노선이 완공되자 러시아 극동정책의 효율성이 높아질 수 있었다. 같은 해 프리아무르 관구, 만주, 관동 조차지를 통합한 극동 총독부가 출범하면서 시베리아 횡단철도의 전략적 성격은 더욱 명백해졌다.

이처럼 시베리아 개발은 물론 만주와 한반도의 이권까지 겨냥한 러시아의 극동정책은 일본을 자극하여 러일전쟁이 일어나는 빌미가 되었다. 러일전쟁 발발 당시 바이칼 구간은 열차 페리와 우회노선인 동청철도를 통해 모스크바부터 블라디보스토크까지 전 구간이 연결은 되어 있었지만, 결국 시베리아 횡단철도의 전시 병참 기능이 부실했던 것이 러일전쟁의 패인 가운데 하나로 작용했다. 결정적 미싱 링크(단절 구간)와 전체 선로의 4분의 3이 단선구간이다 보니, 시베리아 횡단철도의 선로 용량은 하루 10개 열차에 불과했다. 전쟁이 끝날 무렵에는 2배 이상으로 증가되긴 했지만, 바로 '자기 집 앞마당'에서 전쟁을 치른 일본에 비하면 엄청나게 불리한 상황이었다.

당시 러시아는 '무적'의 발틱함대, 흑해함대, 태평양함대 등 3개 함대와 450만 병력을 보유한 세계 최강의 군사력을 자랑했다. 자원과 인력면에서 일본을 압도했던 러시아의 패배는 그 누구도 상상하지 못했던 일이며, 특히 러시아 국민에게 큰 충격을 안겼다. 물론 예상을 뒤엎고 일본이 승리한 이유를 전적으로 시베리아 횡단철도의 미싱 링크

블라디보스토크역 뒤편에 정박한 태평양함대.

로 인한 병참의 문제로만 돌릴 수는 없을 것이다. 영국과 미국이 뒤에서 일본을 적극적으로 지원한 것이 결정적으로 작용했다는 건 역사적으로 드러난 사실이다. 두 나라는 전쟁 비용의 약 3분의 2를 일본에 빌려주었을 뿐 아니라, 일본과 영일동맹을 맺은 영국은 전쟁 전후로 러시아 발트함대의 움직임을 일본에 실시간으로 알려주었다고 한다.

시베리아 횡단철도는 건설비용의 오판, 공사 기간의 지연 등 건설 계획의 차질과 예측치에 미달하는 수요로 인해 개통 초기에 러시아 황실의 재정 부담 요인으로 작용한 것은 사실이지만, 러시아는 시베리아 횡단철도 건설을 통해 다른 나라에 기술력과 경제력을 과시하고 일거에 국제적 위상을 높일 수 있었다. 프랑스 등으로부터 차관을 도입하면서 당시 가장 선진화된 국가들과 어깨를 나란히 하게 된 것이다.

또한 시베리아 횡단철도는 '잠자는 미인' 시베리아의 경제개발을 이끄는 견인차 역할을 했다. 가장 대표적인 예가 건설이 시작되고 나서 15년 동안 개설 은행 숫자가 크게 증가한 것을 들 수 있다. 1894년 시베리아에 5개에 불과하던 은행은 1911년 70여 개로 늘었고, 블라디보스토크에만 10개가 넘는 은행이 문을 열었다. 뿐만 아니라 블라디보스토크에는 외국 영사관과 무역대표부, 외국계 회사의 지점들이 속속 개설되었다. 광산·상업·철도 관련 공장 등에 외국인 투자가 급증했기 때문이다.

군사적으로도 시베리아 횡단철도는 절대적인 역할을 하고 있다. 예컨대 2차 세계대전 당시 유명한 '스탈린그라드 전투의 승리'는 시베리아 횡단철도의 병참 기능이 없었더라면 불가능했다는 분석이다. 지금도 머나먼 태평양 주둔 극동함대의 전략적 가치의 상당 부분이 시베리아 횡단철도에서 나온다는 게 일반적인 평가다.

시베리아 횡단철도는 일반인들이 쉽게 닿을 수 없었던, 머나먼 땅 시베리아를 러시아 제국에 통합시키고 결속하는 계기가 되었다. 이로 인해 산업화가 촉진되었고, 시베리아의 풍부한 자원 발굴이 가속화되었으며, 농업과 상업이 붐을 일으켰다. 그때까지 사람이 거의 살지 않던 시베리아에 놓인 선로를 따라 인구가 유입되면서 이주민도 급격히 증가했다. 건설공사가 시작될 무렵인 1891년 약 500만 명 수준이던 시베리아의 주민 수는 1914년에는 2배 이상 증가했다. 적극적인 이주 장려 정책의 하나로 정부는 시베리아로 이주하는 이주민에게는 철도 운임을 가족당 5~10루블로 할인해주기도 했다. 그 무렵 모스크바에서 블라디보스토크까지의 운임이 1인당 2등석 48.85루블, 1등석은 65.1루블임을 감안하면, 실로 파격적인 할인이다. 선로 변에는 도시들이 형성되었고, 대학·도서관·극장 등이 들어서 문화적 변혁을 가져왔다. 전체 주민에서 백러시아인이 차지하는 비중이 큰 폭으로 증가한 것도 이러한 변화와 무관하지 않다.

시간이 흐름에 따라 이용 고객의 숫자가 증가하면서 시베리아 횡단철도는 경제적으로나 정치적으로 건설 당시에 기대했던 많은 이득을 가져왔다. 1897년 개통된 구간을 이용한 승객 수가 연간 60만 명

화물수송의 절대 강자 시베리아 횡단철도.

정도였다면 1900년에는 연간 이용객 수가 100만 명에 달했고, 1910년에는 300만 명, 1914년에는 517만 명에 이르렀다.

옛 소련 시절에도 경제개발과 국가 통합 측면에서 시베리아 횡단철도의 역할은 변함이 없었다. 1980년대 중반 시베리아 횡단철도의 연간 물동량은 16만 TEU에 달했으며, 서시베리아의 옴스크~노보시비르스크 구간은 세계 최고의 화물 운송 밀도를 자랑하는 등 황금기를 구가했다.

그러나 1991년 소련이 해체되는 등 정치적 혼란 속에 철도 관리

체계가 허술해지면서 마적단이 출몰하고 화물이 분실되는 사례가 속출하자, 시베리아 횡단철도의 물동량은 급격히 감소했다. 1990년대 중반 이후 안정기에 접어들었고, 특히 2004년 철도부가 철도공사로 전환되면서 러시아 철도는 과거의 영광을 되찾기 위해 노력하는 중이다. 현재 컨테이너 연간 수송량이 63만 TEU이다. 전문가들이 시베리아 횡단철도의 컨테이너 운송 능력을 연간 75만~90만 TEU로 보고 있음을 감안하면, 선로 용량에 아직 여유가 많은 편이다. 푸틴 대통령까지 직접 나서서 남북철도 연결에 지대한 관심과 열의를 보이는 것도 한반도 종단철도가 시베리아 횡단철도에 연결되어 일본과 한국의 물동량을 유치해야만 시베리아 횡단철도의 수익성을 높이고, 나아가 시베리아 지역의 경제 활성화를 촉진할 수 있기 때문이다. 이처럼 과거 제정러시아와 소련 시절 경제 건설과 국가 통합을 뒷받침했던 시베리아 횡단철도는 오늘날에도 여전히 시베리아 개발의 초석으로 각광받고 있다.

7장

25년에 걸친 건설 공사: 1891~1916년

부실한 계획과 공기 지연

　1891년 당시 모스크바에서 우랄산맥까지는 이미 철도가 부설되어 있었기 때문에 시베리아 횡단철도 공사는 사실상 우랄산맥에서 극동의 블라디보스토크를 연결하는 공사였다. 건설 총책임자인 비테는 세계에서 가장 긴 시베리아 횡단철도를 단 1년 반 만에 완성한다는 야심찬 계획을 세우고 공기 단축을 위해 전체 노선을 6개의 공구로 나누어 동시에 착수했다. 당시의 공구 체계는 오늘날까지도 흔적을 남겨서, 지금도 서시베리아, 중앙시베리아, 환바이칼, 자바이칼, 아무르 그리고 우수리 철도 지사가 해당 지역의 철도 운영을 책임지고 있다.

　그러나 1891년 착수한 시베리아 횡단철도 공사는 무려 25년이 걸려 1916년에서야 완공되었다. 건설이 시작된 지 10년 후에도 공사가 겨우 절반 정도 진척되었을 정도로 시베리아 횡단철도 건설사업의 공기는 계획에 비해 엄청나게 지연되었다. 물론 원래 계획보다 공기가 지연됐다는 측면에서 25년이 길다고 하지만, 우리나라에서 430킬로미터 경부고속선 완공에 거의 20년이 걸린 것을 감안하면 9,000킬로미터에 가까운 시베리아 철도 건설에 25년이라는 공사 기간 자체를 오래 걸렸다고 할 수는 없다.

공기 지연의 원인을 살펴보면 일단 계획 자체부터 상당히 부실했던 것으로 드러났다. 당시 전문가들의 증언에 따르면 전체 노선의 절반 이상이 측량조차 되지 않은 상태에서 공사가 시작되었다고 한다. 자바이칼 노선의 경우, 홍수 다발 지역에 선로가 건설되는 등 당초 측량과 설계가 잘못되어, 1897년 홍수가 났을 때 교량 15개를 포함하여 이미 건설된 선로들이 모두 유실되었다. 산사태로 인해 이미 완공된 노반이 파묻히는 경우도 있었고, 봄에 동토가 녹으면서 선로가 물에 잠기는 일도 부지기수였다.

시베리아 횡단철도위원회는 공기 단축과 비용 절감을 위해 전 구간을 단선으로 건설한 것은 물론이고 자재나 노반 등에 대한 기술 요건도 최소 수준으로 낮췄다. 레일의 중량도 일반 기준의 절반 정도로 낮춘 결과, 선로가 엿가락처럼 휘기 일쑤였고 침목이 부식하는 경우도 다반사였다. 교량은 먼저 목재로 건축한 후 나중에 석재나 철강재로 교체했다. 가급적 터널 건설을 피하려다 보니 급구배(급경사)나 곡선 반경이 작은 구간이 많아져서 열차의 속도가 시속 10킬로미터밖에 안 되는 구간도 많았다. 이는 당시 평균 운행속도에 비추어도 절반에도 못 미치는 것이었다. 이런 상황들로 말미암아 개통 첫해 시베리아 횡단철도에서는 하루 세 번꼴로 사고가 발생했다.

철도 부설 공사는 지형적으로 난공사의 연속이었을 뿐 아니라 목재나 철강 등 자재를 수송하는 일도 만만치 않았다. 공사가 전 구간에서 동시에 추진된 데다, 당시 시베리아 지역은 사람이 거의 살지 않는 불모지였기 때문에 무엇보다 작업 인부를 구하는 것이 큰 문제였다. 시베리아 횡단철도 건설공사에는 15년 동안 연 10만 명의 인부가 동원되었는데, 6개의 건설 공구에서 동시에 작업하고 있는 인원이 9만 명에 달한 적도 있었다고 한다.

전체 작업 인부 중 시베리아 출신은 30퍼센트 정도에 불과했다. 교량 작업을 담당하는 석공의 4분의 1가량은 이탈리아나 알바니아에서 온 기술자들이었다. 비테의 아이디어로 대부분의 공사 구간에 시베리아 유형소에 수감되었던 죄수들이 투입되었다. 당시 사람이 거의 살지 않던 시베리아 지역에서 철도 건설 작업에 필요한 인부 구하기가 하늘의 별 따기다 보니, 적게나마 일당도 주고 철도 건설 현장에서 8개월의 강제노역을 형량 1년과 상계하는 등 나름 '파격적인 대우'로 죄수들을 동원한 것이다.

또한 극동 구간에는 주로 중국인들이 투입되었고, 가끔 조선인 인부들도 섞여 있었다는 기록도 있다. 이들의 품삯은 러시아 인부의 절반밖에 되지 않았다. 인부 숙사조차 건설이 시작된 지 1년 이상 지나

▌착공 순서에 따른 건설 공구별 개요

	공구 이름	선로연장 (Km)	구간	착공일/완공일/ 운행개시일	공사기간
1	우수리	772	블라디보스토크–니콜스크– 우수리스크– 하바롭스크	1891년 5월 31일 1897년 10월 26일 1897년 11월 13일	6년 5개월
2	서시베리아	1,422	첼랴빈스크–쿠르간–페트로파브로 프스크–옴스크–노보시비르스크	1892년 7월 19일 1895년 10월 27일 1896년 10월 13일	3년 3개월
3	중앙 시베리아	1,830	노보시비르스크–아친스크–크라스 노야르스크–지마–이르쿠츠크	1893년 5월 1898년 4월 28일 1899년 1월 13일	3년 9개월
4	자바이칼	1,105	미소바야–베르크노이딘스크– 치타–스레텐스크	1895년 4월 11일 1900년 1월 18일 1900년 7월 14일	1년 8개월
5	동청	1,481	타르스카야–하일라–하얼빈– 니콜스크–우수리스크	1897년 9월 9일 1901년 11월 3일 1903년 7월 14일 (TSR 전 구간)	1년 8개월
6	환바이칼	68	이르쿠츠크–포트 바이칼	1896년 9월13일 1898년 11월 2일 1900년 1월 13일	약 8년
		260	포트 바이칼–슬루지앙카– 미소바야	1899년 말 1904년 10월 1일 1905년 10월29일	
			바이칼 열차 페리 개통일	1900년 4월 24일	
			'바이칼' 증기선	1899년 7월 17일	
			'앙가라' 증기선	1900년 7월 25일	
7	아무르	1,998	쿠엔가–실로보–보추카르조보– 아르차라–아무르	1908년 4월 3일 1915년 3월 23일	7년
8	아무르 철교	3	철교 교량 건설	1913년 8월 12일 1916년 10월 18일	3년 2개월

주) 유럽이나 미국과 달리, 러시아는 율리우스력을 사용해오다가 러시아혁명 이후에 그레고리력을 채용하면서 1918년 2월 1일을 2월 14일로 변경하였음. 위의 날짜는 그레고리력 기준.

서 마련되는 등 건설 환경이 몹시 열악한 데다 의사나 의료시설 등이
절대적으로 부족했기 때문에 여러 가지 사고와 질병, 전염병이 인부
들을 괴롭혔다. 통계에 따르면, 시베리아 횡단철도 건설공사 도중 사

▌시베리아 횡단철도 전체 노선도

망한 사람들의 숫자는 1만 명에 달했다. 특히 교량 건설 작업을 하다 엄동설한에 얼어서 추락사하는 경우가 잦았다고 한다.

부설된 선로의 상태도 매우 열악했기 때문에 목제 교량의 교체, 선

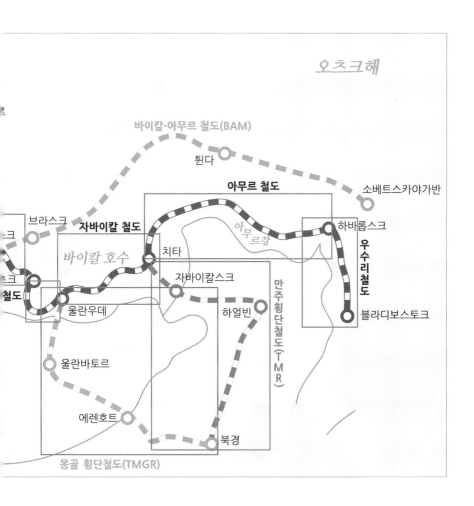

로 및 노선의 개량 등 개량 공사가 끊이지 않았다. 건설이 시작될 무렵 시베리아 지역에는 도시다운 도시가 없었던 관계로 역과 역 사이의 거리가 상당히 멀었는데, 이로 인해 철도 운전 취급상의 어려움도 야기되었다. 이런 어려움과 선로 용량 문제를 해결하기 위해 처음에 단선으로 건설되었던 선로의 복선화 사업도 속속 진행되어야만 했다.

===o Trans Siberian Railway o===

서시베리아 철도

서시베리아 철도는 첼랴빈스크부터 노보시비르스크까지 1,422킬로미터에 이르는 구간을 말한다. 선형의 설계 단계에서 우랄산맥을 관통하는 지점을 놓고, 페름·올덴부르크·첼랴빈스크 3개 도시가 마지막까지 경합을 벌였으나 마침내 첼랴빈스크로 결정되었다.

1892년 6월 19일, 첼랴빈스크에서 서시베리아 철도 건설공사가 시작되었다. 동시에 오브강 왼쪽 연안에서는 교량 건설에 적합한 지점을 물색하는 작업에 착수했다. 1893년 오브강 철교 공사 작업에 투입된 인부들이 형성한 부락은 황제의 이름을 따서 노보니콜라예프스크라고 명명되었다. 이 도시가 오늘날 시베리아에서 가장 큰 도시인 노보시비르스크로 발전되었으며, 서시베리아 철도의 거점지다.

▌서시베리아 철도

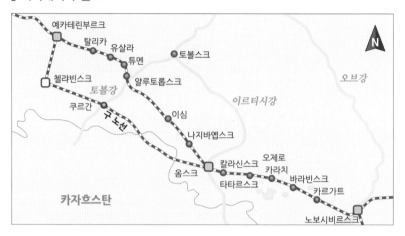

서시베리아 공구의 건설 책임자는 '콘스탄틴 가린 미하엘로프스키'로 그의 발자취는 오늘도 노보시비르스크 시내 곳곳에서 발견할 수 있다.

서시베리아 지역은 주로 평지여서 시베리아의 다른 공구들과 비교할 때 건설 작업은 비교적 쉬운 편이었지만, 백러시아로부터 운반해와야 하는 건설자재 수송이 문제였다. 철광석은 우랄 지역에서 산출되었지만, 시멘트는 상트페테르부르크에서부터 운반해왔다.

이 공구에서는 철제 교량 4개와 목재 교량 250개가 건설되었는데, 이 지역에서 생산되는 목재는 교량용으로 쓸 수 없는 연질이어서 교량용 목재 역시 다른 곳에서 가져와야 했다. 또한 이 지역의 지표수는 석회석 함유량이 높아서 증기기관차 용수로는 쓸 수 없기 때문에 여러 지점에서 지하수를 천공하는 작업이 큰 애로사항이었다.

1896년 10월 오브강 철교가 완성됨으로써 총 1,422킬로미터에 달하는 전 구간이 완공되어 철도 운행이 개시되었다. 옴스크~노보시비르스크 구간은 평지인 데다 시베리아 횡단철도에서 가장 긴 직선 구간으로, 이 구간에서 열차의 최고속도는 시속 34킬로미터에 달했다. 이는 당시의 기준으로는 신기록에 가까울 정도로 엄청난 속도였다.

1930년대에 들어서면서 예카테린부르크~첼랴빈스크~쿠르간~옴스크를 대체하는 신규 노선이 건설되었다. 그림에서 붉은색 선로인데, 서시베리아 북부 지역 개발을 위해 예카테린부르크에서 튜멘을 거쳐 옴스크에서 합류하는 노선이 새로 건설된 것이다. 예전 노선에 비해 운행거리를 100여 킬로미터나 단축시켜주는 이 직선 노선이 현재 시베리아 횡단열차의 정규 운행 노선이다.

중앙시베리아 철도

중앙시베리아 건설 공구는 노보시비르스크~이르쿠츠크 간의 1,830킬로미터 구간이다. 1893년 5월 오브강의 오른쪽 연안에서 시작해서 크라스노야르스크를 경유하여 이르쿠츠크에 이르는 중앙시베리아 철도 건설사업이 착공되었다. 이 구간의 건설 책임자는 '니콜라이 메세니노프'였다. 거의 대부분 평원 지대에 건설된 서시베리아 철도와 비교할 때 중앙시베리아 구간은 선로의 4분의 1가량이 산악 지역을 통과한다. 한대성 삼림 지역인 타이가에 인접해 있는 덕분에 교량 건설에 적합한 경질 목재를 채취하기는 쉬웠지만, 다른 한편으로는 노반 공사를 위해 구릉을 깎아 평지로 만드는 고된 작업이 기다리고 있었다.

▌중앙시베리아 철도

1900년 파리엑스포에서 디자인
부문 금메달을 받은 예니세이 철교.

　이 공구에서도 건설 초기에 시베리아 유형소의 죄수들이 대거 투입
되었다. 800개 이상의 교량이 건설되었으며, 이 가운데 21개 교량만
이 철교였다. 레일은 영국에서 수입되었는데, 북해를 거쳐 예니세이강
을 따라 크라스노야르스크로 운반되었다. 노선의 서쪽 구간은
1898년 2월 건설을 마쳤지만, 동쪽 구간은 이보다 1년 뒤 예니세이
강에 새로운 철교가 완성되면서 완공되었다. 프로스쿠르야코프가 설

계한 길이 950미터의 예니세이 철교는 1900년 파리엑스포에 출품되어 디자인 부문 금메달을 수상했을 정도로 그 독특함과 아름다움을 인정받았다. 당시 이 구간에서 열차의 최고 운행속도는 시속 27~28킬로미터였다.

환바이칼 철도

환바이칼 철도는 이르쿠츠크에서 출발하여 포트 바이칼, 슬루지앙카를 거쳐 미소바야에 이르는 약 230킬로미터의 철도 노선이다. 시베리아 횡단철도 중에서도 풍광이 가장 아름다운 구간으로 유명하다. 요즘의 해안 도로들처럼 바이칼 호숫가를 따라 건설되어 한쪽으로는 삼림 지대와 다른 쪽으로는 바이칼의 절경을 손에 잡을 듯 가까이서 볼 수 있다.

다른 공구에 비할 수 없이 선로연장은 짧지만, 기술적으로는 시베리아 횡단철도 노선 중 가장 어려웠던 난공사 구간으로 약 200개의 교량과 39개의 터널이 건설되어야 했다. 공사 기간만 8년이 넘게 걸렸고, 킬로미터당 건설비용(20만 6,000루블)도 다른 구간의 평균 건설

비용보다 2.5배 이상 들어갔다. 환바이칼 철도를 두고 '러시아의 철제 허리띠에 물린 황금 버클'이라는 별명을 붙였던 것도 바로 그런 이유에서다. 이 구간은 시베리아 횡단철도에서 가장 늦게까지 미싱 링크(단절 구간)로 열려 있었고, '황금 버클'이라는 호칭이 무색하지 않을 만큼 많은 비용이 들었던 것이다.

기술적으로 극도로 어려운 환바이칼 철도 공사의 총책임자는 '알렉산드르 바실리예비치 리베로프스키예'로 실력을 인정받은 그는 나중에 아무르 공구의 공사도 총괄했다.

환바이칼 철도 건설공사는 사실상 2단계로 진행되었다. 1단계는 기술력 부족 등의 이유에서 바이칼 호수 구간을 열차 페리로 연결하는 방식을 택했다. 2단계로 바이칼 호수 연안을 따라 선로를 부설한

▌환바이칼 철도

것은 러일전쟁에서 패배한 이후의 일이다. 러시아 황실은 바이칼 단절 구간으로 인한 병참 능력 부족을 러일전쟁의 패인으로 지목하고, 늦었지만 부랴부랴 환바이칼 철도 건설에 다시 나섰던 것이다.

1896년 이르쿠츠크에서 처음 선로공사가 착공되었을 때, 난공불락에 가까운 바이칼 호수 주변의 선형을 결정하는 것이 가장 큰 고민이었다. 당시의 기술력으로는 이러한 지형에 철도를 부설, 운행하는 것이 불가능에 가까웠기 때문이다. 궁여지책으로 선택한 것이 열차 페리를 이용하는 방식이었다. 앙가라강 연안을 따라 이르쿠츠크부터 포트바이칼역까지 선로를 연결하고, 호수는 열차 페리를 이용하여 건넌 후, 반대쪽의 미소바야역에서 열차를 하선시켜 다시 육지로 연결하는 것이었다.

바이칼호를 건너는 열차 페리는 1900년 4월 말 운항을 개시했는데, 날씨가 좋을 때는 바이칼 호수를 건너는 데 세 시간 반 정도 걸렸다고 한다. 열차 페리는 두 척이 있었는데 하나는 '바이칼'이고, 다른 하나는 이보다 조금 작은 '앙가라'이다. 두 척 모두 1896년 영국에서 부품으로 포장되어 앙가라강을 통해 포트바이칼로 운반되었으며, 특별히 건립된 리스트비앙카 조선소에서 2년에 걸쳐 다시 조립되었다. '바이칼'은 한 번에 열차 25량, 승객 300명, 700톤의 화물을 수송할 수 있었다.

이들 열차 페리는 증기선이었으며 겨울에 바이칼 호수의 빙하를 헤치고 운항할 수 있도록 쇄빙기가 장착되어 있었다. 막상 첫 번째 겨울

▌바이칼 호수를 운행한 열차 페리

페리호 이름	바이칼	앙가라
제작사	암스트롱사(Amstrong & Co)/영국	뉴캐슬사(Newcastle)/영국
길이	88.4m	61.0m
폭	17.4m	17.4m
추진 스크류	3개	1개
추진력	3750마력	1250마력
속도	13노트	12.5노트
수송능력	500톤 + 연료 200톤	200 톤 + 연료 150톤
여객수송능력	300명	150명
화물수송능력	25량 화차	–

이 닥치자, 열차 페리의 쇄빙기가 바이칼 호수의 두꺼운 얼음장을 뚫기에는 역부족임이 밝혀졌다. 따라서 당초 혹한기 두세 달만 빼고는 연중 10개월간 열차 페리를 운항하려던 계획은 수포로 돌아갔다.

이런 상황에서 페리 운항이 불가능한 겨울철에 바이칼 호수를 건너기 위해 궁여지책이 동원되었다. 일단 포트바이칼역에서 열차를 타절하고 눈썰매를 이용하여 손님들과 짐을 미소바야역으로 수송한 다음 이곳에서부터는 다른 열차 편으로 이동하는 방법이었다.

1월부터 5월 초까지 얼어붙은 바이칼 호수 위로 승객과 짐을 운반하기 위해 3,000마리가량의 말들이 동원되었다. 1등석과 2등석 손님들은 말 세 마리가 끄는 러시아식 마차로, 3등석 손님과 짐은 말

얼어붙은 바이칼 호수 위에
선로를 깔고 말들이 열차를
끌고 가는 모습.

한 필이 끄는 마차로 이동했다. 호수 위에는 수송 도중 몸을 녹일 수
있도록 약 6.5킬로미터마다 간이휴게소가 설치되었다. 요즘에는 겨울
철에 두껍게 얼어붙은 바이칼 호수 위로 마차 대신 SUV차량들이 쌩
쌩 달리는데, 기회가 되면 꼭 한번 타보기를 권한다. 자동차로 얼음
위를 질주하는 기분은 왠지 모를 불안감에 머리가 주뼛해지는, 한마
디로 형언하기 어려운 기분이다.

1904년 2월 초 러일전쟁이 발발하자 군수물자 수송에 다급해진

러시아는 바이칼 호수의 두꺼운 얼음 위에 선로를 깔아 열차를 운행했다. 러일전쟁이 터지자 태평양에 주둔하고 있는 러시아 군대에 무기와 군수물자를 공급하는 일이 촌각을 다투었지만, 바이칼의 열차 페리는 빙하에 갇혀 꼼짝달싹할 수 없었기 때문이다. 바이칼 호수의 얼음 위에 부설된 철도는 1904년 2월 28일에서 3월 25일까지 약 한 달간 운행되었다. 기관차는 대차를 분리하여 말들이 얼음 위로 끌고 갔다. 기록에 따르면 단 한 량의 기관차만이 호수에 빠졌을 뿐, 60량이 넘는 기관차와 2,300여 개의 객차가 얼음 위의 간이 선로를 무사히 통과했다고 한다.

이러한 사상 초유의 로지스틱스에도 불구하고, 바이칼 호수로 인한

열차 페리 '바이칼' 증기선.

단절과 단선 구조로 인해 시베리아 횡단철도의 선로 용량은 1일 10개 열차로 극히 제한될 수밖에 없었다. 그 결과는 '홈그라운드'의 이점을 앞세운 일본에 대한 러시아의 완패로 나타났다.

나중에 환바이칼 철도가 모두 완공된 후 열차 페리의 운항은 중단되었으나, '바이칼' 증기선은 물동량이 많을 때 화물 열차용으로 이용되기도 했다. '바이칼'은 훗날 러시아 내전 중에 침몰했고, '앙가라 증기선'은 이후에도 오랫동안 페리로 운항되다가 지금은 선박 박물관으로 개조되어 이르쿠츠크댐 근처에서 방문객을 맞이하고 있다.

이와 같이 페리를 이용한 연계 운행이 1년에 5~6개월 정도밖에 안 되는 데다 열차 페리 수송량도 매우 한정되는 등 이 구간이 시베리아 철도 노선의 선로 용량을 크게 제약하는 병목으로 작용하게 되자, 바이칼 연안에 철도를 부설하는 방안이 재차 논의되기 시작했다. 1902년 초부터 광범위한 지질조사를 거쳐, 2단계 환바이칼 철도 부설 작업이 재개되었다. 암반투성이인 바이칼 연안 지역에 노반을 건설하고 선로를 부설하기 위해 엄청난 양의 폭파 작업이 요구되었다. 기록에 따르면 선로 1킬로미터당 차량 한 대분의 폭약이 사용되었다고 한다. 또한 운행상 위험성이 높은 지역인 만큼 품질 규격을 강화하여 시베리아 철도의 다른 구간에 비해 중량이 무거운 레일을 사용했고, 킬로미터당 침목 수도 더 많이 깔았다.

단선으로 설계된 2단계 환바이칼 철도의 건설 공기는 애초에 3년으로 계획되었지만, 러일전쟁과 극동 지역의 급변하는 정세 때문에 공기를 앞당겨 서둘러 끝내야만 했다. 그 결과 이 노선은 2년 4개월 만에 완공되었다.

포트바이칼역에서 슬루지앙카역까지 철도의 총 연장은 약 84킬로미터 정도밖에 안 되지만, 이 구간에 모두 424개의 구조물이 부설되었다. 이 구간에는 특히 39개나 되는 터널이 볼거리인데, 터널의 길이를 모두 합하면 6킬로미터에 달한다. 모든 터널이 수작업으로 이루어져 하루에 고작 40~50센티미터씩 거북이걸음으로 진척될 수밖에 없었다. 특수한 돌을 붙여 건설된 터널 내부는 이탈리아와 알바니아에서 '초빙된' 전문 석공들이 담당했다. 돌을 깨서 맞춘 것이 아니라 돌의 모양을 살려 하나하나 맞춰 붙이는 모자이크 공법으로 이루어졌다는 점에서, 터널 하나하나가 모두 독창적인 '작품'들이라 해도 틀린 말이 아니다.

바이칼호를 따라 선로 건설공사가 막바지 단계로 치닫던 1904년 2월 8일 일본의 기습 공격으로 촉발된 러일전쟁에서 패전국이 된 러시아에 두고두고 뼈아픈 후회를 안겨준 환바이칼 철도는, 1904년 9월 30일 시험 운행에 들어간 후 1905년 10월 15일 정규 운행을 개시했다. 그리고 1907~1909년 사이에 시베리아 철도의 다른 어느 구간보다 먼저 복선화 작업을 끝마쳤다.

자바이칼 철도

1895년 바이칼 호수 동쪽 미소바야부터 치타(스레텐스크)까지의 1,105 킬로미터에 이르는 자바이칼 공구의 건설이 시작되었다. 시베리아 횡단철도의 최초 설계에 따르면, 바이칼 호수는 열차 페리로, 아무르강은 증기선으로 연결하는 것으로 구상되었다. 그렇기 때문에 자바이칼 철도는 스레텐스크에서 끝나고, 이곳에서부터는 배로 아무르강을 지나 하바롭스크까지 왕래해야 했다.

이처럼 자바이칼 철도의 상당 구간이 아무르강 계곡을 통과하기 때문에, 엄청난 양의 바위 폭파 작업이 필요했다. 또한 건설현장의 급구배(급경사)와 급곡선도 공사를 어렵게 하는 요인이었다. 인고다강 계곡에서는 토사와 홍수로 어렵사리 완공된 선로가 무너져 내리기도

▌자바이칼 철도

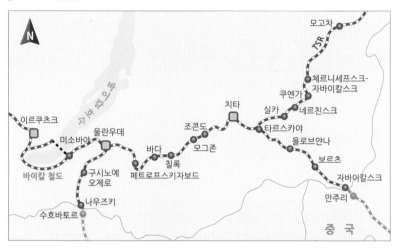

자바이칼 철도 공구. 암반 위에 노반건설공사를 진행하고 있다(왼쪽 위).
1900년 무렵 자바이칼 공구 실카 지역의 인부 숙사(왼쪽 아래).
자비이칼 철도 건설 총책임자 프셰흐니코프(오른쪽).

252

했다. 이 구간은 특히 인구밀도가 낮은 지역이어서 공사 인부를 구하는 것이 무엇보다 어려웠다. 그 때문에 죄수들과 더불어 중국인들이 인부로 대거 고용되었다. 난공불락의 지형과 혹한으로 자바이칼 철도 건설공사는 계획보다 1년 이상 지연되어 1900년 중순이 되어서야 정규 운행을 시작했다. 이 구간의 열차 평균 운행속도는 시속 19킬로미터에 머물렀다.

아무르 철도

자바이칼 철도와 하바롭스크를 연결하는 총 1,998킬로미터에 달하는 아무르 철도 공구는 6개 공구 중 선로연장도 가장 길 뿐만 아니라 완공도 가장 늦었다.

아무르 철도 공구는 환바이칼 철도에 버금가는 난공사 구간이었다. 공구의 상당 구간이 한여름에도 겨우 지표면만 살짝 녹는 동토 지역이었기 때문에 노반 건설조차 계획대로 진척되지 못했다. 시베리아에서도 가장 혹독한 추위가 엄습하는 겨울이나 초봄이면 어김없이 홍수로 범람하는 수많은 강들과 짧은 여름 동안의 자재 수송 문제 등 각종 어려움 때문에 기술적 측면은 물론이고 비용 면에서도 골머리를 앓게 했다.

시베리아 횡단철도 건설공사의 마침표를 찍은 아무르 철교.

　이러한 상황에서 나온 대안이 우회 노선을 건설하자는 아이디어였다. 공교롭게도 러시아는 1896년 '종이호랑이'로 전락한 청나라와 밀약을 체결하여 만주 북부를 관통하여 블라디보스토크에 이르는 동청철도 부설권을 손에 넣은 상황이었다. 이 노선은 치타에서 블라디보스토크까지의 선로 길이를 700킬로미터나 단축시켜주는 직선 노선인 데다 유리한 지형 덕분에 건설 기술면에서도 공사의 어려움을 반감시켜주었다. 이처럼 동청철도가 대안 노선으로 채택되자, 아무르 철도 건설계획은 이후 10년 넘게 서랍 속에서 낮잠을 자게 된다.

　그러나 1905년 러시아가 러일전쟁에 패배하자, 아무르 철도 건설 문제가 다시 테이블 위로 올라왔다. 러일전쟁에 승리한 일본이 만주에 진출하면 동청철도 노선을 강탈할 것이라는 우려가 생겼기 때문

아무르 철도

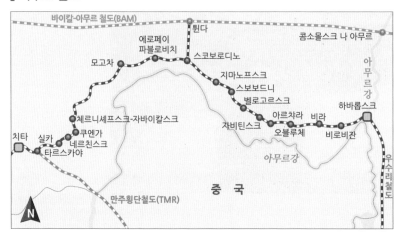

이다. 포츠머스 회담에서 비테가 수완을 발휘한 덕에 동청철도 운영권이 당장은 유지되었지만, 러시아의 우려는 점점 현실로 나타나기 시작했던 것이다.

이에 따라 1908년 아무르 철도 건설공사가 재개되었다. 많을 때는 하루에 최고 2만 명의 인부가 건설 현장에 투입되었을 정도로 공사를 서둘렀지만, 아무르 철도는 1915년 가을에야 완공될 수 있었다.

그러나 시베리아 횡단철도 전 구간의 정규 열차 운행은 아무르 철교 공사 지연으로 1년가량을 더 기다려야 했다. 아무르 철교의 철골 구조물은 열차로 바르샤바에서 오데사까지 운반된 후 다시 여러 척의 배에 옮겨 실은 다음 강을 따라 하바롭스크로 가져왔다. 그런데 부품을 싣고 오던 배 한 척이 인도양에서 독일 함대의 공격으로 침몰하면서 부품 조달에 차질이 빚어진 것이다.

일명 '차르 철교'라고도 불렸던 아무르 철교는 시베리아 횡단철도 전 노선을 완공시켰다는 역사적 의미를 간직한 채 2000년 봄까지 제 몫을 다해냈다. 이 해에 선로와 자동차도로가 부설된 복층 구조의 제 2의 아무르철교가 개통되었다.

우수리 철도

앞에서도 이야기했듯이 1891년 5월 31일 현지 시각으로 오전 10시에 개최된 우수리 철도 공구의 착공 미사는 니콜라이 황태자가 몸소 참관한 가운데 성대히 치러졌다. 블라디보스토크역 구내에

1894년의 블라디보스토크역.

1897년 무렵 우수리 공구 건설 현장.

▌우수리 철도

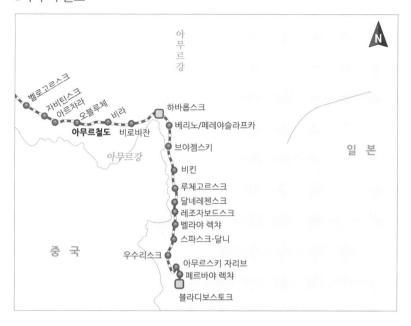

'9288'이라고 새겨진 표지석이 서 있는 곳이 니콜라이 황태자가 손수 레에 담긴 흙을 선로에 붓고, 기초석을 놓았던 바로 그 자리다.

우수리 철도 건설 책임자는 '오레스트 브야쳄스키'로 지금도 모스 크바에서 8,651킬로미터 지점에 그를 추모하는 기념비가 세워져 있 다. 총 765킬로미터의 우수리 철도 공구는 1897년 완공되어, 10월 26일 2주간의 시험 운행 후 11월 13일 정규 운행이 개시되었다. 열 차의 속도는 급구배 등으로 인해 북쪽 방향으로는 시속 22킬로미터, 남쪽 방향으로는 시속 26킬로미터를 기록했다.

시베리아 횡단철도 6개 건설 공구 가운데 두 번째로 완공된 우수리 공구의 건설 비용은 당초 계획된 예산의 2배가 넘는 4,600만 루블이 소요되어, 앞으로 러시아 정부에 날아들게 될 어마어마한 비용 청구서를 예고해주었다.

▌한눈에 보는 시베리아 횡단철도

총 연장	9288km
구간	모스크바(야로슬라블역) ～ 블라디보스토크역
건설 기간	25년 (1891년 5월 31일 ～ 1916년 10월 18일)
전 구간 공식 개통일 (동청철도 경유)	1901년 7월 1일
궤간	광궤 (1520mm)
복선화 완공	1937년
전철화 완공	2002년 12월 25일
첼랴빈스크-옴스크 구간 북쪽 신선 건설	1930년대에 북부 지역 개발과 직선화를 통한 거리 단축 (약 100km)을 위해 건설

시베리아 횡단철도와 함께
건설된 철도

동청철도

아무르 철도의 대체 노선으로 건설된 동청철도는 러시아의 치타로부터 만주의 하얼빈을 경유하여 블라디보스토크 근처의 우수리스크를 연결하는 2,536킬로미터 구간을 말한다. 1902년 완공된 동청철도는 열차 페리나 증기선을 이용하지 않고 모스크바에서 블라디보스토크까지 전 구간을 연결한 최초의 노선이라는 의미가 있다. 동청철도는 1911년 중화민국 수립 이후 중국에서는 동지철도, 혹은 중동철도라고 불렸다.

러시아는 만주를 경유하는 동청철도 건설이 기술적으로 난공사 구간인 아무르 지역을 회피하기 위한 어쩔 수 없는 고육지책이라고 했지만, 당시 이 말을 곧이곧대로 믿는 사람은 아무도 없었을 것이다. 동청철도는 19세기 말 복잡했던 동북아 정세의 단면을 여실히 보여주는 것으로, 쇠락하는 청나라를 강압하여 맺은 조약들을 방패 삼아 제국 러시아가 추진한 동진정책의 대표적 산물이기 때문이다.

러시아는 제2차 아편전쟁(1856~1860년)으로 궁지에 몰려 있던 청나라와 1858년 아이훈 조약을 체결하여 국경선을 헤이룽강까지 확장했다. 이는 1689년 네르친스크 조약에서 합의된 국경선을 뒤집은 것이다. 아이훈 조약을 통해 러시아는 1년 내내 부동항인 블라디보스토크로의 접근 통로를 확보한 것은 물론이고, 한반도의 3배에 달하는 만주 지역에 접근할 수 있는 발판을 마련했다. 이어 1860년 11월 베이징 조약의 체결로 러시아는 공동 관리하에 있던 우수리강 동쪽의 연해주 지역도 차지했다.

1891년부터 시베리아 횡단철도 건설을 추진해오던 러시아는 난공불락의 아무르 구간에서 공사 진척에 큰 어려움을 겪던 차에 때마침 (1896년 2월) 상트페테르부르크에서 개최된 니콜라이 2세의 대관식에 참석한 청나라 사신 이홍장과 비밀 협약을 맺는다. 러시아가 일본의 요동반도 진출을 막아준 데 대한 감사의 표시라는 명분을 내세웠지만 청의 입장에서는 매우 굴욕적인 이 협약을 통해 러시아는 만주 지역을 경유하는 동청철도조차권을 획득한다. 장장 80년간의 조차권에 대한 유일한 단서 조항은 36년 후에 청나라가 조차권에 대한 재협상을 요구할 수 있다는 것뿐이었다.

동청철도의 기공식
장면.

동청철도건설에 필요한 자금을 조달하기 위해 러·청은행이 설립되고, 1898년 여름 '알렉산드르 유고비치'의 지휘하에 하얼빈에서 동청철도 건설이 시작되었다. 철도 공사는 영하 30도의 혹한에도, 여름 홍수와 집중호우 속에서도 유례없는 초고속으로 진행되었다.

그런데 만주 지역에 1899년과 1900년에 페스트 전염병이 돈 데 이어 의화단의 난이 일어나고 1902년에는 콜레라가 창궐하는 등 여러 난제들이 겹치면서, 동청철도의 건설비용은 2억 5,300만 루블로 치솟았다. 철도차량 구입비를 제외하고도 러시아 본토와의 통신설비 구축, 선로 보호를 위한 군대 주둔 비용 등으로 1억 6,000만 루블에 달하는 부대비용이 발생하는 등 동청철도의 건설 및 운영비는 그야말로 천정부지로 솟구쳤다. 물론 이 돈은 시베리아 횡단철도의 총 건설비용에는 포함되지 않은 추가 비용이다. 이에 더해 러시아는

1898년 아서항(현재의 뤼순)과 다이렌(대련)을 포함한 광둥 지역에 대해 25년간의 조차권을 확보했으며, 장춘 이남에서 대련에 이르는 남만주철도 부설권도 획득했다. 청나라는 이러한 불평등조약에 대한 반대로 들끓었으며 청나라 협상단 대표는 사형에 처해졌다.

이러한 일련의 사건들은 1900년 의화단의 난이 일어나는 도화선이 되었다. 국민 봉기를 주도한 의화단은 외세 척결을 주장하며 교회를 불태우고, 당시 청나라에 주둔해 있던 열강의 공사관을 파괴했다. 철도 역시 외세 침략의 대명사로서 공격 대상이었다. 이미 부설되어 있었던 동청철도 700킬로미터 이상이 의화단의 손에 파괴되었다.

그러나 러시아는 만주 주둔군을 더욱 강화하여 1902년 7월 동청철도를 마침내 완공시켰다. 호시탐탐 대륙 진출을 노리는 일본을 견제하고, 극동으로의 동진정책을 공고히하려는 러시아의 포석이었다. 당시에는 블라디보스토크가 아니라 아서항이 러시아의 태평양 전략 거점이었기 때문에, 아서항 또는 다이렌항이 시베리아 횡단철도의 종착역이 되었다. 러시아는 동청철도조차권을 핑계로 이곳 역시 군사적으로 점령했다.

이렇게 완공된 동청철도는 일본이 러일전쟁을 일으키는 직접적인 빌미가 된다. 열차 페리로 연결하는 바이칼호 주변의 구간이 미완성이었지만, 동청철도의 완공은 시베리아 횡단철도의 완성을 뜻하는 것이며, 이는 러시아의 동진정책에 대항하는 일제의 군사적 입지가 크게 좁아지는 것을 의미하기 때문이었다. 러일전쟁에서 미국과 영국이

전쟁 비용의 3분의 2를 빌려주는 등 일본을 적극 지원한 것도 만주까지 세력권을 넓힌 러시아를 견제하기 위해서다. 러일전쟁 패배 후 러시아는 아서항과 남만주철도부설권을 일본에 넘겨줘야 했지만, 포츠머스 회담의 러시아 측 협상단 대표였던 비테의 지략 덕분에 동청철도조차권만은 그대로 유지할 수 있었다.

이처럼 19세기 말 20세기 초 만주대륙을 차지하기 위해 격돌하던 러시아와 일제가 가장 치열한 각축전을 벌인 대상이 동청철도였다. 동청철도는 동북아 정세와 떼려야 뗄 수 없다는 점에서, 우리나라 항일운동사에 가장 큰 족적을 남긴 안중근 장군의 의거가 바로 동청철도와 당시 만주의 수도였던 하얼빈에서 일어난 것은 결코 우연이 아니라 하겠다.

오늘날의 동청철도, 러시아 쪽 국경역인 그라제코보역.

한편 만주 지역에서 계속 세를 확장해나가던 일제가 동청철도를 강탈할 것이라는 러시아의 우려는 현실로 나타났다. 일제는 1931년 만주사변을 일으켜 만주대륙을 점령했고, 동청철도는 1억 7,000만 엔에 일본의 손으로 넘어갔다. 이후 동철철도는 일본이 1906년 발족한 남만주철도회사(만철)가 운영한다. 러시아는 1945년 2차 세계대전의 종전 협상에서 동청철도조차권을 되찾았다가, 1950년대 초 스탈린과 마오쩌둥 시대에 이르러 '사회주의 형제국'인 중국에 반환되었다.

동청철도 노선의 대부분은 지금은 만주 횡단철도 노선(TMR: Trans Manchuria Railway)에 포함돼 있다. 개통 당시 동청철도 노선에 속했던 하얼빈~쑤이펀허~블라디보스토크 구간은 오늘날에는 수요가 없어 하루에 기차도 몇 번 안 다니는 지방 철도 역할에 그치고 있다.

바이칼–아무르 철도

바이칼-아무르 철도(BAM: Baikal-Amur-Magistral)는 바이칼에서 아무르 지역을 연결하는 총 연장 3,200킬로미터의 철도로 '제2의 시베리아 철도'라고도 불린다. 바이칼 호수의 남쪽 연안을 지나는 시베리아 횡단철도와 바이칼호 북쪽 연안에서 출발하는 BAM 철도는 지선으로 연결되어 있다. BAM 철도 역시 시베리아 개발을 위해 건설되었는데, 구리·석유·천연가스 등 동시베리아 지역의 풍부한 천연자원을 수송하기 위한 것이다.

러시아 정부는 BAM 철도의 완공일을 1984년 10월 1일이라고 발표했지만, 실제 정규 열차가 운행된 것은 이보다 한참 후의 일이다. 1985년 4월에 시험 운행을 했고, 1991년에 이르러서야 정규 노선으로 운행되기 시작했던 것이다.

BAM 철도 건설 프로젝트는 1930년대에 스탈린의 시베리아 경제 발전 종합계획에 포함되어 있을 만큼 오랫동안 구상되고 추진된 것이다. 당시의 논리는 시베리아 횡단철도가 바이칼호 남쪽 지역을 경유하여 모스크바로 연결되기 때문에, 본격적으로 시베리아를 개발하기 위해서는 바이칼호 북부를 경유하는 제2의 횡단철도가 필요하다는 것이었다.

BAM 철도 건설은 1932년 설립된 BAM 철도관리국BAMLAG이 주관했으며, BAM 철도와 시베리아 횡단철도가 교차하는 스보보드니에 본사를 두었다. BAM 철도관리국이 일명 '굴락'이라 불리는 강제노동 수용소 관리국의 산하 조직으로 편제된 것은 결코 우연이 아니었다. 스탈린 시대 악명 높은 죽음의 노동수용소에 수감되었던 죄수들이 BAM 철도 건설 현장에 대거 동원되었기 때문이다. 1934년 밤모브스카야~튄다 간의 180킬로미터에 이르는 철도 건설에 6만 명 이상의 죄수들이 강제노동을 했고, 1937년 시작된 타이셰트~브라츠크 구간과 레나 강변의 우스트~쿠트 구간의 선로도 대부분 굴락 죄수들의 강제노동으로 건설되었다. 2차 세계대전 직후에는 일본군 포로들도 BAM 철도 건설 현장에서 강제 노동을 했다는 기록도 있다.

1940년대 초 상당한 진척을 보였던 콤소몰스크~소베츠스카야 가

반 사이의 475킬로미터 선로 공사는 2차 세계대전으로 중단되었다
가, 1940년대 말이 되어서야 일부 구간에서 정규 열차가 운행되기 시
작했다. 전시에는 어렵게 완공된 BAM 철도 일부 구간의 선로를 다시
뜯어내 전쟁으로 파괴된 간선 선로를 복구하는 데 쓰기도 했다.

  BAM 철도 건설계획은 1953년 스탈린의 죽음으로 흐지부지되었다
가 1971년 무렵부터 다시 논의되기 시작했다. 레나강과 아무르강, 우
스트쿠트와 콤소몰스크를 연결하는 이 사업은 20세기 후반에 추진된
철도 건설계획 중 가장 규모가 크고 기술적으로 어려운 사업이라고
해도 과언이 아니다.

  BAM 철도계획이 재개된 동기로는 두 가지를 생각해볼 수 있다.

▌바이칼 아무르(BAM) 철도 노선

우선 경제적인 측면에서 이 지역의 풍부한 지하자원을 개발해 국민경제를 활성화한다는 것과 정치적 측면에서 당시 긴장이 고조되던 러·중 관계를 의식해서이다. 러·중 간에 전쟁이 일어날 경우 중국 국경에 근접한 시베리아 횡단철도는 하루아침에 무력화될 수 있기 때문에, 좀 더 내륙에 BAM 철도 건설이 필요하다고 판단한 것이다.

단선으로 건설된 BAM 철도는 상상을 초월하는 난공사 지역에서 이루어졌다. 자연 지형에 있는 그대로 선로를 부설할 수 있는 구간은 거의 없다고 해도 틀린 말이 아니다. 매 킬로미터마다 댐 공사, 교량, 터널 등의 작업이 이어져야 했다. 강과 계곡을 연결하기 위해 2,000개가 넘는 교량이 건설되었고, 7개나 되는 동토 상태의 산등성이에 터널을 뚫어야 했다. BAM 철도에 있는 스타노보이 터널은 러시아에서 가장 긴 터널로 무려 15킬로미터에 이른다.

스탈린 시대에 BAM 철도가 죄수들의 강제노동으로 악명이 높다 보니, 1970년대에 재개된 BAM 철도 건설에도 죄수들이 동원되었다는 인식이 많이 있다. 물론 당시 건설 현장에 죄수들이 투입된 것은 사실이지만, 건설의 주축은 죄수보다는 특이하게도 자원봉사자들이었다. 1974년 알마티 공산당 전당대회에서 결성된 청년공산당(콤소몰)이 주축이 되어 학생과 청소년들이 자원봉사 형식으로 대거 동원되었던 것이다. 매년 여름이면 소위 학생 편대로 조직된 청소년들이 전국에 산재되어 있는 철도 건설 현장에서 일하면서 용돈을 벌기도 하고, 상훈을 수여받기도 했다. 특히 BAM 철도 공구는 이러한 자원

바이칼-아무르 철도 중에서도 험난한 지형 때문에 '악마의 다리'로 불리는 세베로무이스크 철교.

봉사활동의 중심지였다. 1970~1980년대에 발행된 시베리아 횡단철도 관련 홍보물은 학생 편대의 자원봉사자 사진들로 장식되어 있다.

이러한 공산주의식 건설 방식은 이미 오래전에 흘러간 옛이야기가 되어버렸지만, 아직도 방학 기간을 활용하여 학생들이 전국의 역에서 자원봉사활동을 하는, 일명 '아지트' 전통은 일부 남아 있다. 지금도 러시아의 8개 철도대학교 학생들이 방학을 이용하여, 전국의 역과 철도 현장에서 예술 공연을 비롯한 각종 봉사활동을 하는데, 학점으로 인정받기도 하고 용돈을 벌기도 한다.

한편 BAM 철도가 조만간 활성화될 수 있을지에 대해서는 많은 전

BAM 철도 자원봉사자 홍보 포스터.

문가들이 회의적이다. 우선 이 지역의 극한적인 자연조건 때문에 BAM 철도의 유지 보수나 개량 그리고 운행을 위해서는 많은 비용이 필요하지만, 정부나 철도공사가 수요가 거의 없는 BAM 철도에 돈을 쏟아붓기는 쉽지 않다고 보기 때문이다. 그럼에도 어떤 나라도 흉내 낼 수 없을 만큼 장기 전략에 강한 러시아는 BAM 철도가 해저터널을 통해 베링해협을 건너 알래스카와 캐나다, 미국 본토로 이어지는 목표가 달성되는 그날까지 철도 건설을 중단하지 않을 것이다.

몽골 횡단철도

1949년 소련연방과 중국인민공화국이 공산주의 블록 체제를 형성하면서 양국관계는 새로운 시대에 접어들었다. 이러한 정치적 상황에서 1950년 소련과 중국은 베이징과 러시아를 연결하는 철도를 건설하기로 결정했다. 이 철도로 인해 양국 간의 수송거리는 자그마치

1,000킬로미터나 단축될 수 있었다. 바이칼 호수의 남쪽 울란우데에서 분기하여 당시 소련의 위성국가였던 몽골을 관통하여 북경에 이르는 이 노선은 몽골 횡단철도(TMGR)라고 이름 붙여졌다.

오늘날 관광객들 사이에 가장 인기 있는, 모스크바와 북경을 연결하는 이 노선은 5년 동안의 건설 기간을 거쳐 1955년 운행이 개시되었다.

전 구간이 단선으로 건설되어 수송 효율성은 낮은 편이다. 몽골철도공사 지분의 51퍼센트를 러시아가 소유했고, 철도 시스템도 러시아와 동일하다. 몽골 철도청장은 전통적으로 러시아교통(철도)대학교 출신들이 장악하고 있으며, 수석 차장은 아예 러시아철도공사가 파견한다. 즉 '대주주'인 러시아철도공사의 입김이 매우 강하게 작용한다는 의미다.

몽골 특유의 초원과 습지를 지나 고비사막을 횡단하는 이 노선을 운행하는 열차들은 종종 모래바람에 휩싸인다. 돌풍이 몰아치면 열차는 나무 덧창을 내리고 달리는데도 객실 안에는 엄청난 바람소리와 함께 모래가 수북이 쌓인다. 열차가 몽골 국경을 통과하여 중·몽 국경에 이르기까지는 '겨우' 36시간에 불과하여 왠지 아쉬운 느낌마저 들 정도로 차창 밖의 몽골 풍경은 이국적이고도 강렬하다.

고비 사막을 가로지르는 몽골 횡단철도.

Trans Siberian Railway

8장

---○──────○---

일제강점기의
시베리아 횡단철도 여행

지금은 우리 국민들에게 부산에서 출발해서 유럽까지 기차여행을 하는 것이 꿈같은 일이지만, 분단 이전의 우리나라 철도는 국제철도로 운영되었다. 일본 국내에서는 협궤 철도가 기본이었음에도, 구한말 우리나라 철도부설권을 강탈한 일제가 1905년 경부선, 1906년 경의선을 표준궤로 건설한 것은 대륙 진출의 야욕을 채우기 위한 교두보로써 중국·만주와 동일한 궤간을 선택한 것이다.

　철도가 아니더라도 하얼빈, 우수리스크, 블라디보스토크, 하바롭스크 등에 남아 있는 애국지사들의 발자취를 살펴보면, 분단 이전에는

○조선-만주 익스프레스
부산~장춘 간 주 3회 운행. 매 일·화·금 부산 출발, 월·수·금 장춘 출발, 최고급 일등실, 이등실 침대차와 식당차로 구성되며, 시베리아 횡단열차와 연계됨.

○매일 운행하는 특급열차
부산~서울~안퉁(단둥)~묵덴(심양) 일등실, 이등실, 삼등실과 식당차로 구성된 특급열차 두 개가 일일 2회 부산~안퉁(단둥) 간 왕복 운행. 이 중 열차 한 개는 부산~서울 간 일등실, 이등실 침대열차로 운행. 다른 한 개 열차는 안퉁(단둥)~묵덴(심양)에서 장춘, 다이렌(대련), 베이징 등으로 연결됨.

도쿄까지 소요시간
묵덴(심양) 2.5일, 천진/북경 4일, 장춘/하얼빈 3일, 모스크바 11일, 베를린 13일, 파리/런던 14일.

조선총독부 철도국, 용산, 조선(Korea)

《철도매거진》에 실린 조선-만주 간 특급열차 광고.

우리 민족의 활동무대가 만주나 시베리아 대륙까지 뻗어 있었음을 알 수 있다. 또한 이광수의 소설 『유정』 등에서 주인공들이 수시로 서울역에서 만주행 열차를 타는 장면이 나오는 것처럼, 서울역은 국제역으로 운영되었다. 우리나라 철도의 건설과 운영은 국권 침탈 이전부터 사실상 일본이 장악하고 있었다. 1910년 국권 침탈 후에는 1917년부터 약 5년 동안 만철(만주철도주식회사)에서 위탁 경영을 한 기간을 제외하면 조선총독부 내 철도국이 관할했다. 러일전쟁 승리 후 만주대륙에서의 세력권을 끊임없이 확장해간 일제가 1931년 만주사변을 일으켜 러시아의 동청철도를 인수하면서 여순~대련~장춘~하얼빈~만주리~치타로 이어지는 만주 횡단철도와 하얼빈에서 블라디보스토크를 연결하는 동청철도 중 만주 구간 그리고 조선의 경의선 국경역인 신의주에서 이어지는 단동~장춘~하얼빈 철도에 이르기까지 모두 일제의 만철이 관할했다.

1913년 12월에 간행된 《철도 매거진Railway Magazine》에 실린 조선~만주 간 특급열차 광고를 보면 부산~장춘 간을 주 3회 왕복 운행하는 조선~만주 간 특급열차 외에, 부산~심양 간 특급열차는 1일 2회 운행된다는 내용 등이 들어 있어, 우리나라에서 국제철도가 정규 운행되었음을 알 수 있다. 《철도 매거진》에 따르면 이 국제열차는 1908년부터 운행되었다. 당시에는 '국제역'이었던 서울역에 국내선 승차장과 국제선 승차장이 따로 있었고, 행선표에도 베이징과 단동, 하얼빈 등이 포함되어 있었다.

그러나 막상 우리 국민 중에 이 열차를 타고 여행할 수 있는 사람은 그리 많지 않았을 것이다. 무엇보다 비싼 요금 때문인데, 일제는 한국인의 열차 이용을 최대한 억제하기 위해 특히 국내의 단거리 구간에 바가지 요금을 매겼다. 한국 철도의 임율(킬로미터당 운임)을 일본 철도 임율보다 훨씬 높게 책정했을 뿐 아니라, 국내의 단거리에는 터무니없이 비싼 임율을 적용했다. 예를 들어 러일전쟁의 와중에 개통되어 주로 군용 철도로 이용되던 경의선 철도는 국내의 일반 여객과 화물에 대해서는 초고가 운임을 적용하고, 주로 일본인들이 군사적, 정치적 목적으로 이용하던 만주나 중국, 러시아까지의 장거리 운임은 아주 낮게 매기는 식이었다.

　　1900년대 초 우리나라 경의선의 노량진~제물포(불과 33.2킬로미터)간 1등석 운임은 약 1원 50전이었다. 이는 쌀 반 가마니 값과 맞먹는 것이었고, 다른 물가(국밥집 점심식사 5전, 막걸리 한 사발 3전, 짚신 한 켤레 10전, 전차 운임 1전 5리)와 비교해보더라도 여간한 부자가 아니면 누릴 수 없었던 호사임을 알 수 있다. 그렇다면 그 시절 우리 국민 중에 이런 국제열차를 타고 여행한 사람들은 어떤 사람들이었을까? 여기서는 당대를 대표하는 3인의 철도 여행자를 소개해본다.

안중근 장군의 애국의 철길: 블라디보스토크에서 하얼빈까지

1909년 10월 26일 아침 9시 30분, 하얼빈역에서 이토 히로부미를 포살한 안중근 장군의 의거에서 철도는 중요한 무대이자 배경으로 등장한다. 안중근 의거가 있던 1909년의 대한제국은, 1905년 을사늑약 체결과 대한제국 외교권 상실, 1907년 헤이그 밀사사건을 빌미로 한 고종 강제 폐위와 군대 해산에 이은 일제의 국권 침탈 획책으로 풍전등화와 같은 상황이었다. 수많은 독립운동가들은 일제의 눈을 피해 해외에 망명하여 의병투쟁에 나서게 되는데, 안중근 역시 조국을 떠나 블라디보스토크에서 의병 활동에 투신한다.

19세기 말 20세기 초 동북아에서 벌어졌던 열강의 치열한 주도권 쟁탈전을 상징적으로 보여주는 것이 만주대륙을 횡단하는 동청철도였다. 후발주자인 일제와 동진정책으로 일찌감치 만주와 요동반도를 선점했던 러시아는 동청철도를 놓고 치열한 암투를 벌였다. 따라서 일제의 대륙 진출 야욕의 희생양이었던 대한제국의 독립투사 안중근 장군이 초대 조선총독부 통감인 이토 히로부미를 포살한 역사의 현장으로 동청철도가 등장한 것은 결코 우연이 아닌 필연적이고 운명적인 것이라 하겠다.

1905년 포츠머스 조약에서 러시아가 동청철도조차권만은 지켜냈기 때문에 안중근 의거가 일어났던 1909년에는 하얼빈역을 비롯한 동청철도 연변은 여전히 러시아의 관할권하에 있었다. 하지만 러일전쟁 승리 후 만주대륙에서 일제의 세력은 날로 커지는 상황이었다. 의거 직후 관할권을 가진 러시아 헌병이 안중근 장군을 체포했지만 간단한 심문만 하고 장군을 바로 일제의 손에 넘긴 것도 러시아가 일본을 자극하지 않으려 했기 때문이다.

우리 국민에게는 '안중근 의사'라는 칭호가 더 익숙하지만, 의거 후 자신의 신분을 '한국의군 참모중장'으로 밝힌 점, 이토를 사살한 것이 개인 자격이 아니라 '대한의 독립주권을 침탈한 원흉이며 동양평화의 교란자에 대해 대한의용군 사령관의 자격으로 한 것'이라고 말한 점 그리고 일제의 재판 과정에서 자신을 '일반 살인 피고가 아닌 전쟁 포로로서 만국 공법에 의해 취급해달라'고 주장한 점을 감안하면, '의사'라는 칭호보다는 '장군'으로 불러드리는 것이 더 합당할 것 같다.

우리에게는 '안중근 의사'라는 칭호가 더 익숙하지만, 의거 후 자신의 신분을 '한국의군 참모중장'으로 밝힌 점 등으로 보아 '의사'보다는 '장군'의 칭호가 더 합당할 것이다.

안중근 장군은 우리나라 독립운동사에서 특별한 족적을 남기신 분으로 우리 국민이 가장 존경하는 분이다. 안중근 장군의 위대한 점은 여러 가지로 설명할 수 있지만 무엇보다 그가 '행동하는 지식인'이라는 점이다. 보통 역사적 위인들도 말과 글로만 싸우는 이론가와 행동으로 싸우는 행동파로 극명하게 나뉘는데, 그 둘을 합치기란 매우 어렵다. 행동하는 사람들은 지성적 기반이 부족하고, 이론에 밝은 사람들은 나약하고 행동하기를 꺼려한다. 그래서 인류 지성사에서는 행동하는 지식인을 최고의 위인으로 꼽지만, 동서고금을 통해도 찾아보기 어려운 것이다.

일제 저항 시대의 수많은 애국지사 중에서도 안중근 장군만이 동양평화론을 남길 만큼 독서와 사색, 이론에 집중하면서도 동시에 일제강점기 전체를 통틀어 최정점에 있는 하얼빈 의거를 통해 이토 히로부미를 포살한 행동가인 것이다.

전 세계의 근현대사에 가장 알려진 행동하는 지식인으로 "우리는 늘 현실적이어야 한다. 그러나 가슴속에는 이루어질 수 없는 꿈을 가져야 한다"는 명언을 남긴 체 게바라를 꼽지만, 그보다 앞선 시대에 동양평화사상이라는 웅대한 이상과 역사적으로 최고의 의거를 거행한 안중근 장군이야말로 동서고금을 통해 가장 위대한 행동하는 지식인이라는 데 이의가 없을 것이다.

또한 안중근 장군의 진정한 위대함은 의거 자체를 넘어 의거 이후 고독과 절망 속에서도 성인의 길을 걸었다는 데 있다. 이토를 사살한 것도 위대하지만, 더욱 존경스러운 것은 사살 이후 일제의 재판에 임하는 과정에서 고문과 협박 등 온갖 수법을 동원한 공포와 고독, 외로움 속에서도 그의 지성이 찬란하게 빛났다는 점이다. 재판정에서 안중근은 첫 마디로 '내가 이토 히로부미를 죽인 열다섯 가지 이유'를 말했다. 그는 그 15개의 조항으로 조선 식민지 국민의 원한을 모두 쏟아냈다. 그리고 형장의 이슬로 사라지는 그날까지 결코 굴하지 않고 그리스도나 부처 못지않은 성인의 길을 걸었다.

일본의 검사, 형사, 심지어는 교도관들까지 안중근을 숭모했다는 이야기는 오늘까지도 전해 내려온다. 이런 점에서 안중근은 한국인의 지성의 높이를 최고 수준으로 보여준 한국 100년사에 가장 빛나는 인물이라고 생각한다.

안중근의 어머니인 조 마리아 여사는 죽음을 앞둔 아들에게 "네가

항소를 한다면 그것은 일제에 목숨을 구걸하는 짓이다…. 다른 마음 먹지 말고 죽으라…. 나는 너를 만나러 가지 않겠다"는 편지를 보내셨다 한다. 위대한 아드님에 위대한 어머님이시다. 순국 후 안중근의 묘소가 항일운동의 성지가 될 것을 두려워한 일제가 시신마저 내주지 않아 "광복되거든 고국으로 반장해달라"던 마지막 유언마저 지키지 못하고 있는 것이 송구할 따름이다.

▌안중근 장군의 구국의 철도 여정

여기서 안중근 장군의 구국의 길이었던 철도 여정을 돌아보면 다음과 같다. 조국을 떠나 블라디보스토크에서 의병 활동을 전개하던 1909년 가을 안중근 장군은 이토 히로부미가 하얼빈을 방문한다는 정보를 입수한다. 이토 히로부미는 러시아의 재무 대신 코코프체프와 만주 동삼성 문제를 협상하기 위해 하얼빈을 방문할 예정이었다. 안중근은 우리나라에 을사늑약을 강제하고 초대 통감을 지낸 뒤 추밀원 의장이 된 침략의 수괴 이토 히로부미를 사살할 수 있는 천재일우의 기회라고 생각하며 하얼빈 의거를 계획한다.

요즘에는 러시아 블라디보스토크와 만주 하얼빈 사이에 비행기, 버스, 열차 등 여러 가지 교통편이 많지만, 1909년만 해도 블라디보스토크에서 하얼빈에 가는 교통수단은 오로지 동청철도뿐이었다.

하얼빈 의거에서 가장 큰 어려움은 의거 자금을 마련하는 일이었다. 안중근 장군은 동지들의 도움을 받아 어렵사리 거사 자금 100원을 마련했는데 이 돈의 대부분이 기차 요금으로 쓰였다. 요즘 한국 물가로 환산하면 250만 원 정도라고 하지만, 물물교환이 대부분이고 현금이 귀했던 시대임을 감안하면 이는 엄청난 거금이었다.

1910년 무렵 러시아 동청철도의 운임표에 따르면, 블라디보스토크~하얼빈 간 러시아 급행열차의 운임은 1등석 약 44원, 2등석도 27.5원에 달했다. 이는 당시 소 한 마리 값이었고, 상당한 고임금이던 러시아 철도 간부의 한 달치 월급에 해당할 정도로 큰 금액이었다고 한다.

안중근 일행은 기차요금이 너무 비싸서 직통 급행열차 대신 우편 열차를 타고 갔다. 블라디보스토크에서 소리령(지금의 우수리스크 부근)까지는 3등석을 탔지만, 소리령부터 쑤이펀허까지는 2등석을 끊었다. 쑤이펀허 국경 통관 시 2등석보다 훨씬 까다로운 3등석의 세관심사를 피하기 위해서였다. 안중근과 우덕순 그리고 러시아어에 능통한 청년 유동하가 통역 겸 동행했는데, 10월 21일 오전 8시 50분 블라디보스토크를 출발해 22일 저녁 9시 15분에 하얼빈에 발을 디디게 된다. 770여 킬로미터를 가는 데 기차로 36시간이 걸린 것이다.

하얼빈에서 거사 준비 중 이토의 특별 열차가 장춘에 정차한다는 정보를 입수하고 장춘 거사도 검토했으나, 부족한 기차표 값 50원을 구하지 못해 장춘행을 포기한다.

1909년 10월 26일 아침 9시경 이토 히로부미는 당시 러시아 관할이던 장춘~채가구~하얼빈으로 이어지는 남만주철도를 이용해 하얼빈역에 도착했다. 러시아 재무 대신 코코프체프와 일본 총영사의 영접을 받으며 기차에서 내린 이토 히로부미는 러시아군 의장대를 사열한 뒤, 환영객들의 인사를 받기 시작했다. 9시 30분경 이토 히로부미가 러시아 의장대 쪽으로 다가왔을 때 환영 인파에 섞여 있던 안중근 장군은 선 자세로 권총 일곱 발을 발사했는데, 처음 쏜 네 발 중 세 발이 이토를 명중했다고 한다. 이후 러시아 헌병들이 안중근을 덮치자, 안중근은 러시아 말로 "코레아 우라!(대한 독립 만세!)"라고 세 번 외친 뒤 체포됐다. 쓰러진 이토는 열차 내로 옮겨져 응급처치를 받았

이토 피격지점

저격 방향
안장군 저격지점

안중근 장군이 이토 히로부미를 저격한 하얼빈 역의 저격 장소. 안중근 장군은 선 자세로
권총 일곱 발을 발사했고, 처음 쏜 네 발 중 세 발이 이토를 명중했다.

으나 약 20분 후에 69세로 절명했다.

안중근 하얼빈 의거 100주년이 되던 해인 2009년 7월 철도인들과
역사학도들로 꾸려진 180여 명의 방문단을 이끌고 안중근 장군의 의
거 루트를 답사한 적이 있다. 요즘에도 육로를 통해 블라디보스토크
에서 하얼빈으로 들어가려면 러시아 측 그라제코보와 중국 측 쑤이
펀허 세관을 반드시 통과해야 한다. 지금은 버스나 자동차가 주를 이
루고, 안중근이 이용했던 철도는 이용객이 줄어 하루에 객차 4~5량짜
리 열차 두 편 정도만이 운행되고 있다. 한산한 시골 역으로 전락해

버린 동청 철도의 국경역인 그라제코보역에서 그나마 '잘나가던 그 시절'을 상기시켜주는 것은 사진기 셔터를 누르는 시늉만 해도 사진 기를 압수하겠다고 윽박지르는 삼엄한 국경수비대뿐이었다.

우리 철도는 일제의 침략 도구로 우리 국민을 수탈하는 수단으로 이용됐다는 불행한 업보를 안고 출발했지만, 해방 후 우리 손으로 다시 일궈내 마침내 국산기술로 최고 시속 350킬로미터의 고속철도(KTX)를 제작하고 운영하는 '한강의 기적'을 이뤄냈다.

서울역 맞이방 3층의 한쪽 벽면에는 "하루라도 책을 읽지 않으면 입에 가시가 돋는다一日不讀書 口中生型棘"는 안중근 장군의 말씀을 담은 서예가 박원규 선생의 작품이 걸려 있다. 일제 식민지와 6·25전

서울역 맞이방 3층에 게시된 박원규 선생의 작품. 안중근 장군의 "하루라도 책을 읽지 않으면 입안에 가시가 돋는다"는 글귀가 한글과 한자로 쓰여 있다.

쟁의 폐허를 딛고 세계 10대 경제대국으로 발전한 대한민국의 수도 서울의 관문인 서울역은 세계 각국의 외국인을 포함해서 하루 40만 명의 유동 인구가 스쳐 간다. 서울역 안중근 장군의 말씀을 통해 생애 처음이자 마지막이 된 이국의 철길 위에 뜨겁게 쏟아낸 안중근의 정신이 현시대를 살아가는 우리 국민을 넘어, 일본인, 중국인 그리고 세계인들에게도 널리널리 퍼져 나가기를 바라본다. 그가 실현하고자 했던 동양평화사상, 즉 국경을 초월한 인류의 평화 공존과 공동 번영 이야말로 110년이 지난 오늘까지도 우리 모두가 갈구하는 보편적 가치이기 때문이다.

이 책을 읽는 독자들께서도 서울역에 가시면 박원규 선생이 그려낸 '행동하는 지식인 안중근'을 꼭 한번 감상하시기 바란다.

─o Trans Siberian Railway o─

원조 스포츠 아이돌
손기정의 영욕의 철길

해방 전 서울역에서 국제철도를 이용하여 유라시아 대륙을 횡단한 한국인 중에 가장 슬프면서도 또한 가장 영광스러웠던 여행자로 손기정 선생을 꼽는 데 이의를 제기할 사람은 없을 것이다. 1936년 베를린 올림픽 국가대표 선수로 선발된 손기정 선생은 남승룡 선수와 함께 유학 중이던 도쿄에서 베를린까지 기차를 타고 갔다.

물론 국권을 빼앗긴 시절이었기 때문에 조선의 청년들은 일장기를 가슴에 달고 뛰어야만 했다. 손기정 선생은 개인적으로나 국가적으로 최고의 영예였을 올림픽 금메달을 따고도 경기 직후 친구에게 보낸 엽서에 "슬푸다!!?"라는 단 세 글자만을 썼으니, 조국을 빼앗긴 슬픔이 어떤 것인지, 광복 이후 태어난 우리들이 온전히 이해할 수는 없

1936년 베를린 올림픽 마라톤 금
메달 리스트 손기정 선수와 동메달
리스트 남승룡 선수.
올림픽에서 금메달을 딴 직후 친구
에게 보낸 엽서에는 "슬푸다!!"라는
단 세 글자만이 적혀 있었다.

을 것이다.

24세의 조선 청년 손기정이 세운 기록은 2시간 29분 19.2초로 올림픽 신기록이었다. 뿐만 아니라 동시대 인간들에게는 절대 넘어설 수 없는 '마의 벽'이었던 2시간 30분대를 깨뜨린 '인간 승리'였다.

일제는 조선인을 두 명씩이나 대표선수로 뽑는 것이 탐탁지 않았지만, 손기정과 남승룡의 기록이 워낙 압도적이라 마지못해 포함시켰다고 한다. 나중에 중일전쟁으로 취소되기는 했지만, 도쿄가 베를린에 이은 차기 올림픽(1940년) 개최지로 선정된 상태여서 일본에게 좋은 성적이 꼭 필요했던 것도 실력 위주 발탁 요인으로 작용했을 것이다.

한편 올림픽촌에서 손기정 선수는 거리낌 없이 자신이 조선인임을 밝히고 다녔으며, 그가 일장기가 그려진 국가대표 유니폼을 입은 것도 마라톤 경기 당일뿐이었다고 한다. 그래서인지 마라톤을 중계하는 독일 아나운서도 1등으로 결승선을 향해 달려오는 손기정 선수를 일본 선수라고 하면서도 분명하게 조선인 대학생이라고 외쳤다. "wo der japanische Sieger Son kommen muss, der Koreanische Student, er hat die Streitmacht der Welt zertrummert, mit asiatischer Fähigkeit und Energie ist der Koreaner durch(…) 일본의 우승자 손기정이 들어옵니다, 한국인 대학생 손기정은 전 세계의 경쟁자들을 눌렀습니다. 저 한국인이 아시아의 능력과 에너지로 (…)"

우승 후 독일 방송과의 인터뷰에서도 손기정은 유창한 일본어를 제쳐두고 우리말로 인터뷰를 했다. 당시 올림픽 다큐멘터리를 제작한 영화감독 레니 리펜슈탈은 금메달을 손에 든 손기정 선수의 표정에서 뭔가 말 못할 사정이 감춰져 있다는 것을 직감했다고 한다. 손기정은 금메달을 받은 다음 날 히틀러도 만났다고 하는데, 아마도 공식적으로 히틀러를 대면한 유일한 한국인일 것 같다.

손기정 선수의 진짜 고난은 금메달리스트가 된 순간부터 시작됐다. 금메달 수상대에 선 손기정 선수는 일장기가 올라가는 동안 고개를 푹 숙인 채 우승자에게만 주어지는 월계수 다발로 유니폼의 일장기를 가렸다. 두 청년의 쾌거가 조선에 알려지자 식민지 국민들은 세계 재패에 대한 엄청난 감격만큼이나 조국을 잃은 억울함에 비분강개했다. 이러한 민심에 불을 지른 동아일보의 일장기 말소사건으로 여덟 명의 기자가 구속되고 동아일보는 약 9개월이나 정간되는 큰 고초도 겪었다.

일제는 조선 내에서 주권 의식이 분출될 것을 우려하여, 금의환향하는 손기정 선수의 환영식조차도 열지 못하게 했다. 손기정 선수는 일제 고등경찰의 집요한 감시 대상이 되었을 뿐 아니라, 이후 열리는 모든 육상경기에도 출전이 금지됐다. 마라톤 올림픽 금메달리스트에게 마라톤을 금지하는 것은 사지를 잘리는 것과 같은 고통이자 불행이었을 것이다. 그는 평범한 은행원으로 살다가 해방을 맞이했다. 그리고 해방된 조국에서 국가대표 선수들의 코치로서 훌륭한 후배 마라토너들을 키워내며 자신의 못다 한 꿈을 펼쳤다. 태극기를 가슴에 단 제자들이 수상대 위에 선 모습, 휘날리는 태극기와 울려 퍼지는 애국가를 그가 얼마나 감격스러운 마음으로 지켜보았을지 상상이 된다.

식민지 국민으로서 영욕에 얼룩진 마음으로 인간의 한계를 깬 영웅 손기정 선생이 자서전 『나의 조국 나의 마라톤』과 잡지 《삼천리》 등에 기고한 기행문을 토대로 그의 올림픽 대장정을 따라가 보면 다음과 같다.

손기정은 1936년 6월 올림픽 개막을 두 달 앞선 시점에 현지 적응 훈련을 위해 선수단 본진보다 먼저 베를린으로 출발했다. 당시 도쿄 유학중이던 손기정 선수는 도쿄에서 기차를 타고 시모노세키에 도착해 페리로 부산에 온다. 그리고 기차로 부산~서울~신의주와 만주대륙을 통과하고 시베리아 횡단철도로 모스크바와 바르샤바(폴란드)를

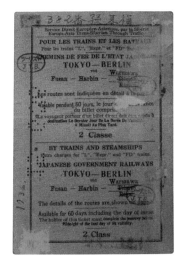

Service Direct Européen-Asiatique, par la Sibérie
Europe-Asia Trans-Siberian Through Traffic.

POUR LES TRAINS ET LES BAT[...]
Pour les trains "L", "Expr." et "FD" [...]

CHEMINS DE FER DE L'ÉTAT JA[...]
TOKYO — BERLIN
vot
Fusan — Harbin — Warsz[...]

[...] routes sont indiquées en détail à la [...]
V[...]able pendant 60 jours, le jour [...]
du billet compri[...]
[...] voyageur porteur d'un billet direct do[...]
destination Le Dernier Jour De La Durée De [...]
A Minuit Au Plus Tard.

2 Classe

BY TRAINS AND STEAMSHIPS
[...]tra charges for "L", "Expr." and "FD" trains.

JAPANESE GOVERNMENT RAILWAYS
TOKYO — BERLIN
vot
Fusan — Harbin — Warszawa

The details of the routes are shown on [...]

Available for 60 days including the day of issue
The holder of this ticket must complete the journey before
Midnight of the last day of its validity.

2 Class

손기정 선수의 자필 서명이 있는 도쿄~
베를린 간 기차표.

거쳐 장장 17일 만에 베를린에 입성한다. 올림픽 금메달리스트가 되어 금의환향하는 귀국길은 59일에 걸친 뱃길이었다. 왕복 이동하는 데 걸린 시간만 두 달가량이고, 올림픽 체류 기간 2개월을 합하면 4개월에 걸친 대장정이었다.

손기정 선생이 남긴 자료에 따르면, 이 대장정의 비용은 도쿄와 베를린 사이는 2등 급행 침대요금이 50퍼센트 할인된 금액으로 391원 38전, 일주일 동안 시베리아 철도의 식권이 72원 13전, 돌아올 때의 배 삯, 베를린 체재 중의 식비 등 모두 합치면 한 사람당 3,000원이라는 당시로서는 어마어마한 거금이 들었다.

이처럼 비용도 엄청날 뿐더러, 이런 기회 자체도 조선인들에게 쉽게 주어지는 게 아니었겠지만, 그의 자서전 『나의 조국 나의 마라톤』을 보면 막상 기차에서 지내는 동안 고생이 말이 아니었던 것 같다.

손기정 선수가 서울역을 떠나 베를린에 도착하기까지 특히 소련 구간에서는 기차에서만 2주일 가까이 보낸 셈이다. 선로가 잘 정비된 지금도 기차에서 며칠을 먹고 자다 보면 차에서 내려도 땅이 덜컹대

손기정 선수의 4개월간 대장정

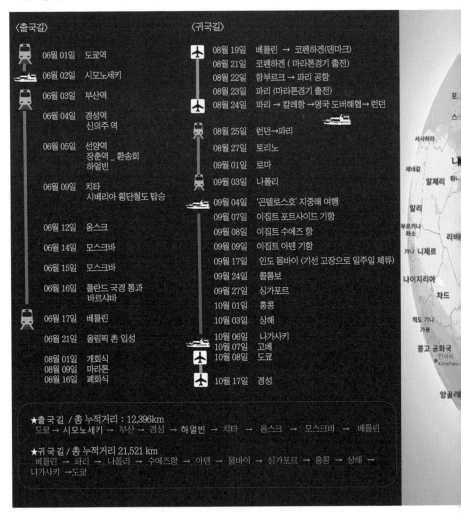

〈출국길〉

🚆	06월 01일	도쿄역
🚢	06월 02일	시모노세키
🚆	06월 03일	부산역
	06월 04일	경성역 신의주 역
	06월 05일	선양역 장춘역 _ 환송회 하얼빈
	06월 09일	치타 시베리아 횡단철도 탑승
	06월 12일	옴스크
	06월 14일	모스크바
	06월 15일	모스크바
	06월 16일	폴란드 국경 통과 바르샤바
🚆	06월 17일	베를린
	06월 21일	올림픽 촌 입성
	08월 01일 08월 09일 08월 16일	개회식 마라톤 폐회식

〈귀국길〉

✈	08월 19일	베를린 → 코펜하겐(덴마크)
	08월 21일	코펜하겐 (마라톤경기 출전)
	08월 22일	함부르크 → 파리 공항
	08월 23일	파리 (마라톤경기 출전)
✈	08월 24일	파리 → 칼레항 →영국 도버해협→ 런던
🚢	08월 25일	런던→파리
🚆	08월 27일	토리노
	09월 01일	로마
🚆	09월 03일	나폴리
🚢	09월 04일	'콘델로스호' 지중해 여행
	09월 07일	이집트 포트사이드 기항
	09월 08일	이집트 수에즈 항
	09월 09일	이집트 아덴 기항
	09월 17일	인도 몸바이 (기선 고장으로 일주일 체류)
	09월 24일	콜롬보
	09월 27일	싱가포르
	10월 01일	홍콩
	10월 03일	상해
🚢	10월 06일 10월 07일 ✈ 10월 08일	나가사키 고베 도쿄
✈	10월 17일	경성

★출국 길 / 총 누적거리 : 12,396km
도쿄 → 시모노세키 → 부산 → 경성 → 하얼빈 → 치타 → 옴스크 → 모스크바 → 베를린

★귀국 길 / 총 누적거리 21,521 km
베를린 → 파리 → 나폴리 → 수에즈항 → 아텐 → 몸바이 → 싱가포르 → 홍콩 → 상해 →
나가사키 →도쿄

는 것처럼 울렁거림을 느끼는데, 당시의 열악한 기차에서 이렇게 오
랜 시간을 지내는 것 자체가 큰 고역이었을 것이다. 하물며 컨디션

조절이 필수인 올림픽 참가 선수에게는 말이다.

한편 그의 기행문에서 기차여행 자체에 대한 묘사는 짧고 간결하지만, 손기정 선생의 예리한 관찰력이 드러나 놀랍기만 하다.

손기정 선생은 시베리아 횡단열차가 수시로 멈춰서고 시간을 제대로 지키지 않는다고 지적하면서 그 이유를 정확하게 짚어냈다. 선로 상태가 나빠 속도를 낼 수 없었던 탓도 있지만, 여객 차량이 적고 화물 열차가 많았기 때문이며, 시베리아 철도가 거의 단선이라서 수시로 마주 오는 열차를 대피해야 했고, 복선화 공사 구간이 많았다고 묘사하고 있다. 또한 부녀자들이 철로 수선을 하고 있어 놀랐다는 이야기도 나온다. 다른 문헌이나 자료들에 따르면, 시베리아에 인구가 적어 인부를 구하기 어렵다 보니 철도건설공사에 죄수는 물론이고 중국인, 조선인들까지 투입됐다는 이야기가 나오지만, 부녀자까지 동원됐다는 고증은 매우 희귀한 것이다.

손기정과 남승룡 선수는 열차가 정차한 동안 굳어진 몸도 풀 겸 철도를 따라 뛰었는데, 소련 관리들이 군수품 열차의 기밀 정보를 염탐하려는 것으로 오해해서 곤란을 겪었다는 말도 나온다. 예나 지금이나 북한은 말할 것도 없고, 러시아나 중국에서는 철도를 군사시설로 보기 때문에 보안이 매우 삼엄하다. 요즘도 철도 부근에서 사진 촬영을 하다 보면 시비에 걸리는 일이 많고, 특히 항공 촬영을 위해 드론을 띄우려면 반드시 당국의 허가를 받아야 한다. 2015년 외교부와 코레일이 공동 주최한 '유라시아 친선특급' 행사 당시 50여 명의 언론인과 촬영팀이 참여했는데, 이들이 우리 외교부를 통해 러시아 당국에 드론 촬영 허가를 요청했지만 묵묵부답이었다. 여행 출발일은 코앞으로 다가오는데, 드론 촬영이 안 되면 어쩌나 언론인들의 걱정이 이만저만이 아니었다. 여행 출발 5일 전, 절묘한 타이밍에 도쿄에서 개최된 세계 고속철도 포럼에서 러시아철도공사 사장을 만나 전후 사정을 얘기하며 도움을 청했다. 야쿠닌 사장의 적극적인 중재 끝에 허가가 떨어지긴 했는데, 마치 일부러 그러듯 애를 태우다가 열차 출발을 불과 몇 시간 앞두고 허가가 나왔다. 안도한 촬영팀의 환호 속에 블라디보스토크의 하늘 위로 우리 드론들이 날아오르던 감동스러운 장면이 아직도 기억에 생생하다. 러시아 철도역들이 대부분 그렇지만 특히 블라디보스토크역은 러시아의 태평양 함대가 정박하는 해군기지와 근접해 있어 사진 촬영 허가를 받는 것이 까다롭기로 유명하다.

아직 정식으로 공인되지 못하고 있다니 안타깝지만, 손기정 선수는 한국인 최초의 올림픽 금메달리스트다. 그의 금메달은 개인의 성취를 넘어 조국이 가장 암울했던 시기에 한국인의 존재와 능력을 만방에 과시하며 한국인의 자긍심을 한층 높여주었다. 세계 스포츠 역사를 빛낸 대한민국의 원조 '아이돌 스타'지만, 조국을 빼앗긴 설움에 영광보다는 슬픔과 고초를 겪어야만 했던 손기정 선수! 그가 일궈낸 기적의 금메달은 오늘의 우리들에게 조국의 소중함과 대한민국 국민이라는 자부심을 일깨워준다.

춘원 이광수의 『유정』에 그려진 고뇌의 철길

일제강점기 시베리아 횡단철도 여행과 관련해서 빼놓을 수 없는 대표적인 한국인은 춘원 이광수(1892~1950년)다. 특히 그의 작품 『유정有情』은 1930년대 우리나라에 펼쳐졌던 '국제화 시대'를 여실히 보여주는 소설이다.

1933년 10월부터 조선일보에 연재된 『유정』의 줄거리는 작가 자신의 말대로 '최석이라는 지위 있고 명망 있고 양심 날카로운 중년 남자와 남정임이라는 마음 깨끗하고 몸 아름다운 젊은 여자와의 사랑으로부터 생기는 인정의 슬픈 이야기'다. 물론 소설 속 두 사람의 사랑은 순수한 플라토닉 러브지만, 다른 한편으로는 요즘 기준으로도 매우 파격적인 러브 스토리이기도 하다. 남정임은 중국에서 독립운동

춘원 이광수는 23세 때 6개월 동안
시베리아 치타에 머물렀다.

을 하다 숨진 친구의 여식으로 최석이 거두어 키워낸 딸 같은 여성이
기 때문이다.

남정임과의 사이를 불륜으로 오해한 최석의 부인이 퍼뜨린 소문
때문에 명예도 지위도 모두 잃은 최석. 그는 금기시된 사랑에 고뇌하
며 바이칼 호수에서 생을 마감하기로 결심하고 시베리아로 떠난다.
최석의 편지를 통해 진실을 알게 된 친구 N은 그의 구명운동을 펼치
고, 아버지에 대한 오해를 푼 최석의 딸 순임은 도쿄에서 달려온 남
정임과 함께 시베리아로 최석의 뒤를 따른다. 친구 N은 이들 모두를
찾아 나서지만, 최석은 남정임이 도착하기 직전 시베리아에서 죽음을
맞이하는 비극적인 결말이다.

소설에는 일제 식민지라는 시대 상황은 드러나지 않은 채, 외형적
으로 자유롭고 풍족한 삶을 영위하는 등장인물들이 '사랑'이라는 극

히 개인적인 호사(?)에 천착하고 있다. 모든 인물들이 서울과 도쿄, 하얼빈, 만주리, 치타, 시베리아, 이르쿠츠크, 바이칼, 브랴트 마을 등을 종횡무진하며 이야기가 전개된다.

이처럼 파격적인 러브 스토리 못지않게 관심을 끄는 것이 바로 소설의 무대이자 배경인 만주, 시베리아, 대륙 철도다. 실제로 소설을 읽다 보면 시베리아와 대륙 철도가 단순히 무대나 배경이 아니라 또 다른 주인공이라는 생각을 지울 수 없다. 또 하나 『유정』에서 인상적인 것은 소설 전편에 바이칼의 광대한 물처럼 넘실대는 춘원의 '글로벌 마인드와 지식'이다.

이광수가 작가로서의 명성을 얻은 것은 1917년 매일신보에 연재한 『무정無情』이라는 작품을 통해서다. 그는 등단하기 전인 1914년 2월 약관 23세의 나이에 시베리아 치타에서 6개월가량 머물며 시베리아 지역의 애국 한인 결사체인 대한인국민회의 기관지《대한인정교보》의 편집자와 주필로 활동했다.

그러나 이광수가 시베리아에 머물게 된 것은 뜻하지 않은 것으로 오산학교 교사이던 춘원은 샌프란시스코에서 발행되는《신한민보》의 주필로 초빙되어 미국으로 향하던 길이었다. 시베리아 횡단철도로 유럽으로 가서 대서양을 건너는 배를 타고 샌프란시스코로 갈 계획이었지만 여비가 부족해서 시베리아에 발이 묶였던 것 뿐이다. 미국에서 여비가 오기를 기다리며 치타에 머물던 중 그해 7월에 1차 세계대전이 발발하여 이광수의 미국행은 좌절된다. 아무튼 이때 시베리아에서의 경험은 『유정』뿐 아니라 그의 다른 작품들에도 흔적을 남겼다.

이광수가 이르쿠츠크와 바이칼 호수를 방문했던 1914년의 시베리아 횡단철도는 만주대륙을 통과하는 동청철도를 통해 치타(러시아)~만주리~하얼빈~블라디보스토크로 이어졌다. 그 무렵에는 동청철도 연변까지도 러시아가 관할했으나, 이 소설이 발표된 1933년에는 만철회사가 동청철도를 인수한 상태로 만주대륙 철도까지 일제의 손아귀에 있었다.

소설 『유정』으로 다시 돌아와서 가장 인상적인 대목은 최석이 시베리아로 떠나고, 도쿄에 유학 중이던 남정임이 그런 최석을 단숨에 쫓아갈 수 있을 정도로 1930년대 우리나라에 대륙 철도가 일상화되어 있었다는 점이다. 우편 및 통신 시스템도 상당히 발달해서, 만주나 이르쿠츠크의 호텔에서 전보를 치면 서울에 하루 이틀 안에 도착하고, 송금을 하면 며칠 만에 돈을 찾을 수 있었다.

소설 속 주인공들이 이용하는 교통수단은 열차는 기본이고, 관부페리, 비행기, 택시에 이르기까지 어찌 보면 요즘보다 더 다양하다. 특히 최석이 남정임이 아프다는 소식을 듣고 급한 마음에 프로펠러기를 타고 하루 반 만에 도쿄에 가는 장면도 나온다. 최석의 딸 순임의 입을 빌어 서울에서 시베리아에 가는 방법들을 소개하는데, 요즘 우리가 말하는 소위 '철의 실크로드'가 총동원되고 있다.

첫째, 중동(동청)철도를 이용하는 방법, 서울~안동(단둥)~봉천~신경~하얼빈~만주리~이르쿠츠크.

둘째, 중동(동청)철도가 불통이면 봉천~산해관(북경 근처의 만리장성 관문)~북경~장가구까지 열차로 가서, 장가구부터 자동차로 몽골을 횡단해서 가는 방법(당시에는 몽골 횡단철도가 아직 없었다).

셋째, 구라파(유럽)로 돌아서 뱃길로 가는 방법, 즉 인도양과 지중해를 거쳐 프랑스에 도착 후 기차로 가는 방법.

넷째, 해삼위(블라디보스토크)를 통해서 가는 방법.

사통팔달의 교통망처럼 인맥도 마인드도 글로벌하다. 남정임의 어머니는 중국인이다. 최석이 바이칼에 가는 데 필요한 러시아 입국 여행권을 구해주는 한국인 친지 R은 러시아 무관학교 출신으로 소비에트 장군이다. 최석의 친구 N은 최석의 소재를 알아보려고 하얼빈, 치치하얼, 치타, 이르쿠츠크, 모스크바에 있는 친구들에게 연락한다. 그리고 소설의 결말에서 최석이 죽은 후에 남정임은 이르쿠츠크의 브랴트 마을에 남는다.

소설 속에 "우리 조선 사람이란 달아난다면 곧 만주 방면을 연상하는 버릇이 있다"는 말이 나오는데, 근래에 우리나라 드라마나 영화에서 실연하거나 무슨 문제가 있을 때 도피처로 삼는 곳이 주로 미국인 것처럼 당시에는 만주가 심리적으로도 그렇게 지척이었던 것 같다.

1930년대 조선인들의 라이프스타일 또한 서구화되고, 경제적 수준도 상당한 것으로 묘사된다. 『유정』에서 최석은 가족들과 원산으로 피서를 가고, 딸에게 2,000원짜리 최고급 피아노를 선물하며, 유학 가는 정임에게는 용돈 30원을 손에 쥐어준다. 시베리아를 향해 떠난 순임은 아버지 친구에게 돈 1,000원을 송금해달라고 쉽게 부탁한다. 앞서 1909년 안중근 장군이 철도 요금 50원을 구하지 못해 '장춘 거사'를 포기했던 것을 떠올리면 격세지감이 들지 않을 수 없다.

당시 국제 정세를 엿볼 수 있는 이야기도 나온다. "판다는 둥 안 판다는 둥 말썽 많은 동중로"라는 문장에서 '동중로'란 동청철도를 말하는 것으로, 러·일 간의 오랜 샅바싸움 끝에 1931년 일본이 인수했다. 아마도 당시에 이 문제가 조선에서도 크게 화제였던 듯하다 .

이 소설에서 일제의 그림자는 단 한 군데도 비치지 않지만, 춘원의 속마음이 여지없이 드러나는 대목이 있다. 금기시된 사랑 때문에 죽으러 가는 최석은 하얼빈역에 내리자마자 "벌판같이 넓은 플랫폼에서 안중근이 이토 히로부미를 쏜 곳"을 가장 먼저 찾는다. 또한 활기찬 세계 각국 시민들 중에 조선인들만이 신변이 탄로 날까 두려워하며 허름한 차림새로 기운 없이 다니는 신세라고 연민한다. "언제나 한번 동양이든지 서양이든지 '나 조선 사람이오!' 하고 뽐내고 다닐 날이 있을까"라는 한탄과 함께 기차로 만주대륙을 지나면서는 자식 세대들이 "이 광막한 벌판을 개척해서 조선 사람의 낙원을 만들겠다"는 야망을 가져주기를 희망한다.

『유정』을 처음 읽었을 때는 대륙 철도가 서울 한복판까지 들어오고, 주인공들이 마음 내키는 대로 만주와 시베리아를 누빌 만큼 자유와 경제력을 가진 것처럼 보여 무척 놀랐다. 1930년대 조선 지식인들의 '세계화 수준'이 누구나 외국어 하나쯤은 하고, 휴가 때마다 해외

여행을 즐기며, 미국이나 해외에 거주하는 친지 한둘은 있는 오늘날의 우리보다 못하지 않다는 생각도 들었다. 그런데 책을 덮고 깊이 생각해 보면, 실제로 그 시대 조선인들에게 만주나 시베리아로 '기차 여행'을 떠나는 것은 꿈도 꾸기 어려운 그림의 떡이었을 것이다.

어쩌면 춘원은 궁핍과 압제에 신음하는 식민지 민족에게는 '상상의 공간'일 뿐인 시베리아라는 창을 통해, 현실 밖에 존재하는 넓은 세상, 자유로운 세상을 보여주고 싶었던 것은 아닐까? 금지된 사랑 때문이든 조국 잃은 슬픔 때문이든, 그 시대 대륙 철도에 몸을 실은 조선인들에게 시베리아 횡단철도는 목숨을 건 고뇌의 철길이었으리라.

어느 해 5월 시베리아 횡단열차의 침대에 기대 앉아 이광수의 표현

치타역.

대로 '꽃의 바다'를 이룬 시베리아의 여름 풍경을 보며 그의 책『유정』을 다시 읽었다. 그날의 시베리아는 마치 타임머신을 타고 온 듯 유구의 시간을 뛰어넘어 소설 속 모습 그대로 눈앞에 펼쳐져 있었다.

늦은 아침 시각, 시베리아 열차가 잠시 정차한 치타역에서 100여 년 전 샌프란시코행에 가슴 설레며 이 역에 도착했을 춘원을 추억하니 절로 애잔함에 마음이 젖어들었다. 만약 청년 이광수가 시베리아에 발이 묶이지 않고 미국으로 갈 수 있었더라면 그의 인생 궤적은 어떻게 달라졌을까?

나는 아무런 고뇌 없이 '상수시(SansSousi)' 시베리아 열차에 몸을 싣고 그가 소설에서 염원했듯 동양이든 서양이든 대한민국 국민임을 자랑스럽게 뽐내는 시대가 왔음을 시베리아의 하늘에 고했다. 그리고 잊지 않고 어느 정차역 키오스크에서 '크바스' 한 병을 사서 마셨다.

『유정』의 최석이, 그리고 아마도 춘원이 F역에서 마셨던 그 크바스는 시베리아 횡단열차가 서는 정차역 어디서나 만날 수 있는, 지금도 러시아인들이 즐겨 마시는 김빠진 콜라맛이 나는 청량음료다.

러시아인들이 즐겨 마시는 '크바스'.

Trans Siberian Railway

9장

21세기의 시베리아 횡단철도

막강한 파워 조직
러시아철도공사

러시아는 시베리아 횡단철도를 포함하여 총 8만 5,500킬로미터의 철도연장을 보유하고 있어, 미국과 중국에 이어 세계 3위의 철도 대국이다. RZD로 불리는 철도공사 직원 수도 83만 6,000명(2016년 통계)에 달한다. 러시아 철도는 원래부터 화물 수송 위주라서, 여객보다는 화물에 집중한다. 교통시장에서 철도의 경쟁력이 어느 정도인지를 가늠케해주는 수송분담률이 화물의 경우 90퍼센트에 가까워, 철도는 러시아에서 가장 중요한 교통수단임을 입증해주고 있다. 화물수송량은 중국과 미국에 이어 세계 3위를 기록하고 있으며, 철도를 이용하는 여객은 연인원 14억 명으로 일본, 인도에 이어 세계 8위를 기록했다.

철도부로 운영되던 철도사업 주체는 2000년 푸틴 대통령 집권 이후 구조개혁을 통해 공사화와 민영화의 길을 걷고 있다. 2003년 정부가 100퍼센트 주식을 소유한 러시아철도공사가 설립되었으며, 일부 지사 또는 계열사를 비롯한 철도공사의 지분 매각을 통해 민영화도 추진되고 있다. 대표적으로 독일 철도의 화물자회사인 셍커(DB Schenker)와 RZD는 상호 주식을 보유하고, 협력 관계를 구축하고 있다.

러시아에서 철도는 교통시장의 절대 강자로 군림하고 있다. 철도사업은 전통적인 흑자 사업으로 특히 화물부문의 막대한 흑자로 여객사업을 보조해주는 교차지원정책을 쓴다. 그러다 보니 최근에 인상 추세라고는 하지만 여객 운임은 수송 원가의 50퍼센트를 조금 넘는 수준에서 책정된다. 또한 수입 중 25퍼센트는 교통특별세로 납입해 도로부문의 보조금으로 쓰이고 있다. 재정 상태가 워낙 좋아서 철도 건설 투자도 철도공사가 거의 자체 조달하고 있다.

러시아철도공사는 예산 규모, 자산 가치, 종업원 숫자 기준으로 러시아 최대 공기업이다. 매출액 규모로는 4대 공기업인데, 2016년 매출액은 1조 5,777억 루블(28조 4,000억 원), 순이익은 1172억 루블(약 2조 5,000억 원)에 달했다. 2조 5,000억 원 자체도 큰돈이지만, 러시아의 일인당 국민소득이 1만 달러대임을 감안하면, 우리나라 기준으로는 7조 원 이상의 힘을 발휘하는 것이다.

조직은 사장을 정점으로 수석부사장 2명, 차석부사장 3명 그리고 14명의 부사장이 각각 책임사업부를 지휘하고 있다. 현재 사장은

러시아철도공사 로고.
러시아철도공사는 예산 규모,
자산 가치, 종업원 숫자 기준으로
러시아 최대 공기업이다.

2015년 취임한 올레그 벨로제로프이다. 그러나 2005년부터 2015년
까지 10년 동안 사장을 역임한 블라디미르 야쿠닌 사장을 빼놓고는
오늘날의 러시아 철도를 말할 수 없다. 야쿠닌 사장은 강력한 카리스
마와 막강한 재정 능력을 바탕으로 러시아 철도의 가치와 위상을 높
였을 뿐 아니라, 파리에 본사를 둔 서방 국가 중심의 세계철도협회인
UIC와 바르샤바에 있는 옛 소련권 국가들의 국제철도협회인 OSJD
의 회장을 동시에 역임하며 세계 철도 지도자로서도 뚜렷한 발자취
를 남겼다.

　2000년 푸틴 대통령 집권 때부터 철도부 장관으로 임명될 것이라
는 주위의 기대에도 불구하고 철도부의 2인자인 수석차관으로 부임
해서 푸틴 대통령의 절대적 신임하에 철도 구조개혁 작업을 주도했으
며, 공사 설립 후인 2005년 6월 사장으로 취임했다. 상트페테르부르
크 출신에다 KGB 경력이 있고 푸틴의 상트페테르부르크 부시장 시
절부터 함께 일했던 야쿠닌 사장은 러시아 정가에서 '푸틴의 숨겨둔
최측근 인사'로 알려져 있다. 끊임없이 차기 대통령 후보설이 나돌 정

도로 실세 중의 실세인 그는 현재 러시아 의회(듀마)의 상원의원이다. 러시아에서는 철도가 흑자 사업으로서 경제적 가치도 높거니와 중요한 안보 시설로 간주되는 등 위상이 높기 때문에, 전통적으로 철도 수장은 상당한 실력자들인 경우가 많다. 실제로 옐친 대통령은 자신의 오른팔이던 시베리아교통대학교 출신의 니콜라이 악쇼넨코를 철도부 장관으로 기용했고, 푸틴도 2000년 집권하자마자 자신의 최측근인 야쿠닌 사장을 철도공사에 보내 철도를 장악했다.

철도공사의 세부 조직을 살펴보면 16개 지사와 127개 사업단위로 구성되어 있다. 철도 경영의 효율성을 높이기 위해 여러 차례 지사와 사업 단위를 축소하려는 시도가 있었으나, 철도 지사의 존재가 지자체의 위상을 높여주는 데다, 철도 수익이 세금원이 되는 등 지역 경제에도 상당히 기여하다 보니 지역 정치인이나 주민들의 반대가 심해 지사의 축소나 폐지는 관철되지 못하는 실정이다.

러시아에서 철도는 가장 중요한 수송 수단이다. 소위 주철종도라 일컬어지는 철도 중심의 교통체계는 비단 러시아뿐 아니라 중국, 북한 등 과거 공산주의 국가들에서는 공통된 사항이기도 하다. 그 배경으로는 다음과 같은 몇 가지 원인을 생각해볼 수 있다.

첫째, 철도가 가지고 있는 장점들, 즉 에너지 효율성, 대량수송성 등의 이유도 있겠지만, 러시아나 중국처럼 광활한 국토를 물리적으로 통합해야 하는 입장에서는 장거리 수송에 적합한 철도를 선호할 수밖에 없다. 여객의 경우에도 보통 1,000킬로미터가 넘는 거리에서는 손수 운전해서 가는 것보다 열차를 이용하는 것이 더 편하지만, 특히 장거리 화물 수송에서 열차는 타의 추종을 불허하는 절대 강자다.

둘째, 극한적인 기후 환경도 한몫하는 것 같다. 여름에는 섭씨 40~50도까지 올라가고, 겨울에는 영하 30~40도를 넘나드는 혹한과 눈보라, 빙하로 인한 범람 등 자연재해로 인해 비행기는 결항되기 일쑤고, 정시 운항 자체가 어렵다. 시베리아에서는 겨울이면 자동차들이 뾰족한 징이 박힌 타이어를 달았는데도 휙휙 미끄러지는 건 기본이고, 중앙분리선도 차선도 눈에 덮혀 아예 다 사라지기 일쑤라 자동차를 타는 게 무서울 정도다. 이처럼 도로는 일 년의 절반 이상 눈에 덮여 빙판이나 다름없다 보니 교통사고도 많아서 비가 오나 눈이 오나 한결같은 철도를 선호할 수밖에 없는 것이다.

셋째, 공산주의 시절에는 여객이든 화물이든 기차는 통제하기 쉽다는 점도 중요한 장점으로 작용했을 것이다. 도로에서는 사람들이 임의로 멈추거나 잠시 샛길로 빠져 나갈 수도 있지만, 정해진 선로를 따라 운행되는 철도는 열차 문만 봉쇄하면 그만이어서 통제가 수월하기 때문이다.

끝으로 경제성 측면이다. 광활한 국토 면적에 인구밀도가 워낙 낮은 데다, 소비재산업, 특히 자동차산업이 낙후되어 있다 보니 자가용 보유 숫자가 적어서 도로교통은 가성비 측면에서 철도를 따라갈 수 없다.

한마디로 러시아에서 철도는 가장 경제적이고 효율적이며, 안전성 측면에서도 타의 추종을 불허하는 최고의 교통수단인 것이다.

─○ Trans Siberian Railway ○─

현대화되는 시베리아 횡단철도

1990년 12월 26일 소련의 해체 후 탄생한 신생 러시아는 1998년 모라토리엄을 선언할 정도로 극심한 경제 위기를 겪는다. 철도 수송 역시 경제 위기의 직격탄을 맞았다. 1980년대 전성기를 구가하던 시베리아 횡단철도의 화물수송량이 큰 폭으로 감소했다. 긴 수송시간에 비해 터무니없이 높은 운임, 질 낮은 서비스와 화물 분실 사고, 심지어 화적떼의 열차 습격 사건마저 속출하면서 국내외의 화주들이 외면했기 때문이다.

철도가 제대로 운용되지 못하다 보니 러시아 국내 경제의 어려움은 더욱 가중되는 악순환이 이어졌다. 1990년대에는 움직이지 않고 서 있는 열차와 상한 야채 상자들이 즐비한 철도역들 그리고 식품 가게마다 추위와 굶주림에 떨며 수십 미터씩 줄 서 있는 모스크바 시민들의 모습이 전 세계 TV 뉴스의 단골 메뉴로 등장했다.

당시 러시아 경제 위기의 실체는 유통난이라는 견해가 있었을 정도로 철도의 마비는 서민 경제의 마비로 직결되었다. 그때나 지금이나 철도가 러시아의 광대한 국토를 동서남북으로 연결하는 유일한 교통수단이다 보니 철도가 제 기능을 다하는 것은 아주 중요하다.

제정러시아 시절부터 그래 왔듯이, 푸틴 대통령도 러시아 경제를 위한 시베리아와 극동의 중요성을 절감하고 있다. 또한 시베리아의 개발과 발전을 위해 시베리아 횡단철도가 결정적인 역할을 한다는 것도 잘 알고 있다. 푸틴 대통령이 2001년 2월 말 우리나라를 처음 국빈 방문한 이래 여러 차례 이어진 한·러 정상회담에서 빠지지 않는 단골 의제가 TKR-TSR 연결 사업, 즉 남북 종단철도와 시베리아 횡단철도를 연결하자는 제안이었다.

2013년에는 러시아가 나진~핫산 사업을 완공했다. 5년여의 공사 끝에 러시아의 핫산역과 북한의 나진역을 연결하는 약 54킬로미터를 표준궤와 광궤가 동시에 운행 가능한 복합궤로 개량한 것이다. 동해를 따라 놓여진 북한의 동해선은 주로 군사 지역을 경유한다는 점에서도 나진~핫산 사업은 오로지 한국과 일본의 물동량을 타겟으로 추진되었다고 할 수 있다.

푸틴 대통령까지 나서서 남북철도 연결에 지대한 관심과 열의를 보이는 데는 우선은 북한 나진항의 4개 부두를 조차하는 등 북한과 더욱 밀착되는 중국을 견제하려는 정치적 의도가 있고, 일본과 한국의 물동량을 유치함으로써 시베리아 횡단철도를 활성화시키고, 나아가서 시베리아 지역의 경제 활성화를 촉진하려는 경제적 의지가 담겨 있다. 게다가 푸틴 대통령은 '철도 마니아'라고 할 정도로 유별난 철도 사랑으로 유명하다. 철도사업에 관심이 많을 뿐더러, 철도인들의 행사에 몸소 참석해서 대내외적으로 힘을 실어주는 일도 마다하지 않는다. 전국에 조직화되어 있는 90만 명 철도 직원도 그렇고, GDP의 1.5퍼센트를 담당할 정도의 경제력 때문에 러시아에서 철도는 전통적으로 '킹메이커'의 역할을 해왔다. 게다가 엄청난 흑자 사업이다 보니, 철도는 최고 권력자의 '돈지갑'이라는 소문마저 공공연하게 나돈다.

러시아 정부는 공사화 이전부터 시베리아 횡단철도의 마케팅에도 많은 힘을 쏟고 있다. 1998년 러시아 철도부는 ESCAP(아시아·태평양 경제사회위원회)과 공동으로 실시한 시베리아 횡단철도 컨테이너 시범 운송에서 블라디보스토크에서 동유럽까지 9일 만에 주파함으로써, 시베리아 횡단철도의 속도 경쟁력을 과시했다.

유라시아 대륙 연계노선의 완성에 대비하여 일찌감치 시베리아 횡단철도의 현대화 작업도 마쳤다. 시베리아 횡단철도의 복선화 사업은 1937년 완성되었고, 2002년 12월 25일을 기해 전 구간의 전철화 사업도 마쳤다. 또한 전 구간에 광섬유케이블을 설치하여 화물의 물류 정보서비스 시스템을 갖추는 등 현대적 시설을 완비했다.

악천후에도 끄떡없는 러시아 철도. 연교차가 섭씨 100도씩 벌어지는 시베리아에서
장대레일을 설치한다는 것은 러시아 철도의 이음새 용접기술이 뛰어나다는 것을 말해준다.

　　열차 속도는 평균 시속 100킬로미터를 유지하며, 옴스크~노보시비
르스크처럼 거의 직선에 가까운 평지 구간에서는 시속 130~140킬로
미터로 달린다. 최근에는 우수리스크~블라디보스토크~하바롭스크
구간의 선로개량사업으로 시속 140~160킬로미터의 준고속열차도
운행한다.

　　또한 전체 노선의 45퍼센트 정도가 장대레일화되어 있어 쾌적한
여행을 할 수 있다. 레일 한 개의 길이는 보통 25미터인데, 이런 레일

을 여덟 개까지 이어서 하나의 레일로 만든 것을 장대레일이라고 한다. 시베리아처럼 연교차가 섭씨 100도씩 벌어지는 지역에 장대레일을 설치한다는 것은 러시아 철도가 그만큼 이음새 용접기술이 뛰어나다는 증거다. 따라서 시베리아 횡단열차는 우리 어린 시절의 기차들처럼 칙칙폭폭 숨을 헐떡이며 달리는 것이 아니라, 칙~폭~ 유려한 리듬으로 질주한다. 며칠씩 침대열차에서 잠을 자도 큰 불편을 느끼지 않는 것도 장대레일 덕분이다.

이런 노력 덕분에 시베리아 횡단철도의 화물수송량은 다시 증가하고 있다. 그럼에도 러시아가 원하는 만큼 시베리아 횡단철도가 활성화되려면 아직도 해결해야 할 숙제가 많이 남아 있다. 높은 화물운송료와 화차 회송 문제는 화주들이 단골로 지적하는 불만이지만, 근본적으로 한국이나 일본의 물동량 없이는 시베리아 횡단철도의 활성화는 한계가 있다. 시베리아 횡단철도의 선로 용량에는 아직도 연간 20만 TEU 이상의 상당한 여유가 있는 것으로 알려져 있다. 특히 기후 온난화로 북극 항로 개발이 속도를 내는 가운데, 만일 북극 항로가 열리면 시베리아 횡단철도의 경쟁력은 더 떨어질 수 있다는 우려도 나온다.

시베리아 횡단철도로 연결된 국가들 간에 경제적 격차가 심하다 보니, 나라별로 출입국하는 물동량에도 큰 차이가 있고 회송차량들이 공차로 오는 비율이 높아져서 결과적으로 운송비를 높이는 것도 풀어야할 숙제다. OSJD(유라시아국가 국제철도협회) 회의에 참석해보면 일부 국가에서는 회송은 고사하고 컨테이너나 화차들이 아예 분실되는 경우도 허다해서 큰 고민거리였다. 철도의 생명은 정시성, 즉 열차 시각표와 같은 사소한 일부터 약속은 반드시 지킨다는 신뢰성에 있는데, 화물 운송에서 이런 일이 한두 번만 발생해도 신뢰에 금이 가고 화주들은 떠나게 된다.

여객부문에서도, 특히 외국인 관광객을 유치하기 위해서는 개선할 게 많다. 최근에는 신형 차량들이 투입돼서 많이 나아졌다지만, 오래된 열차들은 무엇보다 화장실이 불편하다. 숙박 시설, 볼거리와 먹거리 등 시베리아의 관광지 개발에도 박차를 가하지 않으면 관광객을 기대하기 어렵다.

○ Trans Siberian Railway ○

시베리아 횡단철도의
기관차와 차량

레닌은 전기기관차, 스탈린은 증기기관차

러시아에서 운행되는 기관차 종류에는 증기기관차, 디젤기관차, 전기기관차가 있다. 시베리아 횡단철도는 2002년 12월 25일 전 구간의 전철화 사업이 완료되었고, 러시아 철도 전체의 전철화율도 50퍼센트가 넘기 때문에, 지금은 전기기관차가 주종을 이룬다.

증기기관차는 지금은 거의 다 폐차되고, 박물관에나 전시되어 있지만, 시베리아 횡단철도 노선에서는 1956년까지도 화물 수송은 증기기관차가 담당했다. 섭씨 영하 40도의 엄동설한에도 하얀 연기를 뭉게뭉게 내뿜으며 달리는 기차를 보고 러시아인들이 '달리는 구리주전자(사모바르)'라고 불렀다는 게 이해가 간다. 다른 나라에서와 마찬가지로 요즘의 증기기관차는 옛 시절의 향수를 일깨우는 복고풍 관광 열차들에서나 쓰이지만, 제작이나 유지 관리에 엄청난 돈이 드는 '사치품'이 되었다.

러시아에서 제작된 증기기관차는 시리즈에 따라, P36, FD, IS라고 불렸다. 대부분 화물용 기관차인 FD시리즈는 소련 KGB 창설자인 펠릭스 제르진스키Felix Dzerzhinsk의 이니셜을 딴 것이다. 그리고 1930년대 러시아의 콜롬나 차량공장에서 제작된 증기기관차들은 모두 스탈린Iosif Stalin의 이니셜을 따 IS시리즈로 불렸다.

러시아에서 디젤기관차는 아직 전철화가 되지 않은 극동 지역의 일부 노선과 그 밖의 일부 지선들에서 운행된다. 러시아에서 디젤기

블라디보스토크역 구내에 전시된 FD20형 증기기관차. 미국에서 제작된 것으로 2차 세계대전 당시(1940~1945년) 소련에서 운행되었다.

관차가 처음 제작된 것은 1920년대이지만, 초기 모델들은 여러 가지 기술적 문제로 상용화에 이르지 못했다. 1948년 러시아 최초로 시리즈 제작에 들어간 디젤기관차는 모델 TE2로, 우크라이나의 하르코프 차량 공장에서 생산되었다. 모델명 TE는 러시아어로 '디젤기관차 dieselloc, тепловоз с электрической'의 약자다.

1953년 제작된 TE3 시리즈는 러시아에서 차세대 디젤기관차 시대를 열었다. TE3와 함께 비로소 증기기관차에 대적할 수 있는 강력한 디젤기관차가 등장한 것이다. 디젤기관차는 하르코프 공장 외에 단종으로 증기기관차 생산이 중단된 콜롬나와 보로실로브그라드 차량 공장에서 제작되었다. 1973년까지 다양한 신모델과 개량 모델(TE7, TE

디젤기관차 시리즈 TE10(오른쪽)과 '타이가의 북소리'라는 애칭을 가진 디젤기관차 TE109(왼쪽).

10, TE50, TEP60 등)들이 1만 량 이상 제작되어, 러시아는 세계 최대의 디젤기관차 생산국이었다.

다른 나라에서는 기관차의 중량을 약 30퍼센트가량 줄일 수 있는 유압식 동력 전달 방식의 디젤기관차가 널리 보급되었지만, 러시아의 디젤기관차들은 모두 전기식 동력 전달 방식을 채택했다. 시베리아의 혹한 때문에 유압식 동력 전달 장치가 잦은 말썽을 부리다 보니 어쩔 수 없는 선택이었다. '타이가의 북소리'라는 애칭을 가진, 동독에서 수입된 TE109는 지금도 천둥소리를 내며 극동 지방을 누비고 있다. 1990년 콜롬나 공장에서 제작된 TEP80은 시험주행에서 최고 시속 271킬로미터를 달성하여 '세계에서 가장 빠른 디젤기관차'라는 기록을 남겼다.

러시아 철도의 전철화 사업은 다른 나라에 비해 빠른 편이다. 시베리아 횡단철도를 비롯해 대부분의 러시아 철도 노선이 전철화됨에 따라, 지금은 전기기관차가 주력을 이룬다. 1929년 소련 공산당은 소련 전역의 철도 간선을 전철화하기로 결정하고, 이에 필요한 전기기관차는 자체 생산한다는 방침도 정했다. 따라서 러시아의 전기기관차는 거의 국내 생산되었고, 일부만이 체코에서 생산되었다. 러시아제 기관차는 대부분 녹색으로 도장되어 있는 반면, 수입 차량은 검은색이다.

옛 소련에서 전기기관차가 처음으로 자체 제작된 것은 1930년대다. 전기기관차의 모델 이름은 블라디미르 레닌Vladimir Lenin의 약자를 딴 VL 시리즈로 명명되었으며, 지금도 같은 이름이 붙여지고 있다. 레닌은 앞으로도 무궁무진하게 더욱 진화될 전기기관차를, 그리고 스탈린은 이미 사라진 과거가 되어 버린 증기기관차를 상징하고 있는 게 왠지 의미심장하다.

최초의 전기기관차는 1932년 제작된 VL19 시리즈다. 모델명에서 19는 축중(차량이 수평 상태에 있을 때 한 개 차축에 연결된 모든 바퀴의 윤중을 합한 것을 말함)의 무게를 의미한다. 축중 무게가 클수록 견인력은 높아지지만, 속도 향상이나 선로의 마모 등 선로 인프라 측면에서는 불리하다. 예를 들어 여객열차의 축중은 보통 20톤 수준이지만, 시속 300킬로미터의 고속 운행을 위해 경량화된 한국형 고속철도차량인 KTX의 축중은 17톤이다.

VL19의 후속 모델인 VL22(2750마력)와 VL22M(3200마력)은 1955년까지 제작되었다. 1956~1960년 사이에 제작된 VL23기관차

전기기관차 CS1(왼쪽), VL10(가운데)과 VL80(오른쪽). VL은 블라드미르 레닌의 첫 글자를 딴 것이다.

▌ 차량 대차(일명 보기boogie)의 배열 형태

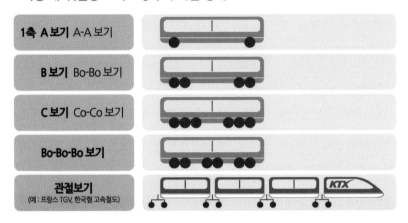

1축 A보기 A-A 보기	
B보기 Bo-Bo 보기	
C보기 Co-Co 보기	
Bo-Bo-Bo 보기	
관절보기 (예 : 프랑스 TGV, 한국형 고속철도)	

는 기술 제원보다는 외관만 현대화된 모델이다. 1955년 COMECON
이 결성된 후 역내 경제협력정책의 일환으로 체코의 차량 제작사인
스코다(SKODA)로부터 CS1과 CS3이 수입되었다. 1960년부터는 교
류전기기관차인 VL60 시리즈가 운행을 시작했다. 5400마력의
Co-Co보기 기관차인 VL60 모델에 이어 VL80, 8500마력에 육박하
는 Bo-Bo+Bo-Bo중련기관차도 운행되었다. 7500마력, Co-Co보
기의 스코다CS4기관차도 러시아에서는 흔히 볼 수 있는 모델이다.
제작 대수는 많지 않지만, VL62와 VL82는 직류와 교류 겸용의 유니
버설 타입의 전기기관차다.

진화하는 러시아의 여객열차

러시아에서 여객용 객차는 1846년 상트페테르부르크에서 처음 제

작되었다. 당시 객차들은 내부 시설이 미국식의 개방형이거나, 유럽식의 콤파트먼트형(네 개 또는 여섯 개의 일반 좌석을 룸으로 만든 유럽형 기차 스타일)이어서, 러시아의 주행 환경에 적합하지 않았다.

1869년에 차량 기준이 제정되면서, 제어장치나 조명 등 기계 설비 제원과 장거리 여행을 위한 침대 시설과 추운 겨울에 대비한 난방시설 기준이 제시되었다. 겹유리에 크기가 작은 창문과 통로식 객실도 이때 표준사양에 포함되었다. 객차의 등급도 차등화되어 3등석, 4등석까지 생겼고, 시설도 차별화되었다. 지금은 2인 침대칸은 '룩스lux' 또는 '소프트 차량mjagkij vagon', 4인 침대칸은 '쿠페 차량kupejnyj vagon'으로 불린다. 차르 시절 사용되던 나무 의자에서 연유해 '목제 등급'으로 불리던 객실들은 '하드 차량tverdyj vagon'으로 불리다가 지금은 '플라즈카르타plackartnyj vagon'라고 불린다. 1960년대부터 제작된 모든 차량에는 냉난방 시설이 기본 사양으로 들어갔다.

시베리아 횡단철도의 여객용 객차 길이는 약 23.95미터로 상당히 길다. 현재 24량 장대열차의 길이가 거의 500미터에 달하는데, 우리나라의 KTX(450미터)와 비슷하다.

옛 소련 시절부터 1990년대까지도 러시아에서 운행되는 거의 모든 여객용 객차들은 동독 제품이었다. 1948년부터 동독의 암멘도르프사Waggonbau Ammendorf가 납품했는데, 2차 세계대전 직후에는 동독이 전쟁 피해보상의 일환으로 러시아에 차량을 무상공급했다. 이것이 계기가 되어 나중에 도입된 코메콘 경제공동체의 분업 체계에서 동독은 연평

겹유리에 크기가 작은 창문과 통로식 객실은 1869년에 표준 사양이 되었다.

균 500~600량의 객차를 러시아에 공급했다. 옛 동독 할레시에 위치한 암멘도르프 차량제작회사는 독일 통일 후 민영화되었고, 지금은 캐나다의 다국적 차량제작사인 봄바디어사에 합병되었다.

러시아에서도 고속철도가 운행되고 있다. 최초의 고속철도는 1997년 7월 운행을 시작한 시속 200킬로미터의 소콜(매)이다. 이 차량은 모스크바~상트페테르부르크의 약 700킬로미터 구간에서 운행되었다. 최근 들어 시속 250킬로미터 이상의 최신형 고속철도가 운행을 개시했지만 자체 생산된 것이 아니라 독일, 프랑스 등에서 수입한 차량들이다.

2013년 12월 1일 운행 개시한 삽산(송골매)은 독일 지멘스 차량이다. 차량 제작비만 20억 유로(약 2조 6,000억 원)의 사업이다. 러시아철도공사가 고속철도 도입을 검토할 당시 야쿠닌 사장이 우리나라를 방문해서 KTX를 시승하는 등 관심을 보였으나, 결국 독일제 차량을 선택했다. 야쿠닌 사장은 가장 중요한 이유로 '가성비'를 들었다. 최고 시속 350킬로미터의 KTX를 도입하면 철도 요금이 올라갈 수밖에 없는데, 러시아의 소득 수준에 비춰 국민들의 부담이 지나치게 커지는 점과 속도가 높아질수록 건설비와 유지보수 비용이 기하급수적으로 올라가는 점을 고려했다는 것이다. 또한 '삽산'이 투입될 구간이 긴 겨울과 혹한이 지배하는 모스크바~상트페테르부르크 노선임을 감안하여 속도보다는 안전성에 더 큰 무게를 둔 결정이다. 독일이 지리적으로 러시아에서 엎어지면 코 닿을 데 있어서 사후관리에 유리하다는 것도 플러스 요인이었을 것이다.

야쿠닌 사장과 이야기를 나누다 보면 그의 자본주의적이고 실용적인 사고에 오랜 공산주의 시절을 살아온 사람이 맞나 놀랄 때가 많다. 소련 시절 KGB 소속으로 오랜 기간 미국에 근무한 경험 때문일 수도 있지만, 그보다는 공산주의를 직접 경험한 사람으로서 오히려 그 폐해를 너무나도 잘 알기 때문인 것 같다.

'삽산'에 이어 시속 220킬로미터의 '알레그로'도 운행을 개시했다. 알레그로는 상트페테르부르크와 핀란드 헬싱키 사이의 430킬로미터를 운행하는 국제열차로 프랑스 알스톰사에서 제작된 것이다. 이 열차는 러시아철도공사와 핀란드철도공사의 합작회사인 '카렐리언 트레인스'가 운영한다.

이 밖에도 시속 130킬로미터의 라스토치카와 최신형 스트리즈 등 준고속열차도 선보이고 있다. 라스토치카(제비)는 소치 동계올림픽에

러시아의 고속철도 '삽산'(왼쪽)과 '알레그로'(오른쪽).

맞춰 새로 제작된 신형 준고속열차로 상트페테르부르크~노브고로드 사이를 운행한다. 2015년 6월1일 부터 운행을 시작한 스트리즈는 모스크바~니즈니노브고로드 사이를 운행한다.

러시아철도공사는 또 하나의 야심작으로 최고 시속 400킬로미터의 고속철도를 개발하고 있다. 이 열차는 모스크바와 카잔(남쪽으로 770킬로미터 떨어져 있다) 간을 왕복할 예정으로, 현재 일반 철도로 14시간 7분 걸리던 운행시간을 3시간 30분까지 단축함으로써 양 대 도시를 일일생활권으로 묶어주게 된다. 러시아-중국 컨소시엄이 디자인을 맡았고, 우리나라 고속철도를 자문했던 프랑스 시스트라의 기술 자문하에, 2015년 시작하여 현재 설계 단계에 있는 이 사업이 성공리에 완성되면 러시아 최초의 자체 제작 고속철도 차량이 될 것이다.

러시아는 비행기, 우주선까지 제작할 정도로 기초과학기술에 뛰어나지만, 공산주의 시절의 잔재로 소비재 품질은 형편없었던 것이 사실이다. 2000년대 초까지도 러시아 여성들이 가장 좋아하는 선물이 우리나라 티스푼 세트였다. 러시아제 티스푼은 디자인도 군대용처럼 삭막하지만 엿가락처럼 휘어지기 일쑤여서 설탕 한 스푼 뜨기도 어려울 정도였다. 그동안 여객열차 개량에는 관심도 없는 것처럼 보이던 러시아철도공사가 최근 들어 편리하고 안락할 뿐 아니라 고속화된 신형 열차들을 속속 선보이는 것을 보면 이제 러시아가 명실상부한 자본주의 시장경제 국가임을 실감하게 된다.

========== ○ Trans Siberian Railway ○ ==========

'1520'은 러시아의 정체성

러시아처럼 두 개의 대륙에 걸친 광활한 국토와 100여 개의 다민족으로 구성된 나라에서 철도가 단순한 교통수단 이상의 역할을 한다는 것은 어찌 보면 당연한 이치다. 인터넷은커녕 제대로 된 통신수단조차 없던 시절부터 철도는 정치적, 경제적, 사회적, 문화적 교류와 통합의 수단이었다. 만일 시베리아 횡단철도가 없었더라면 러시아 제국이 동방의 광대한 영토를 관할할 수 없었을 것이라는 게 러시아인들의 보편적인 생각이다.

게다가 러시아는 대부분의 서방 국가들과는 달리 1520밀리미터의 광궤를 사용하다 보니, 철도가 서구에 대한 러시아의 정체성과 이념적 차별성을 상징하는 것이 되었다. 실제로 1991년 12월 31일 소비에트연방이 해체된 후 러시아와 10개로 분할된 독립국가연합(CIS) 국가들에게 오늘날까지 유지되는 공통분모는 독특한 키릴문자로 된 러시아 언어와 1520밀리미터 궤간의 철도뿐이다. 그러다 보니 '1520'이라는 숫자는 마치 첩보원들끼리만 통하는 암호처럼 옛 소련권 국민들의 연대감을 묘하게 자극하는 힘이 있다. 그들만의 정체성인 동시에 미국과 맞장 뜨며 세계의 절반을 호령하던 과거의 영광을 상징하는 코드인 셈이다.

러시아철도공사는 2년마다 가장 아름다운 계절인 5월에 소치에서 '1520포럼'을 개최한다. 소치는 흑해 연안에 위치한 매우 아름다운 휴양 도시다. 흑해 연안을 따라 145킬로미터가량 펼쳐져 있어 '유럽에서 가장 긴 도시'라는 타이틀을 가지고 있다. 2014년 우리나라 평창을 제치고 동계올림픽이 개최된 곳으로 우리나라에도 잘 알려졌다. 특히 대통령 별장이 있어, 푸틴이 이곳에서 휴가를 보낸다는 등의 기

2년마다 소치에서
개최되는 1520포럼.

사를 통해 전 세계 언론에 단골로 등장하는 '정치 도시'이기도 하다. 올림픽 개최를 위해 러시아 정부는 소치에 올림픽 사상 유례가 없는 500억 달러(약 54조 원)을 쏟아부었는데, 그중 상당 금액이 대통령 별장의 호화판 리모델링에 흘러 들어갔다는 소문이 지금까지도 언론의 입방아에 오르내린다.

소치에는 러시아철도공사 사장의 별장도 있고, 철도공사 직원용 호텔과 펜션도 있다. 흑해 연안에 위치한 철도호텔이나 펜션에는 일반인들의 출입이 금지된, 철도 가족만을 위한 전용 해변까지 구비되어 있다.

겨울에도 영상 10℃를 유지하고 영하로 내려가는 일이 거의 없는 소치는 긴 겨울과 혹독한 추위에 시달리는 러시아인들에게는 프랑스의 '니스'나 이탈리아의 '산레모' 같은 선망의 도시다. 소치의 5월은 햇볕에 굶주린 러시아 사람들이 흑해에 수영하러 뛰어들 만큼 아름다운 초여름이다. 2014년 동계올림픽을 통해 우리나라에도 익숙해진 풍경이지만, 한여름에도 만년설을 머리에 인 카프카즈 산봉우리의 그림자가 드리운 흑해에서 물안개가 피어오르는 모습은 우리나라에서 수만 리 떨어진 러시아가 아니라 마치 가까운 일본의 온천지에 온 것처럼 친근하게 다가온다. 이 지역의 음식은 샤슬릭을 포함해 미식으로 유명한 조지아식 메뉴가 풍성해서 우리 입맛에도 잘 맞는다. 특히 소치 올림픽을 계기로 모스크바에서 소치까지 라스토치카(제비)라는 준고속열차가 운행해서 소치 방문은 한결 쉽고 편리해졌다. 이렇듯

소치 중앙역.

러시아의 가장 유명한 휴양지에서 소련 시절 같은 나라 국민이었지
만 지금은 각기 다른 나라 사람이 된 철도 CEO와 고위 관리들이 모
두 모여 성대한 잔치를 베푸는 것은 철도를 통해 다시 뭉치자는 결속
력 다지기에 다름 아니다. 게다가 이 자리에 참석하는 대부분의 철도
간부들은 모스크바나 상트페테르부르크 교통대학교의 동문이라는 학
연으로 맺어져 있다.

  1520포럼에는 푸틴 대통령이 몸소 방문하거나 영상 메시지를 보
내고, 총리, 교통부 장관, 주지사 등 러시아 정부도 총출동하다시피
한다. 그리고 이런 모습들이 각 언론에 대문짝만 한 사진과 함께 실
리고, TV는 하루 종일 거의 실시간으로 중계방송을 한다. 한마디로
철도인들의 세를 과시하는 동시에 러시아 국민들에게 화려했던 과거
를 상기시켜주는 행사인 것이다.

1520포럼에 지대한 관심을 보이는 사람들은 또 있다. 바로 철도 관련 회사들이다. 건설회사들은 물론이려니와 물류회사, 컨설팅회사들이 대거 참석하고, 특히 세계 3대 철도 차량 제작사인 봄바디어, 알스톰, 지멘스의 최고경영자들이 몸소 참가하여 러시아를 비롯한 카자흐스탄, 키르키스탄, 우즈베키스탄 등의 철도청장과 안면을 트고 '친해지려고' 애쓴다. 건설한 지 오래되어 노후한 철도시설의 개량과 경기 붐으로 신규 차량 수요가 폭발적으로 증가하고 있는 가운데, 옛소련권 국가의 교통부 장관이나 철도청장들이 한자리에 모두 모이는 포럼은 기업의 입장에서는 돈 주고도 살 수 없는 소중한 기회임에 틀림없다.

러시아철도공사가 독일 지멘스와 고속철도 차량 구매 계약 서명식을 거행한 것도 2006년 5월의 소치 포럼에서다. 지멘스는 이 계약을 성사시켜 러시아철도공사에 최고 속도 250Km/h의 고속철도 차량을 2008~2010년까지 순차적으로 납품했다. 모스크바~상트페테르부르크 간 700킬로미터의 고속철도 건설의 총 사업비 170억 유로 중 차량 구입비는 약 20억 유로(2조 6,000억 원)에 달했다.

3박 4일의 포럼 기간 동안 매일 저녁 열리는 흥겨운 파티에는 '술과 꿀'이 흘러넘친다. 물론 러시아 최고의 밴드가 흥을 돋우는데, 밤새도록 연주되는 노래들이 제목부터 〈여승무원〉, 〈열차에서의 대화〉 등 우리나라의 〈남행열차〉 이상으로 히트를 친 '철도 송'이라는 것을 알게 되면 부러움이 더 커질 뿐이다. 이런 시간들은 옛 소련 시절 하나의 국민으로 살아온 러시아와 인접 국가의 철도 지도자들에게 '위대했던 소련'에 대한 노스탤지어를 자극하며, '러시아어'와 '1520철도'를 통해 다시 뭉치자는 의지를 샘솟게 할 것이다.

1991년 12월 31일 카자흐스탄의 수도 알마티에서 독립국가연합이 결성되었으니, 소련이 해체된 지 올해로 30년이 다 되어간다. 소련 해체가 많은 사람들에게 자유를 가져다준 것은 사실이지만, 그 과정은 러시아인들에게 뼈아픈 고통도 안겨주었다. 1998년 모라토리엄을 선언할 만큼 경제 위기도 겪었고, 2005년이 되어서야 1991년의 GDP 수준에 다시 도달할 수 있었다. 그러나 풍부한 자원과 세계 1, 2위를 다투는 산유국으로 세계 경제를 좌지우지하는 힘, 인공위성·전투기·원전 등 기초과학 분야의 원천기술을 보유한 저력을 갖춘 러시아는 이제 과거의 어려움을 대부분 극복했다. 경제를 안정화시킨 러시아 지도층의 당면한 고민은 무엇보다 러시아 국민, 나아가서 독립국가연합의 구성원들을 하나로 통합할 수 있는 새로운 체제와 질서를 재건하는 일이다.

한편 이러한 현상은 지구촌 전체가 직면한 것이기도 하다. 1990년대 이래 글로벌 경제 체제가 확산되면서, 세계 각국은 다양한 분야에서 기존 질서의 해체를 경험해왔다. 더 큰 자유와 경제적 부를 얻었지만, 익숙한 관행과 질서의 해체로 인한 혼란에 직면하면서, 많은 나라들에서 과거에 대한 향수, 새로운 통합된 질서에 대한 욕구가 대두되는 것도 사실이다.

이런 시대적 상황에서 국경을 넘어 대륙을 통합하고, 인접국가 모두가 윈-윈할 수 있는 협력 체계를 가능케해주는 철도가 새삼 주목을 끄는 것이다. 유럽연합이 회원국들의 철도망 통합으로 유럽 대륙의 물리적 통일을 추진하고, 21세기 중화 패권 시대를 꿈꾸는 중국이 만리장성에 버금가는 대역사로 일컬어지는 칭짱철도를 건설하고, 2020년까지 10만 킬로미터의 현대화된 철도망 건설에 열을 올리는 것도 이런 맥락에서 이해해야 한다.

특히 중국의 일대일로 정책은 알고 보면 일대일로로 연결된 65개국을 중국 철도로 통합하겠다, 중국 원전으로 가득 채우겠다는 뜻과 다름 아니다. 사실 중국은 일대일로 정책 훨씬 이전부터 범아시아철도망Trans Asia Railway계획을 세워, 독립국가연합의 주축인 카자흐스탄을 비롯한 광궤 국가들에게 중국식 표준궤 시스템을 수용하면 철도를 새로 깔아주겠다고 추파를 던져 러시아를 극도로 긴장시켜왔다.

푸틴은 지금은 시진핑과 브로맨스를 과시하며 중국의 일대일로 정책을 적극 지원하는 모양새다. 이와 관련해서 2015년 10월 야쿠닌 사장이 돌연 철도공사 사장직에서 물러난 것을 두고, 여러 추측이 난무하고 있다. 사실 야쿠닌 사장은 1520철도를 중심으로 러시아와 CIS 국가들의 결속을 강력하게 지탱해온 인물이기 때문이다. 야쿠닌 사장이 러시아 의회인 듀마의 상원의원이 되었기 때문에 외형상으로는 승진한 모양새지만, 그동안 중앙아시아를 파고드는 중국의 철도 확대 정책에 사사건건 반기를 드는 그를 눈엣가시로 여기던 시진핑이

푸틴에게 야쿠닌 경질을 요구했다는 소문이 파다하다.

이런 점에서 볼때 러시아철도공사가 내걸고 있는 '1520' 깃발은 러시아가 해체와 분열의 시대를 넘어 옛 소련의 광대한 영토까지를 아우르는 새로운 통합의 주체로 비상하려는 날갯짓이다.

Trans Siberian Railway

10장

한국 철도와
시베리아 횡단철도

다윗과 골리앗,
한국 철도 vs 러시아 철도

철도는 산업혁명의 역사, 자연환경이나, 사회·문화적 배경 등 인문 환경의 영향을 받는다. 따라서 각 나라의 철도 시스템은 상당한 차이가 생길 수 있다. 러시아의 철도 시스템도 우리나라와는 여러 가지 면에서 많이 다르다.

러시아 철도와 한국 철도의 가장 큰 차이점은 다름 아닌 규모일 것이다. 러시아는 총 8만 5,500킬로미터의 선로연장을 보유하고 있고, 또한 시베리아 횡단철도는 세계에서 가장 긴 단일 철도 노선으로 명실상부한 철도 대국의 위상을 갖추고 있다. 러시아에서는 수송거리가 700킬로미터 이상인 장거리 노선들은 국제적 수준으로 운영되지만, 수송거리 150~700킬로미터는 근거리 지방 철도로 분류되어 각 지자체가 알아서 운영한다. 투입되는 열차도 우리나라의 무궁화열차 수준인 게 많다. 러시아 속담에 "40도가 안 되는 술은 술이 아니고, 영하 40도가 안 되는 추위는 추위가 아니며, 400킬로미터가 안 되는 거리는 거리 축에 끼지 못한다"는 말이 있으니, 규모 면에서만 본다면 우리나라 철도와는 비교하기 어려운 상대임에 틀림없다.

하지만 우리나라 철도는 비록 영업 거리는 짧지만, 특화된 경쟁력이 있다. 우리나라는 열차의 운행 밀도 면에서 세계 최고 수준을 자랑한다. 서울~시흥 간의 경우 평균 3분에 한 대꼴로 열차가 출발하고 있다. 또한 우리나라는 2004년 4월 1일 세계에서 다섯 번째로 고속철도의 운행을 개시했다. 앞에서도 설명했듯이 러시아는 아직 자체 제작 기술이 없어 고속철도를 독일이나 프랑스에서 수입하지만, 우리

우리나라는 2015년, OSJD(유라시아 국제철도협회)가 수여하는 '황금마차상' 3관왕을 수상했다.

나라는 세계에서 네 번째로 한국형 고속철도를 제작한 철도 선진국에 속한다. 현재까지 전 세계에서 시속 200킬로미터 이상의 고속철도를 자체 생산할 수 있는 나라는 일본, 프랑스, 독일 그리고 한국과 중국뿐이다.

우리나라 KTX는 5분 지연을 기준으로 할 때 평균 99.5퍼센트의 정시율을 기록함으로써, 91퍼센트 수준의 프랑스나 독일보다도 훨씬 우수한 성적을 보인다. 한국철도공사(코레일)는 2011년 99.8퍼센트의 정시율로 파리에 본부를 둔 세계철도협회인 UIC로부터 최우수 철도기관이라는 인증도 받았고, 2015년에는 유라시아 국가들의 국제철도협회인 OSJD가 수여하는 '교통산업의 오스카상'이라고 일컬어지는 '황금마차상' 3관왕도 되었다. 그만큼 우리나라 철도인들의 운영기술은 자타가 공인하는 세계 최고 수준이다.

표준궤와 광궤

러시아 철도와 한국 철도는 기술 면에서도 상당한 차이가 있다. 우선 가장 기본적인 철도의 구성요소인 궤간부터 다르다. 궤간이란 한쪽 레일과 다른 쪽 레일 사이의 간격을 의미한다. 1435밀리미터인 표준궤보다 넓으면 광궤, 좁으면 협궤로 구분한다.

오늘날 전 세계의 철도는 1,435밀리미터의 표준궤를 중심으로 정착됐지만, 철도의 초창기에는 나라별로 또는 노선별로 제각각 다른 넓이의 선로가 건설됐다. 1,435밀리미터 궤간이 '표준궤'가 된 데에는 세계 최초로 기관차를 만든 스티븐슨 부자의 영향이 크다. 철도 건설 초기에 차량 제작기술이 없던 대부분의 나라들이 스티븐슨 기관차를 수입해서 쓰다 보니, 선로의 폭이 스티븐슨 기관차의 대차간격인

1,435밀리미터에 맞춰서 건설된 것이다. 한편 스티븐슨 기관차의 대차간격은 당시 런던의 도로 폭에 맞춘 것인데, 이는 말 두 마리가 끄는 마차의 넓이에 따라 건설되었다. 결론적으로 오늘날 철도 선로의 간격은 말 두 마리의 어깨 넓이에 따라 결정된 것이라 하겠다. 기관차를 '로코모션locomotion'이라고 부르게 된 것 역시 스티븐슨 부자가 제작한 기관차의 브랜드 이름에서 유래한 것이다.

표준궤가 대세라고는 하지만, 오늘날에도 나라에 따라 다양한 궤간의 철도가 운행되고 있다.

광궤의 대표 국가인 러시아는 1,520밀리미터의 광궤를 사용지만, 또 다른 광궤 국가인 스페인의 궤간은 이 보다 더 넓은 1,620밀리미터다. 반면 일본의 경우, 신칸센이 표준궤라서 일본 철도가 다 그런 줄 알지만, 일반 철도나 지하철 등에는 예전부터 사용하던 협궤 시스템이 지금도 그대로 적용되고 있다. 신칸센은 일본이 1965년 동경 올림픽에 맞춰 극적으로 등장시킨 세계 최초의 고속철도다. 이로써 2차 세계대전 후 납작 엎드려 있던 일본이 '전범국'이라는 딱지를 떼고 전 세계에 '세계 최고의 기술선진국 일본이 돌아왔다'는 것을 과시하고자 했다. 그러자니 신칸센은 당연히 세계 표준인 표준궤로 건설되었다. 협궤철도는 건설비용을 낮출 수 있다는 게 가장 큰 장점이다. 요즘에도 베트남, 미얀마 등 동남아시아 국가들에서는 1미터 궤간의 협궤 시스템이 보편화되어 있다.

우리나라 철도는 처음 부설되던 당시에는 일부 구간에서 일본식 협궤 시스템이 도입된 적이 있지만, 거의 대부분 표준궤로 건설되었다. 그 이유는 우리 철도는 처음부터 대륙철도망 편제를 전제로 구상되었기 때문에, 중국이나 만주 철도와 동일한 표준궤로 한 것이다.

세계 철도의 역사를 살펴보면 초창기 철도는 제국주의가 풍미하던 시대적 배경 속에서 다른 나라를 침략하는 수단, 또는 방어하는 수단으로 이용되기도 했다. 예를 들면 러시아가 철도를 광궤로 건설한 이유에 대해서도 러시아 차르가 과시욕에서 서유럽 국가보다는 뭐든지 더 큰 걸 고집했기 때문이라는 농담 같은 말도 전해진다. 하지만 실은 역사적으로 나폴레옹 침공의 트라우마와 지근거리에 있는 독일에 대한 피해의식을 가지고 있던 러시아가 프랑스나 독일 철도가 곧바로 러시아 땅으로 밀고 들어오는 것을 막으려는 방어심리가 작용했다고 보는 게 타당할 것이다. 물론 보통 며칠씩 여행해야 하는 장거리 특성에 맞는 침대차 구조, 눈보라와 동토 같은 조건에서 광궤가 수송력과 안전성을 더 높여준다는 실용성도 무시할 수 없다. 비슷한 예로 영국의 식민지였던 인도는 다른 어느 나라보다도 철도가 일찍 부설되었지만, 인도를 분할 지배하던 각 영주들이 자신의 영지에 다른 기차가 쉽게 진입할 수 없도록 서로 다른 철도 궤간을 채택했다. 그러다 보니 오늘날까지도 인도에서는 철도 궤간이 통일되지 못해 철도교통의 발전을 저해하고, 물류 시스템의 효율성을 떨어뜨리는 요인이 되고 있다.

에피소드를 하나 덧붙이자면, 유럽을 제패해서 독일을 중심으로

'신 로마제국'을 건설하려는 야심에 불탔던 히틀러는 당시 유럽에 보편화되었던 표준궤를 걷어내고, 3미터 넓이의 초광궤 유럽 통합 철도망을 건설하려는 계획을 세운 적도 있다. 비록 2차 세계대전 패망으로 물거품이 되었지만 말이다.

러시아 철도와 한국 철도는 전압방식이나 신호 시스템에서도 차이가 있다. 러시아의 경우 3,000볼트 직류 또는 25,000볼트/50헤르츠 교류를 사용하는 반면, 우리나라의 전기기관차는 25,000볼트/60헤르츠 교류가 사용된다. 전철화되지 않은 구간에서는 디젤기관차가 운행한다. 이러한 차이들 때문에 남북한 철도가 연결되더라도 우리 열차가 러시아나 중국의 선로를 운행하는 것은 불가능한 것 아니냐는

▌러시아 철도와 한국 철도 시스템의 차이

	한국(2015년)	러시아(2013년)
궤간	표준궤: 1435mm	광궤: 1520mm (사할린은 일본식 협궤: 1067mm)
사용 레일	60, 50Kg/m	75, 65, 50Kg/m
전압	교류(AC) 25,000볼트/60 Hz	직류(DC) 3,000V 교류(AC) 25,000V /50 Hz
전철화율	70.4%	50.7%: 전철화 연장 세계 최장 TSR: 100%
복선화율	58.8%	44%
CTC율 (Centralized Traffic Control)	2,806km, 87.5%	62,315km, 73.2%
최대 축중	25톤	23.5톤

매우 타당한 우려들이 제기되곤 한다.

　그러나 이 문제는 사실 그리 큰 문제는 아니다. 시베리아 횡단철도 여행을 하다 보면 경험하는 일이지만, 러시아처럼 국토 면적이 넓은 나라들은 철도 행정구역이 지방 단위로 구분되어 있고, 국내 열차들도 행정구역이 변경되는 경계 도시에서 기관차를 교체하여 운행하는 경우가 많다. 따라서 우리나라 철도 차량이 기술적 차이가 있는 중국이나 러시아의 선로를 운행하려면 일단은 기관차만 교체해서 운행하면 된다. 그리고 만일 우리나라 코레일이 부산에서 모스크바까지 국제열차를 운행하고 싶으면 통과하는 국가의 시스템에 호환되는 차량을 별도로 제작해서 운행하는 방법도 가능하다. 물론 북한, 중국, 러시아와 국가 차원에서 상호운송협정이나 열차운행협정이 체결된 것을 전제로 하는 말이다.

궤간 차이를 극복하는 방법

그렇다면 철도 궤간 차이를 해결하는 방법이 있을까? 여기에는 기본적으로 세 가지 방법이 있다.

첫째, 가장 손쉬운 방법으로 국경역에서 여객이 다른 기차로 환승하거나 화물을 다른 화차로 옮겨 실으면, 즉 환적하면 된다. 현재 궤간이 서로 다른 국경역에서 가장 많이 쓰이고 있는 방법이다.

둘째, 열차의 바퀴에 해당하는 대차시스템을 표준궤에서 광궤로, 또는 반대로 바꿔 다는 방법이다. 마치 신발을 바꿔 신듯이 열차의 대차를 바꿔 다는 것이다. 언뜻 듣기에는 복잡하고 어려운 것처럼 들리는 이 작업은 실제로는 거의 자동화되어 있어, 단추만 몇 번 조작하면 되는 간단한 방법이다. 스페인~프랑스 국경, 폴란드~벨라루시 국경, 중국~몽골 국경 등지에서 오늘도 이 방법이 쓰이고 있다.

2001년 중국~몽골 사이의 중국 측 국경역인 에렌호트에서 이 과정을 직접 보았는데, 당시에도 24량의 객차로 구성된 시베리아 열차한 개의 대차시스템을 교환하는 데 불과 20분 정도밖에 걸리지 않았다. 대차교환 작업은 우선, 열차가 창고처럼 생긴 건물 안으로 들어가면 열차 차량과 대차 간의 연결쇄를 풀고, 커다란 기중기가 열차의 몸체만을 2층 높이로 들어올린다. 그 후 기존의 대차와 바퀴들이 소리도 우렁차게 굴러 나가면 다른 대차시스템이 줄을 맞춰서 굴러 들어온다. 그러면 기중기가 객차를 살며시 내려놓고 연결쇄를 다시 잠그면 모든 프로세스가 완료된 것이다. 이러한 작업이 진행되는 동안이 공정에 별 관심이 없는 대부분의 승객들은 자기 침대에서 잠을 자거나 책을 읽는 등 시간을 보내는데, 대차가 굴러 나가고 들어오는

광궤–표준궤 대차교환시설: 밸라루시의 브레스트역과 중국의 에렌호트역.

가변대차시스템을 장착한 '스트리즈' 열차. 2016년 모스크바~베를린 구간에서 운행을
개시했다.

소리며, 기중기가 삐걱거리는 기계음들이 들리기는 하지만, 그런 대로 참을 만하다. 호기심이 많은 승객들은 열차 밖에 나가서 이 '신기한' 과정을 지켜보며 사진을 찍기도 한다.

셋째, 비용이 많이 들어서 그렇지 이보다 훨씬 간편한 방법이 있다. 일명 '가변대차시스템'을 갖춘 열차들은 특수한 궤간 변환 장치를 통과하는 과정에서 열차의 대차 간격이 자동으로 선로 폭에 맞게 변환된다. 대부분의 승객들은 무슨 일이 일어났는지 알아차릴 수도 없는 불과 몇 분 사이에 호환이 이루어지는 것이다. 독일과 스페인 합작회사인 '탈고'사가 개발한 가변대차시스템은 표준궤와 광궤를 상호변환하는 장치로 유럽에서는 일부 열차들에 이미 사용되고 있다. 러시아도 2016년 말 모스크바~베를린 간 국제노선에서 가변대차시스템을 채용한 '스트리즈' 열차의 운행을 개시했다. 일본은 표준궤~협궤용 가변대차시스템을 사용 중이다. 이런 시스템이 얼마나 빨리 상용화되는가는 각 열차의 경제성, 다시 말해 그만큼 비싼 운임을 지불할 수 있는 여건이 되느냐에 달려 있다. 일단은 고속여객열차나, 고가품을 수송하는 열차에 먼저 적용된다고 할 수 있다.

이러한 사례에서 볼 수 있듯이 철도기술은 급속도로 발전하기 때문에, 국가 간의 기술 차이를 극복하는 문제는 기술 자체보다는 오히려 경제적·정치적, 또는 그 밖의 이유에서 이를 해결하려는 의지에 달려 있는 경우가 더 많다. 때로는 하드웨어의 차이보다, 여객·화물 규정, 운임 시스템, 철도 운영 방식 등 소프트웨어상의 차이가 더 큰 걸림돌로 작용할 수도 있다는 것이다. 그리고 이러한 소프트웨어의 차이야말로 국가 간의 선린 관계, 호혜주의에 입각해서만 극복될 수 있다. 쉽게 말하자면 국가 간에 철도기술 시스템에 전혀 차이가 없더라도 국가 간에 운송협정이나 긴밀한 협력이 없다면 국제열차의 운행은 불가능하다. 반대로 국가 간에 상호 국경을 넘어 열차를 운행하려는 강력한 의지만 있다면 기술적 차이를 극복하는 방법은 얼마든지 찾을 수 있다는 말이다.

○ Trans Siberian Railway ○

'철의 실크로드'의 대표주자
시베리아 횡단철도

원래 실크로드는 한나라부터 당나라 시대까지 약 1천 년 동안 아시아 대륙을 가로질러 유럽의 지중해 연안과 로마 각지로 이어지던 길을 의미한다. 이 길에 '실크로드'라는 이름을 붙인 사람은 독일의 유명 지리학자인 리히트호펜이다. 그는 1877년 동서교섭사를 다룬 『중국』이라는 책을 다섯 권 썼는데, 여기서 중국에서 중앙아시아를 경유해 유럽과 인도로 이르는 교역로를 교역의 주요 품목이 비단Silk임을 감안해 독일어로 '자이덴슈트라세Seidenstrasse', 비단길Silkroad이라고 불렀다.

물론 중국의 뤄양洛陽과 시안西安에서 신장新疆과 중앙아시아를 거쳐 인도, 서남아시아, 지중해 연안 및 로마까지를 연결하던 이 실크로드

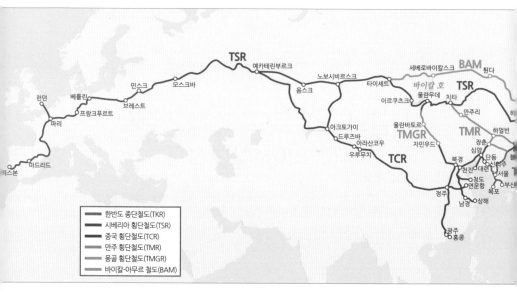

는 지금 우리가 '철의 실크로드'라 부르는 루트와는 차이가 있다. 그 럼에도 불구하고, 현재 유라시아 대륙을 연결하는 철도 노선을 '철의 실크로드'라고 부르는 것은 매우 큰 의미가 있다. 천 년 전 실크로드 가 그랬던 것처럼 철길을 통해 동서양의 인적·물적 교류가 확대되고 정치·경제·문화 협력을 증진시킴으로써 실크로드가 인류 문명사에 남 긴 획기적 유산을 재현하자는 의지가 담겨 있기 때문이다. 만일 언젠 가 남북철도가 복원된다면, 반드시 유라시아 대륙 철도망과의 연결을 전제로 추진되어야만 의미가 있다. 주변 국가들도 남북철도의 복원이 '철의 실크로드'로 불리는 동북아 철도 네트워크 구상으로 이어져야

▌철의 실크로드 노선 대안

구분		경로	연장(Km) (모스크바까지)	국경통과 (휴전선 포함)	궤간 변경	전철화 (Km)	복선화 (Km)	비고
①	경원선-TSR	부산-서울-원산-두만강-핫산(러)-모스크바-브레스트(벨라루시)-바르샤바(폴)-베를린(독)	13,054 (10,521)	6개국 경유 5회	2회	11,343 (86.9%)	7,226 (55.3%)	
②	경원선-TMR-TSR	부산-서울-원산-남양-도문(중)-하얼빈-만주리-카람스키야(러)-모스크바-베를린(독)	11,608 (9,057)	7개국 경유 6회	2회	9,390 (80.9%)	10,496 (90.4%)	경의선-선양-하얼빈-만주리-노선도 가능
③	경의선-TCR-TMGR-TSR	부산-서울-신의주-단동(중)-베이징-울란바토르(몽)-울란우데(러)-모스크바-베를린(독)	11,231 (8,697)	8개국 경유 7회	2회	8,774 (77.9%)	9,332 (83.1%)	최단거리
④	경의선-TCR-TSR	부산-서울-신의주-단동(중)-베이징-란주-우루무치-아라산추-카자흐스탄-모스크바(러)-베를린(독)	12,091 (9,558)	8개국 경유 7회	2회	7,968 (65.9%)	10,605 (87.7%)	TRS 연결 지점 : 노보시비르스크 또는 예카테린부르크
※	해운	부산-수에즈 운하-로테르담	20,000					
		부산-파나마 운하-로테르담	20,000					

만 관심을 가질 것이다. 남북철도(TKR)가 이어질 경우 유럽으로 뻗어나가는 소위 '철의 실크로드'는 4개의 노선 대안이 있다.

시베리아 횡단철도를 철의 실크로드의 대표주자로 보는 데는 몇 가지 이유가 있다. 부산에서 경원선을 경유하여 독일 베를린 철도 물류기지까지는 약 1만 3,000킬로미터로, 4개의 노선 대안 중 거리는 가장 멀지만, 우리나라 입장에서는 이 노선이 상당한 장점이 있기 때문이다.

첫째, 우리나라나 일본에서 철도로 유럽까지 가려면 중국이나 만주를 거치는 방법도 있지만 결국 반드시 시베리아 횡단철도를 경유할 수밖에 없기 때문에 조금 거리가 멀더라도 차라리 시베리아 횡단철도 전 구간을 이용하는 것이 더 유리할 수 있다. 물류 수송비용은 결국 환적 횟수와 세관 통과가 좌우하기 때문이다. 따라서 통과 국가 수가 적어 통관 절차, 환적 등에 따른 시간을 절약할 수 있고, 운임 협상력이 커지는 시베리아 횡단철도가 오히려 경쟁력이 높은 것이다. 핀란드나 스웨덴 등 북유럽은 물론이고, 그 밖의 유럽 국가들과의 교역에서 시베리아 횡단철도를 이용할 경우 해상 운송에 비해 수송 기간과 비용을 상당히 절감할 수 있다.

둘째, 시베리아 횡단철도는 전 구간이 복선 전철화되어 있고, 현재 선로에 충분한 여유 용량이 있기 때문에 당장에라도 우리나라나 일본으로부터의 추가 물동량을 충분히 소화할 수 있다. 반면 부산에서 베를린까지 총 연장 약 1만 1,100킬로미터로 최단 노선인 경의선~중국 횡단철도(TCR)~몽골 횡단철도(TMGR)~시베리아 횡단철도(TSR)의 경우, 중간 중간 단선 구간이 있어 병목 현상이 있고, 베이징 주변은 선로 용량이 포화 상태이기 때문에 추가 물동량의 수용에 적지 않은 어려움이 있을 것으로 예상된다.

수도권 육상 물류 기지인 의왕 ICD.

셋째, 우리나라는 물류의 60~70퍼센트가량이 수도권을 중심으로 발생하는데, 현재는 부산항이나 인천항, 평택항을 통해 해외로 수송되고 있다. 예컨대 육상 물류 기지인 의왕 ICD에서는 주중이면 하루에 약 5,500TEU(연간 143만 TEU)씩 수출용 컨테이너가 실려 나가고 있다. 이 중 철도수송은 35만 TEU에 불과하다. 그런데 경의선·경원선이 연결되어 대륙 철도 시대가 열리고 물류비 절감으로 철도수송이 늘어나면 경부축 혼잡 완화라는 두 마리 토끼를 잡을 수 있게 된다. 시베리아 횡단철도가 기본적으로 화물 수송 위주라는 점도 유리한 요인이다.

넷째, 현실적으로 러시아 정부가 푸틴 대통령까지 나서 남북철도와 대륙철도 연결에 적극적인 입장을 보이는 것을 매우 긍정적으로 평가

해야 한다. 우리나라는 남북철도 연결사업 추진의 실질적 열쇠를 쥐고 있는 북한을 움직이고, 중국의 지나친 개입을 견제하는 데 있어 러시아 정부의 적극적 입장을 최대한 활용할 필요가 있다.

다섯째, 시베리아를 단순히 통과의 관점에서만 바라볼 것이 아니라, 시베리아라는 광대한 땅과 각종 자원의 보고인 이 지역 개발에 참여하는 기회가 열린다는 장점이 있다. 또한 철도가 연결되면 지금까지는 접근이 어려웠던 우크라이나, 카자흐스탄 등 중앙아시아 국가들과도 한층 가까워질 수 있다는 점에서 새로운 시장, 새로운 수요를 창출하는 기회라는 점도 잊어서는 안 된다.

이처럼 '철의 실크로드'의 기종점이 부산·광양항이 될 경우, 화물이 통과하는 러시아와 북한 및 유럽으로의 물동량이 많은 일본의 이익이 극대화될 수 있고, 동북 3성 개발에 박차를 가하고 있는 중국이 동북아 철도망 구축에 자연스럽게 협력할 수 있는 동기도 불어넣어 줄 수 있다. 이것은 결국 항만을 통해 중국과 일본 사이에서 환적 화물 유치에 의존하는 것에서 벗어나 새롭게 구축되는 '유라시아 물류체계'에서 한국의 입지가 강화되는 좋은 계기가 될 수 있다. 이런 상황들을 따져 보면 유라시아의 여러 철도 노선 중 시베리아 횡단철도의 경쟁력이 단연 돋보인다.

북한 철도 이야기

북한의 교통 체계는 철도 중심

북한의 도로와 철도 인프라가 열악하기 짝이 없다는 것은 온 세상이 다 아는 사실이다. 2018년 4월 27일 판문점 회담에서 북한 김정은 위원장 스스로 "불편하고 민망하다"고 실토할 정도였으니 두 말할 필요도 없을 것이다.

원래 북한의 교통 체계는 소위 '주철종도'라 해서 철도 중심으로 되어 있다. 이러한 전통은 대부분의 공산주의 국가에서 공통된 것으로 그 이유는 공산주의 창시자인 마르크스에서 비롯한다. 마르크스는 운송업을 독립된 생산부문으로서 채취공업, 가공공업, 농업에 이은 제4의 생산부문으로 정의할 정도로 중요하게 보았고, 국토면적이 넓은 러시아나 중국에서 운송업은 바로 철도를 의미한다. 김일성도 철도의 중요성을 강조했다. 탈북자들의 증언을 들어보면, 북한에는 사실상 한 지방을 벗어나려면 철도 이외의 다른 교통수단이 없기 때문에, 철도는 1960~1970년대 우리나라의 명절 수송 때처럼 항상 만원 상태라고 한다.

북한에서 철도는 제2의 군대라 할 만큼 철저히 군사화되어 있다. 철도 직원들은 군대식 계급을 받으며, 군복무가 면제된다. 철도의 내부 규정들도 군대식이고, 철도 건설을 담당하는 철도부의 철길 건설대, 김일성사회주의청년동맹의 청년돌격대, 인민군 등 세 개의 조직 역시 모두 군대식으로 편제되어 있다. 인민군 산하 철도 인력은 정확한 실체와 규모가 파악되지 않지만, 지난 2000년 6·15 공동성명 후 추진된 경의선, 동해선 단절 구간 연결 공사에 투입된 북한 측 인력은 모두 인민군이었다.

벌써 10여 년 전이지만 시베리아교통대학교에 유학 온 북한 학생들에 따르면, 북한의 철도 종사원 수는 약 20만 명이며, 다른 분야에 비해 비교적 대우가 좋은 편이라고 한다. 4년제인 평양철도대학교는 철도 간부 양성소 역할을 하며, 우리나라의 장관급인 북한 철도상을 비롯한 철도부 간부들은 대부분 이 대학 출신들이다. 실무진을 양성하는 3년제 철도전문학교도 따로 있다. 참고로 북한의 학제는 유치원 1년, 소학교 4년, 중(고등)학교 6년, 대학 4년으로 운영된다.

북한 철도 인력의 자질은 우리나라와는 비교할 수 없을 정도로 낮은 수준이지만, 철도 간부 중에는 공산주의 체제가 공고했던 시절 국비 유학생으로 동독, 러시아, 중국 등에서 공부한 사람들이 제법 있다. 김정일 시대에도 러시아와 중국의 교통(철도)대학교 석·박사 과정에 꾸준히 유학생을 파견했다. 그런 덕분에 북한의 철도 간부들 중에는 러시아어나 중국어를 잘하는 사람들이 꽤 있는 것 같다. 바르샤바에 있는 옛 소련권 국가들의 국제철도협회인 OSJD 본부에는 북한 주재원이 한 명 파견돼 있고, 프라하, 울란바토르 등에서 열리는 국제철도회의에도 북한 대표단이 빠지지 않고 참석한다. OSJD의 공식 언어가 러시아어이다 보니, 북한 대표단의 멤버들 대부분은 러시아어에 능숙한 사람들이었다. 철저하게 상부의 지시에 따르는 듯, 우리 대표단과는 어떨 때는 자유롭게 인사하고 약간의 대화도 나누었지만, 또 어떨 때는 드러내놓고 피해 다니는 통에 제대로 된 관계를 구축할 기회를 만들기 어려웠다.

일제강점기보다 못한
북한 철도 시설

통계만 보면 북한은 남한의 1.5배 가까운 철도연장, 80퍼센트가 넘는 높은 수송분담률 등 철도 강국의 모양새를 갖추고 있다. 그러나 북한의 주요 간선인 경의선을 비롯한 북한 철도망의 98퍼센트가 단선이라는 점에서 운영 효율성이 매우 낮은 철도 후진국이다. 또한 약 5,200킬로미터의 철도 총 연장 중 전철화율이 80퍼센트에 육박해 기술적으로 상당히 선진화된 것처럼 보이지만, 북한의 전력난이 심각해지면서 오히려 철도운행의 발목을 잡고 있다. 북한은 이미 1950~1960년대에 전철화 사업을 추진했다. 전철화를 서둔 이유는 우선 전기철도가 경사가 심한 북한 산악지대에 더 효율적이고, 노후한 증기기관차를 대체하는 과정에서 수입 석유에 의존해야 하는 디젤기관차

전문가들에 따르면, 북한의 선로 시설물 대부분이 일제강점기 이후 사실상 개보수가
전혀 이루어지지 못한 상태라고 한다.

보다 전기기관차를 도입하는 것이 에너지 자급화에 더 유리하다고 보았을 것이다. 당시 소련의 철도 전철화 정책과 보조를 맞춘 것으로도 짐작된다.

북한은 1961년에 '붉은기 1호' 전기기관차를, 1962년에는 디젤기관차를 자체 생산하면서 남한보다 앞서 간 적도 있지만, 이후 철도 발전은 완전히 정체된 상태다. 전기기관차는 '붉은기'를 비롯하여 약 5개 모델이 운행되는데, 평양 부근의 김종태 전기기관차 공장에서 생산된다. 북한의 철도 시스템은 표준 궤간이라는 점을 제외하고는 기술적으로 러시아와 유사하다.

북한의 철도망은 약 10여 개의 간선과 90여 개의 지선으로 구성되어 있다. 그러나 과거 북한 철도 일부 구간을 점검했던 러시아 조사단이나 최근 남북철도 공동조사에 참여했던 전문가들의 말을 들어보면 대부분의 선로 시설물이 사실상 일제 시대 이후 개보수가 전혀 이루어지지 못한 상태라고 한다. 열차 사고가 자주 발생한다 해도 전혀 이상할 것 없는 상황이다. 예를 들면 북한에서는 열차가 산악 지형을 올라가는 도중 단전되면서 차량이 뒤로 밀려 전복하는 사고도 여러 차례 발생한 것으로 알려져 있다.

나는 2014년 4월 말 평양에서 개최된 OSJD(옛 소련권 국제철도협력기구) 사장단 회의에 참석하기 위해 북경에서부터 열차로 신의주를 거쳐 평양을 방문한 적이 있다. 당시 우리가 탄 K52 열차는 정확하게 말하자면 중국 열차에 평양행 객차 두 량이 연결된 것이었다. 북·중

베이징역 출발	단둥역 도착	단둥역 출발 (베이징 시간)	신의주역 출발 (평양 시간)	신의주역 출발	평양역 도착
4월 21일	4월 22일				
오후 5시 10분	오전 7시 10분	오전 10시	11시 10분	오후 1시 8분	오후 5시 30분
1,115Km, 14시간		출국 수속 3시간	입국 수속 2시간	225Km, 4시간 20분	

간 국경역인 단둥역에 도착하자, 우리가 탄 객차 두 량을 분리해서,
북한 기관차와 객차들에 연결한 후 압록강을 건넜다. 우리가 북경에
서부터 타고 간 객실은 2인용 침대열차였지만, 단둥역에서 연결된 북
한 기차는 식당차와 일반 좌석이 있는 개방형 6인용 침대 객차들로
조성되었다.

중국 단둥역 북한 기차 앞에는 김일성 배지를 단 북한 주민들로 보

2014년 4월 21일 베이징역 평양행 열차 앞에서(왼쪽), 2014년 4월 27일 만찬장에서
전길수 철도상과 함께(오른쪽).

압록강 철교.

이는 사람들이 상당수 줄을 섰는데, 행여 터질세라 테이프로 동여 맨 전기밥솥, TV 등 가전제품을 비롯해, 대부분이 보따리 장사들처럼 엄청나게 짐이 많았다.

중국 단둥역에서 3시간가량 기관차 연결을 비롯한 출국 수속을 마친 후 북한을 향해 출발한 열차가 천천히 압록강 철교를 지나는 데는 채 10분도 걸리지 않았다. 압록강 철교를 통과하자마자 신의주역에 당도했고, 여기서 다시 입국 통관 절차를 거치기 위해 2시간가량 머물렀다.

우리가 탄 열차는 디젤열차였다. 북한에도 전차선은 설치돼 있었지만, 동네 전봇대만도 못한 수준인 데다, 전력 부족으로 이미 제 기능을 하기 어려워 보였다. 평양~신의주 구간은 그나마 선로 상태가 좋은 편이라고 하는데도 열차의 속도가 평균 시속 50킬로미터가 안됐고, 일부 구간에서는 시속 20~30킬로미터로 기어가다시피했다. 몇 개 역구내를 빼고는 전체가 단선인 데다, 노반이나 침목 등 선로 정비 상태가 우리나라 같았으면 당장 열차 운행을 중지해야 할 만큼 엉망이었다.

열차에서 본 풍경 중 인상에 남은 것은 신의주에서 평양까지가 거의 평야 지대였는데, 가끔 가다 밭에 옹기종기 모여 앉아 일하는 사람들 옆에 어쩌다 소 한두 마리, 양 몇 마리와 닭들이 돌아다니는 모

▎남북한 철도 현황 비교

내용	남한	북한	비고
영업거리(km)	4077.7	5226	코레일 경영통계(2018) 북한통계자료(2017)
전철화구간(전철화율)	2932.7(71.9%)	4,232(79.8 %)	
복선구간(복선화율)	2573.7(63.1%)	156.8(3%)	
노선 특징	X자형 96개 노선	H자형 (100여개 노선)	
수송분담률(여객) (화물)	25.7% 5.0%	74.8% 90.7%	미래인프라연구소 (2016)
열차 최고속도	여객 300km/h 화물 120Km/h	여객 50km/h 화물 40km/h	62,315km, 73.2%
철도관련산업	민간 및 국가	6개 공장	
운영관리	시설: 국가(철도시설공단) 운영: 철도공사(코레일)	국가소유/ 4개 관리국	평양, 개천, 함흥, 청진 관리국
국제철도 운영 현황	없음	3개 노선	중국 노선 1개 중국-러시아 노선 1개 러시아 노선 1개
국제협약 가입 현황	UIC/OSJD	OSJD	

습이었다. 파종 전이라 풀 한 포기 없는 누런 밭에 코를 박고 흙 속을 뒤지는 소의 어깨뼈가 가죽을 뚫고 나올 것처럼 앙상해서 나라가 가난하면 가축들까지도 고생하는구나 하는 생각이 절로 들었다.

평양 시내에서는 우리가 묵었던 고려호텔과 회의 장소인 인민문화궁전을 오가는 버스 안에서 거리의 주민들을 볼 수 있었다. 젊은 여성들이 높은 하이힐을 신은 게 눈에 많이 들어왔고, 교복 입은 학생들이 버스정류장에서는 물론이고 길을 걸으면서도 한 손에 책을 펼쳐 들고 읽으며 가서 무척 신기했다. 4월 말이니 북한의 학교들도 중간고사 기간인가 싶기도 하고, 어쨌든 북한에서도 교육열이 높고 학교 성적이 중요한가 보다 생각됐다.

한편 도로 사정도 철도보다 별반 나아 보이지 않았다. 평양 시내 중심가의 도로는 그럭저럭 괜찮아 보였지만, 시내를 조금만 벗어나도 패이고 깨진 곳 투성이였다. 가장 충격적인 장면은 귀국 비행기를 타기 위해 순안공항에 도착했을 때였다. 때마침 공항 건물 옆에 신공항청사를 건설 중이었는데, 비계를 세운 목재 골조 사다리를 따라 엄청난 숫자의 인부들이 등지게에 벽돌이며 각종 자재를 둘러 멘 채 개미 떼처럼 줄줄이 오르내리고 있었다. 2000년대 초 경의선·동해선 철도 연결 공사 때 우리나라에선 전부 기계화된 다지기 작업 등을 북한 구간에선 인민군들이 모두 수작업으로 해서 놀란 적이 있지만, 공항 같은 현대식 빌딩까지도 이렇게 사람의 노동만으로 건축해도 안전할까 걱정이 앞섰다.

북한의 국경철도

우리나라는 북한에 가로 막혀 섬 아닌 섬으로 단절되어 있지만, 북한은 지리적으로 접경한 러시아·중국 철도망과 연결되어 국제화물 및 여객을 수송하고 있다.

해방 전 우리나라에서는 6개의 중국 노선과 1개의 러시아 노선이 운행되었는데 한국전쟁 중 3개의 중국 노선이 파손되었다. 북한과 중국은 1954년 1월 25일 '조·중 직통철도운행협정'을 체결하고, 같은 해 6월 3일부터 평양~북경 간 여객열차 운행을 시작했다. 1970~1980년대까지만 해도 만포~집안, 남양~도문철교도 운영되었다. 만포~집안 간 노선은 주로 화물수송용으로 2001년 단둥을 방문했을 때 중국 철도관계자에게 물으니 하루 한 번 화물열차 1개가 운행된다는 말을 들었다.

남양~도문 노선은 쌍방 국경 연변 지역 주민들의 친선 교류를 위해 1960년대 북·중 간 '국경여행열차운행협정'을 체결하여 시작됐다. 여름에 관광열차가 주로 운행되었는데, 북한 주민들이 국경열차 편을 이용하여 만주 지역으로 탈북하는 사례가 속출하면서 북한이 일방적으로 열차 운행을 중단했다고 한다. 지금도 협정 자체는 존속되고 있지만, 최근에는 이들 노선의 열차 운행 정보가 거의 없는 것으로 보아 유명무실해진 것으로 추정된다.

현재 북·중 간 국제철도 중 정규열차가 운행되는 유일한 노선은 평양~북경 간 철도다. 신의주~단동 국경역은 북·중 간 교역의 70퍼센트 이상을 담당할 정도로 왕래가 많다. 이 구간의 여객열차는 중국이 단독으로 운행해오다가, 1983년 10월부터 북한도 평양~북경 간 여객열차 운행을 개시했다. 평양~북경 간 열차의 운행 구간은 평양~신의주~단동~심양~산해관~천진~북경으로 총 운행거리는 1,347킬로미터이며, 소요시간은 약 22시간 20분, 주 4회 왕복 운행한다. 두 번은 평양에서, 두 번은 북경에서 출발한다.

단동은 중국어로는 단둥으로 불리며, 불과 1킬로미터 남짓한 압록강 철교로 신의주와 연결되어 있는 국경도시다. 현재 인천과 자매결연을 맺고 있는 이 도시의 철도 역사는 물론이려니와 곳곳의 간판에도 우리말과 중국말이 나란히 붙어 있다. 압록강 철교 바로 앞에 있는 '압록강 호텔'의 창문에서는 철교를 통해 북한 쪽으로 오가는 기차와 트럭, 사람들의 부지런한 움직임을 볼 수 있다.

압록강은 북·중 간 공동 관리 수역이라서 뱃놀이하는 중국 유람선도, 북한 유람선도 볼 수 있다. 압록강 철교 근처에서 유람선을 타니 위화도가 금방인데 섬의 크기가 여의도 앞의 밤섬보다 조금 큰 것처럼 보여서 약간 허탈했다. 조선 왕조를 탄생시킨 '위화도 회군'이라는 역사적 무게감 때문인지 막연하게 크고 웅장한 섬으로 상상했는데, 좁고 길게 누운 섬에는 연두색 수풀들이 가득 차 있었다. 압록강 폭 자체도 한강 정도라서 강폭의 중간 정도만 가도 망원경 없이 북한 땅이 코앞에 보인다. 내가 갔을 때는 북한 쪽 강둑에 지어진 콘크리트 담벼락 위에 어깨에 총을 맨 군인들이 줄지어 앉아 뱃놀이하는 우리를 빤히 쳐다보고 있었다.

북한과 러시아 간 국제열차는 '조·소 국경철도공동위원회'를 통해 양국이 협의하여 운영한다. 러시아와 연결되는 두만강~핫산 간 국제철도는 1963년 홍의~두만강까지 홍의선(9.5킬로미터)이 신설되면서 개설되었다. 함북선에서 두만강 철교를 넘어 러시아 시베리아의 극동 종착역인 핫산역으로 연결되며, 여기서 시베리아 횡단철도로 이어진다.

북·중 간과 마찬가지로 북·러 간 열차 운행도 북한 열차가 러시아 구간을 달리는 게 아니라 러시아 측 국경역인 핫산역에서 북한의 객차 한 량 또는 두 량이 러시아 열차에 연결되어 운행하는 방식이다. 모두 2등석으로 운영되며, 북한의 객차들은 북한철도성이 관리한다.

2001년 러시아의 이르쿠츠크역에서 조사해보니, 모스크바~평양

간 열차는 일주일에 한 번, 러시아 횡단열차 1개에 북한의 객차 2량을 연결하여 운행하는 것으로 확인되었다. 역에 게시된 운임표에 의하면, 이르쿠츠크에서 평양까지의 운임은 2,920루블. 마침 역구내에 정차한 열차에서 '평양~이르쿠츠크'라는 한글이 병기된 안내판이 달린 차량을 발견할 수 있었다. 혹시나 열차 안에 승객이 있는지 보려 했으나, 판자 조각으로 창문이 완전히 봉쇄되어 있고, 전혀 인기척이 없어 확인할 수 없었다. 나중에 시베리아교통대학교에서 만난 평양철도대학교 학장이나 부학장의 말로는 평양에서부터 열차를 타고 오는 데 일주일이 넘게 걸린다고 한다.

북한과 러시아 간에 철도 궤간이 다르기 때문에 과거에는 두만강역과 핫산역에서 대차를 교환하는 방식으로 운영되어 왔지만, 2015년 러시아가 나진~핫산 간 54킬로미터 구간에 광궤와 표준궤 열차가 모두 운행할 수 있는 복합궤를 건설함에 따라 대차교환 없이 국경역을 왕래할 수 있게 되었다.

❙ 북한의 국제철도

북~중	평양~신의주~단동~센양~톈진~베이징 노선 (1,347km, 북한 내 5/6호 열차)
	평양~신의주~단동~센양~만주리~자바이칼스크~치타~모스크바 노선 (8,666km, 북한 내 5/6호 열차)
북~러	평양~라진~핫산~우수리스크~치타~모스크바 노선(10,214km, 북한 내 7/8호 열차)
기타	이 외에 단동~신의주, 단동~평양 간 임시열차가 편성됨

베이징~평양 간
국제열차 좌석표.

최근 러시아철도공사의 열차 시각표에 따르면 모스크바~평양은
207시간, 하바롭스크~평양도 53시간이 걸린다. 러시아 객차가 직행
하는 모스크바에서 두만강역(핫산)까지는 150~170시간이 소요된다.

러시아철도공사 홈페이지에는 요즘 북한행 열차 운임은 스위스 프
랑으로만 결제가 가능하다고 쓰여 있다. 북한은 반미주의 때문에 전
통적으로 달러를 쓰지 않으며, 북한 내에서 외화 거래는 원칙적으로
유로를 사용한다. 모스크바~평양은 편도에 414스위스프랑, 하바롭스
크~평양은 338스위스프랑, 러시아 열차가 운행하는 모스크바~두만
강은 139스위스프랑이다. 북한 비자 없이는 북한 땅을 밟을 수 없지
만, 평양행 티켓은 러시아철도공사의 홈페이지에서, 또는 기차역에서
누구나 살 수 있다.

○ Trans Siberian Railway ○

남북철도 단절 구간

남북한 간을 운행하던 철도는 경의선, 경원선, 금강산선과 동해선 등 4개 노선이 있었다. 일제강점기에 건설된 이들 철도는 해방 후 남북 분단으로 1945년 9월 11일 서울을 출발한 마지막 열차가 신의주에 도착한 이래 반세기 이상 단절됐다. 끊어진 철도 위의 녹슨 기차는 남북 분단의 상징물이 되었다.

세계 유일의 분단국으로서 남북문제는 대한민국의 최대 국정 현안 가운데 하나다. 초등학교에서 애국가 다음으로 배우는 노래가 〈우리의 소원은 통일〉일 만큼 통일은 우리 민족의 오랜 염원이라 할 수 있다.

국제 정세나 북한의 핵개발, 미사일 도발로 인해 좌절을 맛보았지만, 대한민국의 역대 정부들도 한결같이 남북 관계 개선에 노력을 아끼지 않았다. 특히 당장의 통일은 아니더라도 끊어진 철도를 복원하여 혈맥을 잇자는 남북철도 연결사업은 민족의 염원을 상징하는 사업으로 어찌 보면 남북한 모두가 가장 원하던 사업이라 해도 틀리지 않다.

남북철도 연결사업의 역사도 짧다고만 할 수 없다. 남북한이 처음 철도 연결에 합의한 것은 노태우 대통령 시절로 거슬러 올라간다. 1989년 동서독의 통일 무드에 자극을 받아 남북 관계에도 변화가 싹트기 시작했다. 1990년 남북고위급회담이 열렸고, 그 결실이 1991년의 남북기본합의서다. 그리고 남북기본합의서 제19조에 "남과 북은 끊어진 철도와 도로를 연결하고 해로·항로를 개설한다"라고 명시되었고, 부속합의서 제3조에는 "경의선 철도를 연결한다"고 합의되었다.

그동안 국제회의 등에서 북한 인사들과 접촉해보면 북한도 철도 연결만큼은 상당히 원하고 있다고 느껴졌다. 정상적 운행이 불가능할 정도로 낙후된 북한 철도의 개보수가 시급하다는 현실적 이유와 함께 무엇보다 북한의 경우 남북철도 연결은 소위 '유훈 사업'으로 볼 수 있기 때문으로 추측된다. 김일성 주석은 1994년 6월 30일 벨기에 노동당 중앙위원장과의 담화에서 "남북이 경의선 연결을 통해 많은 경제적 이득을 볼 수 있으며, 북한은 가만히 앉아서 통과 수입만으로도 연 15억 달러 이상의 돈을 벌 수 있다"고 말한 바 있다. 김영삼 대통령이 취임한 지 1년 반 정도 지났을 무렵인 1994년 7월 북한 김일성 주석의 갑작스런 죽음으로 남북정상회담은 무산되고, 이후 대두된 북한 핵문제로 인해 남북 관계는 끝 모르는 경색 국면으로 접어들었다.

김대중 대통령 집권 후 햇볕정책으로 2000년 6월 13일 제1차 남북정상회담과 제1차 남북장관급회담이 열리면서 남북철도 연결사업에 대한 논의가 재개되었다. 그러나 당시 국민의 기대를 한몸에 받으며 추진된 사업은 지난 20여 년 동안 고작 경의선의 27킬로미터와 동해선의 26킬로미터의 단절 구간을 잇는 데 그쳤다. 경의선 구간에서는 2007년 12월부터 문산역에서 개성 공단 내 봉동역까지 정규 화물열차가 매일 한 번씩 운행했다. 철도 물류 시설 미비 등으로 수송 실적은 극히 미미했지만 그나마도 1년여 만인 2008년 12월 금강산 관광객 피살 사건으로 인해 중단되었다. 동해선은 시험 운행을 마친 후 단 한 차례도 실제 운행하지 못했다.

문재인 정부 출범 후 남북 관계 개선을 추진하면서 또다시 남북 간 도로·철도 연결사업이 화려한 조명을 받고 있다. 만일 국제사회가 한마음으로 요구하는 북한 비핵화가 실현되고, 북한의 진정성 있는 개혁·개방 의지가 확인되어 유엔안보리 대북 제재가 풀린다면, 남북 간 도로와 철도 연결을 마다할 국민은 아무도 없을 것이다. 한 걸음 더 가서 중국, 러시아, 나아가 유라시아 철도망에 연결돼 있는 나라들까지도 새로운 성장의 모멘텀으로 환영하게 될 것이다.

그럼에도 불구하고 많은 전문가들이 남북철도사업에 대한 기대만큼이나 우려를 가지고 있다는 것은 부인할 수 없는 사실이다. 그리고 이를 뒷받침할 만한 여러 가지 이유도 널려 있다. 남북철도가 연결되고 제대로 운용되기 위해서는 북한 철도의 현대화 사업이 전제되어야 하는데, 이는 막대한 비용을 요구한다. 투자 유치를 위해서는 사업의 경제성이 담보되어야 함은 물론이고, 남북철도가 정치적 상황과 무관하게 중단 없이 운영될 수 있다는 게 최우선적으로 보장되어야 한다. 그러나 북한이 그동안의 남북경협사업 추진 과정에서 보여준 모습들은 이러한 신뢰를 얻기엔 부족했다.

2천 억 원 가까이 들여 복구된 경의선과 동해선 철도는 제대로 운행 한 번 하지 못한 채 방치된 상태다. 도로도 그렇지만 특히 철도는 건설에서 끝나는 것이 아니라, 정기적으로 운행하면서 유지·보수하지 않으면 순식간에 못 쓰게 된다. 남북철도 연결사업의 추진 과정에서도 60차례가 넘는 남북 간 회담 속에 수없는 합의와 파기가 되풀이되었고, 2007년 5월 시험 운행이 이루어지기까지 북측은 예정일을 불과 하루 앞두고 일방적으로 시험 운행을 무산시키는 등 파행을 일삼았다. 그러다 보니 남북철도가 연결되더라도 정상적인 운행이 담보

2000년대 초에 추진된 남북한철도 연결사업: 경의선 손하역, 동해선 감호역 부근.

남북철도 단절 구간

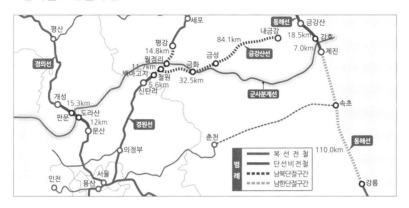

남북 간에는 경의선, 경원선, 금강산선과 동해선 등 4개의 철도 노선이 연결되어 있었다.

될 수 있을지에 대해 우리 국민의 우려와 불신을 낳았다. 따라서 앞으로 남북철도 연결사업이 잘 되려면 다음과 같은 몇 가지 중요한 것들이 지켜져야 한다.

우선 북한 철도 현대화 사업은 막대한 투자와 오랜 시간을 요한다는 점에서 반드시 국회를 통한 국민 동의가 필수적이다. 그래야 추진 동력도 유지될 수 있다. 우리나라 국민 중 남북철도 연결사업의 당위성 자체를 반대하는 사람은 별로 없겠지만, 투자와 지원의 절차 및 방법이 투명하고 합리적이어야 하고, 무엇보다도 북한 최고위층의 확고하고도 불가역적인 의지가 확인돼야 한다. 그동안 장밋빛 청사진만 그리며 졸속으로 추진되었던 남북 간 사업들이 실패로 이어졌다는 사실을 잊어서는 안 된다. 북한에 쏟아부었던 수천 억, 수조 원의 투자와 지원들이 모두 매몰 비용이 되고, 우리 국민들에게 큰 실망을 안기는 일이 반복된다면 새로운 남북경협, 나아가서 통일의 염원은 더욱더 멀어지게 될 것이다.

남북철도 연결사업의 핵심은 노후한 북한 철도 현대화에 들어갈 재원의 조달 방법에 있다. 끊어진 20킬로미터만 연결한다고 기차가 다닐 수 있는 게 아니다. 사실상 철도망 전체를 새로 깔아야 하기 때문에 그 비용은 상상을 초월하는 수준이 될 것이라는 예측만이 나와 있을 뿐이다. 실제로 가장 최근에 추진된 북한 철도 개량사업인 나진-핫산 사업을 보면 54킬로미터 남짓한 구간에 10개의 역과 3개의 터널, 40개의 교량을 사실상 새로 건설했고, 북한의 현물 투자를 제외하고도 우리 돈으로 3,000억 원 이상의 비용이 들어갔다고 한다. 그러므로 남북철도 연결의 경우, 민족의 화해와 통일의 초석을 닦는다는 상징적 의미와 더불어 남북 간에 철도와 도로가 연결되고, 대륙철도가 개통됨으로써 남북이 실질적으로 얻는 이익은 무엇인지, 투자할 가치가 충분한지, 사업의 경제성은 어떠한지가 숫자로 명료하게 제시되는 것이 바람직하다. 그래야 국내외의 민간투자도 유인할 수 있다.

벌써부터 일각에서는 북한 철도를 놓아주는 대신 철광석, 희토류 등 광물로 받으면 된다느니, 북한의 지하자원이 수백 조 원의 가치가 있다느니 말이 많지만 좀 더 확실하고 입증 가능한 계획을 마련하는 게 첫걸음이다. 먼저 건설비용을 정확하게 파악하고 이를 최소화하는 방법을 찾아야 한다. 지금까지 북한 철도를 제대로 실사한 적도 없고, 개량사업의 규모와 수준도 결정되지 않은 상황에서 정부부처와 공공기관들이 북한 철도 현대화 비용이라며 수십 조 원에 달하는 비용 추계를 남발하는 건 전혀 바람직하지 않다. 예컨대 단선으로 하느냐 복선으로 하느냐, 또는 일반철도로 할 것인가 고속철도로 할 것인가에 따라 비용은 하늘과 땅 차이가 될 것이다. 북한이 무조건 고속철도 건설을 요구한다는 말도 들리는데, 이는 막대한 비용도 비용이려니와 더 본질적인 문제가 있다. 남북철도사업이 경제성을 가지려면 반드시 대륙철도와 연결되어야 하며 유라시아 대륙 철도망은 첫째도 둘째도 화물 운송이 생명이다.

부산에서 기차 타고 모스크바, 베를린을 거쳐 런던까지 가는 것이 국민들에게 가장 쉽게 와 닿는 일이긴 하지만, 이러한 장거리 여객 수송은 국민들에게 제공하는 서비스라고 봐야 한다. 수요도 한정돼 있거니와 비행기와 요금 경쟁이 치열한 상황에서 수익을 내는 건 불가능에 가깝기 때문이다. 따라서 철도 연결이 남북 모두에게 유익한 사업이 되려면 북한의 경제 수준과 소득 규모, 산업 구조 등을 감안한 단계적 현대화 모델로 접근하는 게 바람직하다.

북한도 남북철도 연결에 진정성을 보이려면 우리 기술자들의 실사를 허용하는 것은 물론이고, 건설 과정에서 철도 부지, 원자재, 노동력 제공 등 현물 투자를 통해 비용 분담에 적극 나서야 한다. 또한 우리 정부도 남북철도 운행 정상화를 위해 시급한 남한 철도 인프라 투자에 속도를 내야 한다. 우선 북쪽에서 내려오는 동해선이 제 기능을 다하려면 우리 측의 끊겨진 강릉~제진 구간이 연결되어야 하고 철도 물류기지도 건설되어야 한다. 수색 이북의 선로 용량이 포화 상태인 경의선의 경우, 당장 남북철도가 연결된다 하더라도 선로 용량 부족으로 하루에 한 번 정도 서울과 개성을 오가는 상징적 교류에 그칠 수밖에 없는 형편이다.

지금까지의 경험으로 볼 때, 그동안 남북 간 철도 협력이 번번이 좌초된 데는 북한이 철도를 철저하게 군사시설로 보는 것도 한 이유다. 북한 군부의 반대를 해소할 수 있는 방안을 찾지 못한다면, 앞으로도 남북철도사업은 공전하게 될 것이라는 의견이 나오는 배경이다. 실제로 철도가 국경을 넘어 운행되려면 선로나 차량뿐 아니라 신호통신 시스템의 공유가 필수적이다. 그런데 신호통신은 국가 보안 시스템과 직결된다는 점에서 상당한 수준의 상호 신뢰가 전제되어야 한다.

이런 관점에서 탈북 인사들 중에는 러시아로 연결되는 북한의 동해선 구간은 군사시설이 빼곡해서 남북철도 연결 자체가 불가능하다고 보는 견해도 있다.

가장 경계할 사항은 북한 철도 사업의 주도권이 중국이나 러시아에 넘어가게 해서는 안 된다는 것이다. 북한의 개방이 가시화되면 대륙철도 주도권을 놓고 중국과 러시아의 경쟁은 더욱 치열해질 것이다. 그러나 영토 주권과 직결되어 있는 북한 철도는 반드시 우리 기술과 우리 시스템으로 건설해야 한다. 철도는 건설로 끝나지 않고 지속적 유지 운영이 요구된다는 점에서 기술 종속성이 강할 뿐 아니라, 매우 장기적으로 이어진다. 기술 종속은 단순히 국가적 자존심의 문제만이 아니고 실질적으로 막대한 경제적 이해관계가 얽혀 있다는 점에서도 '철도 주권'을 반드시 지켜내야 한다.

이런 우려가 과장됐다 할 수 없는 것이, 그동안 이상하리만치 북한 철도 현대화 문제에 소극적 태도를 보이던 중국이 최근 한국종단철도(TKR)를 일대일로 프로젝트에 포함시켰다는 뉴스가 나왔다는 점에서 그렇다. 러시아도 녹록지 않다. 2000년대 초 남북철도 사업 시에도 처음에는 경의선 구간만 공사하려다가 러시아의 강력한 요구로 동해선 구간이 추가됐고, 러시아는 시베리아 횡단철도와 연결되는 경원선을 1520광궤로 깔자는 제안을 내놓기도 했다.

과거 국제 컨소시엄 형태로 추진되었던 북한 경수로사업 때도 건설비는 우리 보고 대라면서도 원자로는 러시아 것을 넣으려고 해서, 이병령 박사 등 원전 전문가들과 김현호 조선일보 기자 등 언론인을 중심으로 각고의 노력 끝에 한국형 원자로를 관철시켰던 일화가 있다. 눈 뜨고 코 베일 수 있는 국제 정세 속에서 냉철한 인식과 치밀한 전략적 접근 그리고 최고의 협상력을 발휘해야만 '재주는 곰이 넘고 돈은 왕 서방이 챙기는' 우를 피할 수 있다.

그런 의미에서 대륙으로 연결되는 우회 철로의 개발에도 적극 노력해야 한다. 최근 급부상하는 북극 항로와 부산항에서 시베리아 횡단철도로 연결되는 해상 운송 노선도 적극 검토해야 한다. 한·중 간 열차 페리와 한·중 해저터널 등은 중국도 관심이 큰 사항일 뿐 아니라 남북 종단철도와 시베리아 횡단철도가 연결되더라도 충분히 시너지가 있는 루트다.

나진-핫산 철도사업

요즘 정부 홍보와 언론에 나진-핫산 사업이 자주 등장하는데, 마치 남북철도 연결사업의 시범 케이스로 오해하기 쉽다. 그러나 북한의 나진역과 러시아의 핫산역을 연결하는 나진-핫산 사업은 엄밀히 말해서 '북·러 간 사업'이며, 사업의 성격도 북한의 나진항과 러시아의 핫산 그리고 우리나라의 동해 항로를 연결하는 '물류 프로젝트'라는 것이 정확한 팩트이다.

다만 그동안 한·러 정상 간 합의에 따라 두 차례나 한국과 러시아 기업 간 합작이 성사 직전까지 갔다는 점에서 간접적인 방식이나마 최초의 남·북·러 공동사업이 될 가능성이 매우 높은 사업으로 볼 수 있다.

그동안의 경과를 살펴보면 북·러 간에 나진-핫산 사업이 논의되기 시작한 것은 2000년 무렵부터다. 구체적으로는 러시아 극동의 국경 역인 핫산과 북한 나진항을 잇는 54킬로미터 구간의 철도 개보수와 나진항 현대화 사업이 골자다. 사업 추진 동기는 푸틴 대통령 집권 후 나진~훈춘 간 고속도로 건설 등 북·중·러의 국경이 마주치는 삼각 지점에서 중국의 영향력이 커지는 것에 대한 견제 심리와 시베리아 및 시베리아 횡단철도의 활성화를 위해 한국과 일본의 물동량 유치가 시급하다는 판단 때문일 것이다. 당시는 중국이 나진항의 4개 부두를 50년간 조차했다는 소문이 파다할 때였다.

러시아는 2001년부터 수차례에 걸쳐 이 구간 철도에 대한 정밀조사까지 마쳤지만 막상 실행에 이르지 못하고 지지부진했다. 가장 큰 이유는 옛 소련 시절의 채무 관계 때문이었다. 북한은 소련에 약 55억 달러의 빚이 있는데, 북한의 채무 탕감 요청을 러시아는 선례가 없다는 이유로 수용하지 않았고, 오히려 채무의 해결 없이는 과거 수준의 무역, 추가적 차관이나 투자가 불가능하다는 입장을 견지했다.

동시에 러시아는 우리 정부에 이런저런 비공식적 루트를 통해 남·북·러의 소위 삼각채무상계를 제안했다. 남한이 가지고 있는 대러 채권 19억 5,000만 달러를 러시아의 대북채권 55억 달러와 상계하자는 것인데, 이는 우리 국민의 정서상 공론화조차도 하기 어려운 제안이었다. 어찌되었든 2000년 10월 개최된 북·러 간 통상경제협력위원회 이후 나진-핫산 사업을 포함하여 북·러 간 경제 협력은 사실상 완전히 중단되었다. 이후 북한 측 관계자들은 러시아가 말만 꺼내놓고 실천은 하지 않는다는 불만과 불신을 공공연하게 토로하곤 했다.

그러던 2006년 7월 북·러 간에 나진-핫산 사업에 대한 논의가 재개되었다. 2007년에는 러시아 측 요청에 따라 한·러 간에도 코레일의 자회사인 코레일로지스와 현대 글로비스 등 시베리아 횡단철도를 이용하던 국내 민간 물류회사들로 구성된 합작사(루코 로지스틱스)가 러시아 측 지분을 인수하는 비즈니스 모델이 논의되었다. 이와 같이 나진-핫산 사업은 처음부터 북·러 간 사업으로, 그리고 북한의 동의하에 러시아 측 컨소시엄에 한국 기업이 간접적으로 참여하는 형태로 진행됐다.

나진-핫산 사업의 추진은 2000년 이후 중단되었던 북·러 간 경제협력이 재개되었다는 점과 그동안 북·러 경협에 걸림돌이었던 북한의 대러 채무 문제에 대해 어떤 식으로든 해결의 실마리가 풀렸다는 점에서 긍정적으로 볼 수 있었다.

우리 측의 나진-핫산 사업 참여 논의는 남·북·러 간 직접적인 3자 합작사업은 아니지만 북한이 남한의 참여에 공식적으로 동의했기 때문에 향후 선례가 될 수 있다는 점, 전통적으로 중국의 입김이 강한 나진 지역 개발에 러시아가 적극 참여, 개입함으로써 견제와 균형이 이루어질 수 있다는 점 그리고 그동안 북한 철도에 접근 기회조차 없었던 우리에게 사업 방식이나 기간, 재정 조달 문제 등을 판단할 수 있는 기회로 향후 남북철도 연결 시 시행착오를 줄이는 데 기여할 수 있다는 점 등이 고려되었을 것이다.

그러나 한·러 간 합작 논의가 진행 중이던 2010년 3월 26일 천안함 사건이 발생했고, 그에 따른 5·24 대북 제재 조치로 나진-핫산 합작 논의는 전면 중단됐다. 이것이 1차 합작사업이 무산된 경위다.

한국 기업의 참여가 불가능해진 상황에서 러시아철도공사는 북한과 '나선컨트란스'라는 합작회사를 설립하여 이 사업을 단독으로 추진했다. 2013년 9월, 54킬로미터의 철도 개보수 공사가 완료되었으며, 특히 북한 두만강역과 나진역 간 32킬로미터는 복합궤로 건설하여 대차교환 없이 상호 열차가 운행할 수 있도록 건설되었다. 선로 용량은 전체가 단선으로 편도 11회(여객 3회, 화물 8회) 운행이 가능하다. 러시아철도공사에 따르면 그해 말 완공된 항만 건설비를 포함하여 총 85억 루블(3,200억 원)이 투자되었고, 연간 500만 톤의 석탄 수

복합궤로 건설된 나진-핫산 철도: 웅상터널, 두만강역 부근.

나진역에서 개최된 나진-핫산 국제철도 개통식.

송이 가능하다고 한다.

한국의 사업 참여에 대한 논의가 다시 시작된 것도 이 무렵이다. 2013년 11월 서울에서 열린 한·러 정상회담에서 한국의 나진-핫산 사업 참여가 합의되었다. 한국 측에서는 포스코, 현대상선, 코레일 등 컨소시엄이 러시아 지분 일부를 인수하는 것이 골자이며, 구체적 내용은 포스코가 구입한 시베리아 쿠즈바스 탄광의 석탄을 철도로 북한 나진항까지 옮기면, 현대상선이 배로 포스코 제철이 있는 포항이나 광양으로 수송하는 사업이다. 코레일은 나진역과 나진항의 철송장 운영에 참여하는 것이다.

코레일은 두 차례 실사조사단을 파견하여 54킬로미터 전 구간을 도보로 걸어서 선로 및 노반, 전차선과 신호 시설 그리고 역사들을 점검했다. 안내하는 북한 철도 관계자들이 러시아가 자기들 구간만 제대로 건설했지 북한 구간의 공사는 부실하다는 불만이 컸다는 말을 전해 들었다. 양측 협상의 막바지이던 2016년 1월 5일 북한이 4차 핵실험과 장거리 미사일 발사를 단행했다. 같은 해 3월 유엔 대북 제재결의 2270호가 채택됨으로써 나진-핫산 사업은 다시 전면 중단됐다. 이것이 2차 합작사업의 무산 경위다.

최근 문재인 정부는 이 프로젝트를 다시 추진하는 방안을 검토한다고 밝혔다. 3,000억 원의 투자금을 고스란히 날릴 위기에 처한 러시아는 한국의 참여를 학수고대하겠지만, 나진-핫산 사업은 러시아조차도 북한을 통제할 수 없다는 것을 보여주는 좋은 사례이고, 북한과의 경협사업의 리스크가 얼마나 큰지 분명하게 보여주는 사례임을 잊지 말아야 한다. 또한 어차피 유엔안보리 대북제재가 풀려야 가능하기 때문에 서둘러 투자 결정을 하기보다는 상황 변화를 보아가며 대처해나가는 것이 현명해 보인다.

12장

한 번 만들어진
길은 영원히 존재한다

우리나라 철도의
르네상스를 꿈꾸며

우리나라에 KTX가 운행을 시작한 후 철도에 대한 호감도가 높아지기는 했지만, 만성적자와 낮은 수송분담률 등 여전히 풀지 못한 어려움들로 인해 철도의 역할이나 중요성에 대한 국민의 인식은 확고하지 못한 게 사실이다. 국가의 교통정책이 여러 교통수단의 믹스Mix를 결정하는 문세라고 볼 때, 철도가 꼭 필요한 것인지, 도로나 항공에 비해 국가와 국민에게 어떤 혜택과 편리함을 가져다주는지에 대해 국민적 공감대가 크지 않다는 말이다. 이에 비해 독일이나 프랑스, 일본, 중국과 러시아 등 물류 선진국에서는 철도교통이 르네상스를 꽃피우고 있으며, 과거 도로와 자동차 중심이었던 교통정책의 패러다임이 철도 중심으로 전환되고 있다. 이런 나라들에서는 철도기관사가 꿈이라는 어린이들이나, 열차 모형을 수집하거나 철도여행이 취미인 철도 마니아들을 쉽게 만날 수 있다. 이처럼 철도가 국민들에게전폭적으로 사랑받는 것을 보면, 철도인의 한 사람으로 부러운 마음과 함께 대한민국 철도의 르네상스도 꿈꿔보게 된다.

그렇다면 국가 간 생존경쟁이 날로 치열해지고, 인류 역사상 가장 복지 수준이 높으며, 삶의 질 향상에 대한 국민의 욕구 또한 날로 높아져만 가는 21세기에 이처럼 철도가 사랑받는 이유는 무엇일까? 우리의 미래를 위해 철도는 어떤 역할을 할 수 있을까?

첫째, 철도 하면 가장 먼저 떠오르는 것이 바로 친환경 교통수단이라는 점이다. KTX나 지하철처럼 오늘날 대부분의 철도는 100퍼센트 전기로 움직이기 때문에, 승용차나 화물차와 비교하면 이산화탄소 배출이나 미세먼지 등 환경오염을 거의 일으키지 않는다. 또한 20량짜리 KTX는 최대 1천 명의 승객을 실어 나를 정도로 철도는 한 번에 많은 여객과 화물을 수송한다는 특징이 있다. 이러한 우수한 수송 효율성은 에너지 효율성으로 이어지고, 이는 다시 도로의 혼잡비용과 교통사고 감소라는 선순환 효과로 이어진다. 혼잡비용, 대기오염, 온실가스, 소음, 토지 이용, 교통사고 등을 종합한 사회적 비용을 비교해보면 철도는 도로에 비해 월등하게 유리하다는 것이 일반적인 조사결과다. 교통혼잡비용 하나만 보더라도 2015년 한 해 동안 GDP의 2퍼센트가 넘는 33조 4,000억 원에 달했다. 단군 이래 최대의 역사라는 경부고속철도 건설에 20조 원이라는 적지 않은 돈이 들은 건 분명하지만, 혼잡비용을 감안하면 우리나라가 매년 경부고속철도 하나를 건설하는 것보다 많은 돈을 길거리에 뿌리는 셈이다.

우리나라의 국가물류비용은 2015년에도 GDP의 10퍼센트가 넘었고 지속적으로 증가 추세에 있어, 미국이나 일본에 비해 훨씬 큰 비중을 차지한다. 생산원가가 같아도 높은 물류비가 우리 제품의 경쟁력을 갉아먹는 것이다. 또한 우리나라가 교토의정서의 온실가스 배출량 감축 의무를 준수하려면 이산화탄소 배출의 주범인 승용차 이용률을 구조적으로 낮춰 나가야 한다. 이처럼 국내의 교통문제, 온실가스와 미세먼지 등 환경문제를 해결하기 위해서는 앞으로 철도의 역할이 더 커져야만 한다는 것을 쉽게 공감할 수 있다.

둘째, 우리나라에 인접해 있는 국가들은 한결같이 철도 강대국이라는 점에 주목해야 한다. 러시아가 그렇고, 중국이 그러하며, 북한도 마찬가지다. 일본 역시 세계 최강의 철도 선진국으로, 일본에서는 부산이나 사할린으로 연결되는 해저터널에 대한 연구도 활발히 추진되고 있는 실정이다.

러시아는 광활한 국토를 관통하는 시베리아 횡단철도를 주축으로 사통팔달의 철도망을 통해 유럽, 중동, 서남아시아, 동남아시아, 동북아시아 등 유라시아의 모든 물류시장을 통합하고 있다. 철도를 물류의 중심축에 두고 도로, 해운, 항공, 파이프라인 등 다양한 운송수단을 연계한 통합물류 시스템을 구축하고 있는 것이다.

중국은 명실상부 세계 최고의 철도 강국이다. 중국 철도의 운송량은 전 세계 철도 운송량의 24퍼센트를 차지할 정도로 철도 이용률이 매우 높다. 중국의 대외무역에서도 철도 수송은 상당히 중요한 역할을 하고 있는데, 국경을 접한 인접 14개 국가와의 교역 역시 대부분 철도를 통해 이루어진다.

21세기에 들어 세계 패권국 자리를 노리는 중국은 '중국몽'을 이루기 위해서는 무엇보다 '경제의 동맥'인 물류 체계를 확보해야 한다고 믿는 것 같다. 중국에는 "돈을 벌고 싶으면 길부터 닦으라"는 속담이 있는데, 중국의 야심찬 서부 대개발 계획이 이를 잘 보여주고 있다.

도로, 철도, 운하, 가스관 등으로 광대한 국토를 거미줄처럼 연결하는 대규모 인프라 건설사업들이 전국에 걸쳐 전개되고 있다. 서기동수(서부 신장의 천연가스를 상해까지 운반하는 대륙횡단 천연가스 파이프라인), 남수북조(남부 양쯔강의 물을 북부로 공급하는 운하)와 더불어, 칭짱철도(창하이성과 티베트를 연결하는 고원 철도)는 만리장성과 맞먹는 대역사로 꼽힌다. 2020년까지 10만 킬로미터의 현대화된 철도망을 구축한다는 정부 계획이 착착 진행 중이고, 전 세계 고속철도의 80퍼센트가 중국에서 건설되고 있다. 일대일로 정책 역시 극동에서 아프리카 대륙까지를 중국 철도로 연결한다는 구상으로, 중국은 철도에 막대한 자금과 열정을 쏟아붓는 신흥 철도 강국이다.

현재 러시아나 중국 등 유라시아 대륙의 도로 교통 설비와 철도 인프라를 고려할 때, 철도는 최소의 비용으로 최단 시간에 유라시아 대륙의 중추적 물류 시스템에 통합되는 길이다. 이와 관련해서는 평택을 기점으로 한 열차 페리사업이나 김문수 전 경기도지사가 추진했던 한중 해저터널사업을 진지하게 다시 검토할 필요가 있다. 중국에서는 산둥성을 중심으로 한중 열차 페리나 해저터널 건설에 대한 연구가 활발하게 진행되고 있는데, 남북철도가 연결되더라도 동남아시아 철도망과 직결되는 이 노선의 활용성은 충분할 것으로 보인다.

셋째, 철도망을 통한 교류는 항공이나 해운을 이용한 교류와는 질적으로 엄청난 차이가 있다. 항공이나 해운은 출발지와 목적지를 점과 점으로 연결시키는 데 그치는 반면, 철도는 통과하는 노선에 접한

면과 공간을 직접 연결해주기 때문에 교류 효과를 엄청나게 증폭시켜준다. 산업화의 산물인 철도는 노선을 따라 도시를 형성케함으로써 근대화를 촉진하는 동력이었으며, 철도를 통한 인적 교류와 물자 이동은 지리적으로 폐쇄된 공간에 거주하는 이들을 열린 공간으로 유인하는 유용한 수단이었다.

특히 러시아의 시베리아, 극동, 중국의 동북 3성 지역을 공간적으로 통합하는 동북아 철도 네크워크는 이 지역의 경제 협력 활성화에 기여할 수 있다. 지정학적으로 '환동해 경제권'과 '환황해 경제권'의 교집합에 위치한 우리나라가 연결되면 동북아는 물론, 유라시아 대륙 국가들에게 새로운 성장의 모멘텀으로 작용할 수 있다.

넷째, '삶의 질'에 대한 욕구, '지속 가능한 성장'을 특징으로 하는 21세기에 철도는 단순한 교통수단으로써 뿐만 아니라, 수출산업으로써 국가 경제를 이끄는 일등공신이 될 수 있다. 1899년 경인선 개통으로 출발한 우리 철도는 일제의 잔재라는 오명과 한국전쟁의 폐허를 딛고 환골탈태하여 기술 자립화를 이룩하고, 세계 다섯 번째 고속철도 운영국, 네 번째 독자적 고속철도 차량 제작기술을 확보하는 등 세계 철도 역사에서 보기 드문 성공 사례를 만들어냈다.

그동안 분단된 국토에서 섬 아닌 섬나라로 기껏해야 450킬로미터의 폐쇄된 공간에 갇혀 한정된 역할에 만족할 수밖에 없었던 우리 고속철도는 세계시장의 문을 두드려야 한다. 세계 각국이 철도 투자를 확대함에 따라 현재 철도시장은 연간 규모가 200조 원이 넘는 100년

만의 르네상스를 맞고 있다. 거대한 세계 철도시장에서 우리나라가 차지하는 점유율은 아직 1퍼센트에도 못 미치는 수준이지만, 세계에서 네 번째로 고속철도기술을 확보한 우리나라 철도산업은 해외시장 개척에 온 힘을 쏟고 있다. 19세기 말 철도가 선진문화와 새로운 생활양식의 전파자 역할을 했던 것처럼, 이제 21세기를 맞이하여 대한민국 철도가 세계 곳곳을 누비며 한류의 기수가 되기를 기대해본다.

철도는 나의 운명

한국에서 독문학 석사까지 마치고 독일에 유학 가서 경영학을 전공하던 내가 철도와 인연을 맺게 된 것은 운명적이라는 말 외에 달리 설명할 수 없다. 나는 박사 과정이던 1990년 10월 3일(우리나라의 개천절과 같은 날!) 서독 만하임에서 동서독 통일과, 이로 인해 45년 동안 공고하던 동서 냉전체제가 붕괴되는 것을 지켜보았다.

독일 통일로 여러 부문에서 큰 변화가 있었지만, 단언컨대 가장 큰 덕을 본 분야가 철도라는 게 내 생각이다. 한때 '사양 산업'으로 낙인 찍혀 천덕꾸러기 신세이던 철도가 동서독 통일과 냉전체제의 붕괴로 국경선이 퇴색하고 유라시아 대륙을 하나로 묶는 거대한 통합철도망이 형성되면서 21세기의 총아로 거듭난 것이다. 독일 통일 전에는 유럽 안에서도 수많은 국경선과 통관 문제로 시간을 허비하며 스피드 경쟁에서 도로교통에 상대가 안 되던 철도가 이제 장거리 수송의 최강자로 르네상스를 맞이했다. 실제로 스페인 끝에서 유고슬라비아 끝까지 유럽을 관통하는 데 표정속도가 평균 20킬로미터 수준이던 철도 수송이 철도망이 통합되자 시속 60킬로미터 수준으로 속도가 향상되어 도로 운송과 경쟁할 수 있게 되었다.

이처럼 독일 통일로 인한 철도 교통의 르네상스를 목격한 나는 귀국 후인 1997년 마치 보이지 않는 손에 이끌리듯 철도대학 교수로 부임하게 되었다. 철도청 산하의 전문대학인 데다, 우리나라에서는 여전히 사양 산업으로 여겨지는 것도 모자라 대표적 마초 조직이라는 낙인마저 찍혀 있던 철도업계에 발을 들이는 것을 말리는 사람들도 많았지만, 나에게는 대한민국 철도의 유라시아 진출을 위해 헌신하라는 계시로 여겨졌다.

그러나 막상 철도에 들어와 보니, 김대중 정부의 철도 구조 개혁, 엄청난 부채와 적자, 빈발하는 장애와 사고 등 산적한 현안 문제들로 인해 철도청에서 남북철도 연결 같은 '미래 과제'를 챙기는 사람은 아무도 없었다. 북한 철도에 대한 제대로 된 연구 자료나 정보조차도 구하기 어려운 실정이었다.

나는 꽉 막혀 있는 북한으로 향한 직선로를 마냥 기다리고만 있을 수 없다 판단하고 중국이나 러시아를 통한 우회로를 찾는 데 노력을 집중했다. 중국의 북경철도대학교, 상해철도대학교, 서남교통대학교와 교류하는 한편, 특히 러시아의 시베리아교통대학교와의 교류 협력에 온갖 노력을 다 기울였다. 당시 옐친 내각에서 악쇼넨코 장관, 첼코 수석차관 등 철도 요직을 장악한 사람들이 모두 이 대학 출신일 정도로 시베리아교통대학교는 러시아의 8개 교통대학 중 최고의 실세였다. 다행히도 러시아 철도인들 중에는 구소련 시절 동독 유학파 등 독일어를 잘하는 사람들이 있어서 소통에 큰 도움이 되었다.

시베리아교통대학교 카마로프 총장은 부친도 이 대학의 총장을 지낸 명문가 출신인 데다 '모스크바 교통 아카데미'의 정회원으로서 상당한 인맥과 야심이 있고, 매사에 판단이 빠르고 정확한 분이었다. 나와 카마로프 총장과의 인연이 더욱 각별해진 데는 다음과 같은 사연이 있다.

2001년 7월 북한 김정일 위원장이 푸틴과의 정상회담을 위해 특별열차로 모스크바에 가는데, 중간 지점인 노보시비르스크에서 하루를 정차할 것이며, 이때 시베리아교통대학교를 방문한다는 계획이 알려졌다. 마침 그해 5월 철도대학 교수이던 나는 노보시비르스크를 방문할 기회가 있었는데, 카마로프 총장을 만난 자리에서 김정일 위원장에게 평양철도 대학생들을 교환학생으로 초청하라고 조언했다. 그러면 우리 대학에서도 유학생을 보낼 수 있도록 노력하겠다는 약속과 함께.

카마로프 총장은 김정일 위원장에게 실제로 이렇게 제안했고, 김위원장이 그 자리에서 수락함에 따라 당장 그해 겨울에 평양철도대학생 30명이 이 대학으로 유학을 왔다. 한국철도대학 학생은 아니지만 우리나라에서도 유학생들이 가서 시베리아교통대학교는 남·북·러의 미래 철도인들이 한자리에서 공부하는 대학으로 국내외에서 큰 유명세를 탔다. 카마로프 총장의 노력에도 불구하고 남·북·러의 인재 교류는 이 한 차례로 끝났지만 말이다. 이 사건 이후 카마로프 총장은 시베리아교통대학교의 크고 작은 행사에 나를 초청하는가 하면, 한국철도대학도 자주 방문했다. 교수와 학생들 간의 상호 방문도 이어졌고, 나중에 내가 총장이 되면서 양 대학의 교류 협력은 더욱 발전했다.

남북철도 연결이 마음처럼 당장 실현되지 못하는 상황에서 내가 많은 관심과 노력을 기울인 것은 유라시아 철도 시대를 위한 준비 작업이었다. 북한·러시아·유럽의 철도와 기술적, 운영적 호환성 확보를 위해 필요한 과제들을 사전에 발굴하고 준비하자는 것으로 이는 철도 시스템 선점과도 연관되어 있다는 점에서 국익과 직결되어 있다는 판단에서다.

이와 관련해서 가장 역점을 둔 것이 옛 소련권 국가들의 철도협력 기구인 OSJD(국제철도협력기구)에 가입하는 일이었다. 참고로 코레일은 파리에 본부를 둔 서방국가 중심의 UIC(세계철도협회)에는 2003년 가입하여 직원 한 명이 주재하고 있고, 2009년 UIC 아시아 지역총회 회장사를 역임하는 등 적극적으로 활동을 해왔다.

1956년 설립된 OSJD는 북한을 포함하여 유라시아 철도에 연결된

28개국이 회원국이다. 회원은 정회원과 제휴회원 두 단계로 구분되는데, 정회원은 정부 부처로 구성되고, 제휴회원은 러시아철도공사, 중국철도공사, 카자흐스탄철도청 등 철도운영회사들로 구성되어 있다. OSJD는 단순한 친목 기구의 성격을 넘어, 철도운송협정이나 운임 등 실무적인 이슈부터 기술 제원이나 규격, 표준화 등에 이르기까지 철도 운행과 관련한 전반적인 의사 결정을 하는 기구다. 따라서 시베리아 횡단철도(TSR) 및 중국 횡단철도(TCR)를 통한 대륙철도 운행을 위해서는 이 기구에 가입하는 게 필수적이다. 비록 우리나라가 아직 유라시아 철도망에 편입된 것은 아니지만, 회원이 되어 여기서 논의되는 여러 사안에 대해 정보를 파악하고 때로는 우리 입장을 적극 반영하는 것은 미래의 국익 차원에서 매우 중요한 일이다. 그런데 정회원 가입 등 주요 의결 사항에 대해서는 독특하게도 회원국의 만장일치가 OSJD의 오랜 원칙이어서, 우리나라의 가입은 그동안 북한의 반대로 번번이 무산되었다.

나는 2005년 부사장 시절부터 코레일의 제휴회원 가입을 추진했다. 제휴회원 가입은 회원국 3분의 2의 동의만 있으면 되고, 제휴회원이 되어 자연스럽게 다른 회원국들과 우호관계가 촉진되면 다른 회원국들을 움직여서 북한을 설득하는 데도 도움이 될 수 있다는 생각에서였다. 무엇보다 매년 4월 개최되는 사장단 회의의 핵심 기능이 두 달 뒤인 6월에 열리는 정회원 회의에서 다룰 의제를 상정하는 것이다. 다시 말해 우리나라가 정회원에 가입하려면 절차상 우선 사장

OSJD 제휴 회원가입 서명식(왼쪽), 2015년 모스크바 철도회의에서 러시아철도공사 야쿠닌 전 사장과 함께(오른쪽).

단 회의를 통과해야 하는 것이다. 내가 코레일 사장이던 2014년 3월 코레일이 OSJD의 제휴회원으로 가입할 수 있었다. 10여 년에 걸친 각고의 노력 끝에 이루어진 일이다.

이어서 정회원 가입을 위한 '작전'을 전개했다. 2014년 4월에는 평양에서 열린 OSJD 사장단 회의에 참석해 2015년 OSJD 사장단 원탁회의와 물류 분야 회의, 2019년 OSJD 사장단 정례회의를 한국에 유치하는 데 성공했다.

2015년 5월 OSJD 사장단 서울회의에는 아르메니아, 아자르바이잔, 조지아, 키르키스탄 등 그동안 우리나라와 교류가 많지 않던 OSJD 25개 회원국에서 300여 명이 참석했다. 이들과 서울~부산 간 KTX 시승, 철도교통관제센터 및 고속차량기지를 관람하며 월등히 앞선 대한민국 철도의 멋진 모습을 보여주었다. 특히 부산항 물류기지에 산처럼 쌓인 컨테이너들을 보여주면서 우리나라와의 철도 협력이 유라시아 대륙의 모든 나라에 윈-윈이 될 것이라는 비전을 생생히 전달해주었다.

그런데 여기에는 더 중요한 '숨은 목적'이 있었다. 그해 4월 프라하에서 개최된 사장단 회의에서 우리나라의 정회원 가입안을 만장일치로 통과시킨 데 이어, 6월에 있을 장관회의에서 이를 만장일치로 추인받기 위해서는 투표권을 가진 회원국들이 한국을 방문하여 친분도 쌓고 대한민국의 물류 강국의 면모를 실제로 보는 것이 큰 효과가 있을 것으로 기대했던 것이다.

2015년 프라하 사장단 회의에 참석한 북한 대표단은 처음에는 정회원 가입안 상정에 완강하게 반대했지만, 쇼즈다 회장을 비롯한 다른 회원국들이 고함도 지르고 사정도 하며 열렬하게 설득하자 상정안을 의결하는 마지막 회의에 불참했다. 덕분에 우리나라 국토부의 정회원 가입안건은 만장일치로 장관회의 의제로 채택될 수 있었다.

러시아철도공사 사장이며 OSJD 회장인 야쿠닌 사장과 폴란드 교통부 차관 출신인 쇼즈다 OSJD 의장의 적극적인 지지와 함께, 짧은 기간이지만 한층 가까워진 회원국 철도 사장들의 지원이 있어 가능한 일이었다. 이들은 내게 만일 6월에 정회원 가입안이 부결될 경우, 만장일치라는 의사결정 방법 자체를 변경하겠다고 약속했다.

그러나 6월 몽골에서 개최된 장관회의에서 이 안건은 북한의 반대와 중국의 기권으로 부결됐다. 러시아도 북한을 설득하지 못한다는 것과 중국은 결정적일 때 항상 북한 편에 선다는 사실이 다시 한 번 입증된 순간이었다. 당시에 회의 주최국이었던 몽골의 철도청장과 교통부 장관이 북한 설득과 다른 회원국들의 지지를 모으는 데 엄청난 도움을 준 것에 대해 깊은 감사의 마음을 간직하고 있다. 이후 북한의 전 길수 철도상이 실각했는데, 소식통에 따르면 처형당했다는 소문이 있다고 한다. 그 이유가 OSJD에서 북한의 위상이 우리나라에 크게 밀렸기 때문이라고 하니, 그게 사실이라면 참으로 기막힌 일이다.

2018년 6월 우리나라가 OSJD 정회원국이 되었다는 소식을 언론에서 접하니 그동안의 이런 모든 노력들과 함께 항상 한편에 서주었던 야쿠닌 전 러시아철도공사 사장, 몽골 프레바타르 철도청장, 폴란드 쇼즈다 의장을 비롯한 오랜 친구들의 얼굴이 파노라마처럼 스쳐 갔다.

나는 늘 '오늘의 나를 만든 8할'은 철도라고 생각한다. 우리 철도와 세계 각국 철도의 무궁한 발전을 기원하며, 지금 이 순간에도 전국의 철도 현장에서 묵묵히 대한민국의 오늘을 만들어가는 우리 철도인들에게 마음속 깊은 곳에서 따뜻한 인사를 전한다.

Trans Siberian Railway

대륙의 길,
대륙의 역사를 꿈꾸며

독일에서 유학하던 1989년, 나와 친했던 일본인 유학생이 시베리아 횡단철도를 타고 일본 고향집에 다녀온 일이 아직도 기억에 생생하다. 그때 독일 만하임에서 도쿄 지바까지 2주일이 걸렸다고 했다. 시베리아의 폭설이 너무 심해서 열차가 가다 서다 했다고, 시베리아 설원에서는 가도 가도 사람 그림자 하나 보지 못했다고, 사진기 셔터가 얼어붙어 사진 한 장 찍지 못했다고 먼 동화 속 같은 이야기들을 들려줄 때, 나는 아련하게 생각했다. 나도 언젠가 그 길을 가게 될 수 있을까? 아마도 그때부터 내 마음에 조그만 길 하나가 만들어지기 시작하지 않았나 싶다.

지금 내 마음속에는 시베리아와 러시아에 이르는 길이 하나 이어져 있다. 열차로 지나갔던 이 길은 그 옛날 언젠가 칭기즈 칸이, 그리고 타타르와 코사크 사람들이 말을 타고 지나갔던 길이다. 혁명가들의 망명길이기도 했으며, 죄수 도스토옙스키가, 그리고 이름조차 남지 않은 수많은 사람들이 유형지로 끌려가던 길이었다. 우리의 머나먼 선조들이 마침내 한반도에 정착하기까지 남하했던 길일 수도 있으며, 또 다른 선조들이 북방을 정복하기 위해 달려 나갔던 길이기도 하다. 일제강점기에 애국지사들이 슬픔과 분노에 젖어 헤맸던 이 길에는 중앙아시아로 강제 이주되던 카레이스키들의 죽음도 드리워져 있다.

시베리아 횡단철도 여행은 반세기가 넘는 냉전과 단절의 굴레를 벗어 던지고 러시아에 이르는 길을 발견하는 여행이며, 또한 그만큼의 세월 동안 러시아 땅에 묻혀 있던 우리 민족이 간직해온 대륙의 꿈을 되찾기 위한 여행이기도 하다.

언젠가 남북철도를 통해 시베리아 횡단철도로 이어지는 대륙의 꿈을 실현하는 것은 우리 민족의 과거와 현재 그리고 미래를 위해 중요한 사업이다. 반세기가 넘는 단절의 역사를 치유하는 사업이고, 남북한 사이의 인적·물적 교류의 물꼬를 터줌으로써 현재의 분단의 고통을 어루만져주는 사업이다. 또한 남북한이 함께 무한한 성장 가능성을 지닌 유라시아 대륙으로 뻗어 나가며 새로운 기회를 창출할 수 있는 미래를 위한 사업이기도 하다. 북한이 전향적인 결심과 함께 진정성 있는 신뢰 구축에 나서기를 촉구해본다.

많은 추억들을 남겨두고 온 러시아는 이제 내게 각별한 나라다. 시베리아 횡단열차 안에서 만난 사람들은 이 세상 어느 곳에서도 가능할 것 같지 않은 방법으로 교류한다. 각자의 침대에 마주 앉아 대화를 할라치면 서로 무릎을 부딪칠 것 같이 비좁은 공간에서, 그것도 문 하나만 닫으면 세상과 단절되는 밀폐된 공간에서 좋든 싫든 긴 시간을 함께하다 보면, 열차에서 내릴 때쯤 룸메이트는 가족처럼 친밀해진다. 더구나 장거리 열차여행의 특성상 편한 옷차림을 할 수밖에 없다 보니 친밀감이 더하다.

며칠씩 끝없이 펼쳐지는 광활한 대지를 바라보고 있노라면 세상의 근심 걱정이 하잘 것 없어지고, 처음 만난 사람이라도 쉽게 친구가 되고 말동무가 된다. 비록 그 사람을 내 평생에 다시는 만나지 못하게 될지라도 가끔씩 혼자서 그 사람을 추억하며, 그 사람의 행복을 빌어줄 것이다.

수많은 여행길을 다니면서 나는 한번 만들어진 길은 절대 없어지지 않는다고, 영원히 존재한다고 믿게 되었다. 2000년 전에 만들어진 로마인의 길을 걸으며 로마인에게 다가가듯이, 사막바람을 헤치며 지도에서 사라진 실크로드를 찾아 헤매듯이, 인류의 역사는 길에서 만들어지고, 어쩌면 그 길을 통해 기록되는 것이라고 생각한다.

끊어진 경의선 위의 녹슨 철마처럼 물론 일시적으로 길이 단절되는 경우도 있겠지만, 그러나 영원한 단절은 있을 수 없다. 한번 지도가 그려지고 나면 언젠가 반드시 누군가가 그 길을 찾아 나서게 되리라. 마치 지금 우리가 북한으로, 중국으로, 그리고 러시아로 떠나려하는 것처럼.

시베리아 횡단철도는 100년 전 수많은 사람들의 꿈과 땀 그리고 열정과 희생으로 만들어진 '대륙의 길'이다. 총 길이가 자구 둘레의 3분의 1이나 되는, 세상에서 가장 긴 이 철도는 아시아에서 출발하여 유럽의 끝까지 이어진다. 이 철길을 따라 더 많은 한국 사람과 러시아 사람 그리고 세계 각국의 사람들이 여행할 수 있게 되길 바란다. 그리고 이 길이 문화와 번영 그리고 평화를 실어 나르는 길이 되길 빌어본다.

또 하나 바람이라면, 우리들이 언젠가 이 길에서 다시 한 번 만나는 일이다. 그럴 수 있다면 얼마나 반가우랴! 독일 시인 릴케는 말했다. 우리가 마음속에 하나의 길을 간직하고 있는 한, 우리를 이어주는 고리는 영원히 끊어지지 않는다고. 나는 지금 우리 마음속에 지워지지 않을 하나의 철길이 새겨졌기를 간절히 바란다.

차창 밖 시베리아 풍경.

고재남, 「유럽-아시아 분기점에서 본 러시아」, 『시베리아의 여명을 뚫고』, 지식마
　　당, 2003. 2, pp.179~198.

교통개발연구원·한국철도기술연구원, 『대륙횡단철도 운영현황 조사연구』, 2004. 5.

김경순, 「러시아, 그 연속성과 변화」, 『시베리아의 여명을 뚫고』, 2003. 2
　　pp.161~178.

김상수, 「러시아의 만주침략을 둘러싼 영국의 이중외교 1898~1901-대독접근(對
　　獨接近) 실패에 대한 재평가를 중심으로」, 한국서양사학회 창립30주년 기
　　념논총.

김선호, 「최근 철도기술 현황과 미래의 유라시아 횡단철도 적용 기술」, 『철의 실크
　　로드, 그 정치·경제적 의의와 전망』, 2000. 10 pp.153~163.

박환, 「잃어버린 항일운동의 자취를 찾아: 김규면과 이범진」, 『시베리아의 여명을
　　뚫고』, 지식마당, 2003. 2 pp.209~294.

박준영, 「철의 실크로드가 미칠 수 있는 국제정치 및 안보적 영향, 지정학적 개념
　　및 고려점」, 『철의 실크로드, 그 정치·경제적 의의와 전망』, 새천년민주당,
　　2000. 10 pp.164~171.

박혜경, 「러시아 문학과 시베리아」, 『시베리아의 여명을 뚫고』, 지식마당, 2003. 2
　　pp.121~142.

박종수, 『러시아와 한국 잃어버린 백년의 기억을 찾아서』, 2002. 7.

송희연, 「남북한 철도연결과 21세기 한반도의 생존·발전 전략」, 『철의 실크로드,

그 정치 · 경제적 의의와 전망』, 새천년민주당, 2000. 10 pp.172~178.

신범식, 「러시아의 두얼굴: 동(東)과 서(西)」, 『시베리아의 여명을 뚫고』, 지식마당, 2003. 2 pp.143~160.

안병민, 「시베리아는 신기루가 아니었다」, 『시베리아의 여명을 뚫고』, 지식마당, 2003. 2, pp.199~208.

　　　「북한의 철도현황과 한반도의 대륙연계 철도망」, 『철의 실크로드, 그 정치 · 경제적 의의와 전망』, 새천년민주당, 2000. 10, pp.57~74.

이창재, 「철의 실크로드 논의를 계기로 본 동북아 경제 협력」, 『철의 실크로드, 그 정치 · 경제적 의의와 전망』, 새천년민주당, 2000. 10, pp.179~187.

임종관, 「해상운송과 철도운송의 경쟁력과 시베리아횡단철도가 유라시아 운송망에서 갖는의의」, 『철의 실크로드, 그 정치 · 경제적 의의와 전망』, 새천년민주당, 2000. 10, pp.188~193.

장태신, 「비행기 날다: 시베리아 횡단의 기획과 준비 과정」, 『시베리아의 여명을 뚫고』, 지식마당, 2003. 2, pp.51~77.

차경애, 『19세기 화북사회와 제국주의 침략』

최연혜, 「내 마음의 실크로드: 잊혀졌던 길, 잊혀졌던 이야기를 찾아」, 『시베리아의 여명을 뚫고』, 2003. 2, pp.97~120.

　　　「EU의 철도정책과 동 · 서독 철도 통합 경험」, 『철의 실크로드, 그 정치 · 경제적 의의와 전망』, 새천년민주당, 2000. 10, pp.103~150.

André Bassow, Jochen Mahlke: ONEGIN Russland Reiseführer mit aktuellen Transsib-Infos und Fahrplänen. ISBN 3938971002

Peer Schmidt-Walther: Die Transsib. Eine Reise auf der berühmtesten Eisenbahnstrecke der Welt. In: Eisenbahn-Kurier. Nr. 200/Jahrgang 23/1989. EK-Verlag GmbH, ISSN 0170-5288, S. 68-74.

Hans Engberding, Bodo Thöns: Transsib-Handbuch. Unterwegs mit der Transsibirischen Eisenbahn. Trescher Verlag, ISBN 389794037X

Petra Woebke: Die Transsibirische Eisenbahn. Moskau - Wladiwostok. ISBN 3724303831

Bodo Thöns/Gregor M. Schmid: Transsibirische Eisenbahn. Weltbild Verlag, ISBN 382893174X

Doris Knop: Transsib. Reise Know-How, 2005, ISBN 3-8317-1368-5

Wikipedia: Russische Ostasienpolitik (1890-1905)

Wikipedia: Transsibirische Eisenbahn

참고자료

러시아철도공사(RZD) 홈페이지

Trans-Sib Web-Lexikon(독일어판) http://www.transib.de

Trans-Sib Web-Encyclopedia(영어판) http://www.transib.com

Trans-Sib Web-Encyclopedia(러시아-영어판) http://www.transib.ru/Eng

시베리아 횡단철도
내 마음의 실크로드

1판 1쇄 인쇄   2019년 4월 2일
1판 1쇄 발행   2019년 4월 10일

지은이 최연혜

발행인 양원석
본부장 김순미
제작 문태일, 안성현
영업마케팅 최창규, 김용환, 정주호, 양정길, 이은혜, 신우섭,
            조아라, 유가형, 김유정, 임도진, 정문희, 신예은

펴낸 곳 ㈜알에이치코리아
주소 서울시 금천구 가산디지털2로 53, 20층 (가산동, 한라시그마밸리)
편집문의 02-6443-8888   **구입문의** 02-6443-8838
홈페이지 http://rhk.co.kr
등록 2004년 1월 15일 제2-3726호

ISBN 978-89-255-6635-1 (03900)